현대 中國의 世界戰略 Ⅲ
중국의 강대국화와 한중관계

일러두기

- 이 책은 2021년도 동북아역사재단 기획연구 수행결과물임(NAHF-2021-기획연구-29).
- 중국과 일본, 중국과 남중국해, 양안(兩岸) 관계 등 해양 영토에 관한 지명 표기는 각국 학자가 표기한 원문 그대로 옮겼음.
- 외국학자 글의 각주 일부는 독자에게 출처를 정확히 알리고 후속 연구에 도움을 주고자 원어 그대로 옮겼음.

동북아역사재단
연구총서 98

1921

현대 中國의 世界戰略 Ⅲ

중국의 강대국화와 한중관계

2021

차재복 편

동북아역사재단

책머리에

　1921년 7월 중국공산당이 성립되었고, 이제 100주년이 되었다. 공산당은 1949년 신중국을 건국하고, 1978년 이래 개혁개방을 추진하여 상전벽해(桑田碧海)의 변화와 발전을 이루었다. 급기야 중국은 2010년 일본의 경제역량을 추월하면서 G2라는 강대국 반열에 올랐다.

　신중국을 최고지도자의 사상과 이념에 따라 구분하면, 마오쩌둥 시대(혁명과 사회주의), 덩샤오핑 시대(개혁개방과 시장), 시진핑 시대(중국몽과 중화민족)로 구분할 수 있다. 그리고 오늘날 한반도를 둘러싼 국제정세는 1970년대 초 미·소 데탕트, 미·중 화해와 달리 미국과 중국이 동아시아 주도권을 둘러싸고 치열하게 경쟁하고 있다.

　한국은 지금까지 미국과 중국 어느 일방에 치우치지 않도록 중도(中道)의 입장에서 '안미경중(安美經中)'의 전략으로 '모호성'을 견지해 왔다. 하지만 중국이 급부상함에 따라 미국의 대(對)중국 시각이 달라졌다. 2018년 3월, 당시 트럼프 미국 대통령의 대중국 관세전쟁 이래 미국은 중국을 강력하게 견제하고 있다. 중국이 앞으로 미국의 견제를 넘어서 어떠한 방식으로 '부상(崛起)'을 도모할 것인지, 그리고 미중관계는 어떻게 전개될 것인지 궁금하다. 중국의 최고지도자가 중시하는 지도사상과 이념은 중국의 대한반도 인식과 한중관계에 큰 영향을 미친다. 시진핑 시대 중국이 주창하는 '중화민족의 위대한 부흥(中國夢)'에 내포된 한반도 인식은 또 어떻게 전개될 것인가.

이러한 질문에 답하고자 이번 연구 주제는 "중국공산당 100주년 계기, 중국의 (강)대국화와 한중관계"로 정했다. 그리고 미중 전략 경쟁 구도 속에서 한국과 비슷한 지정학적 위치에 있는 대만(臺灣)과 베트남의 전문가를 공동연구원으로 초청하여 그들의 연구적 시각을 경청했다. 공동연구팀은 또 2021년 8월 24일, 중국, 대만, 베트남의 한반도 전문가 6인을 토론자로 초청하여 학술회의를 열었고, 토론 내용을 연구 결과에 반영했다.

공동연구원의 발표와 초청 토론자 상호 간 열띤 토론으로 중국의 대한반도 인식의 '일관성'과 국제정치의 정세 변화에 따른 '이탈성'의 맥을 찾아내기 위해 노력해 보았으나, 미진한 부분이 없지 않다. 부족한 부분은 앞으로 충실히 보완해 나갈 계획이다. 이 책이 앞으로 시진핑 시대, 중국과 한반도 관련 후속 연구를 위한 밑알이 되기를 바라 마지않는다.

공동연구원을 대표하여
연구책임자 차재복 씀

| 차례 |

책머리에 4

1장 총론: 중국공산당 100년   차재복
    – 중국의 '강대국화'와 한반도 인식

    Ⅰ. 머리말: '강대국화'와 '시진핑·신시대' 10
    Ⅱ. 신중국의 '(강)대국화'와 한중관계 17
    Ⅲ. 미·중 전략 경쟁과 대만, 베트남, 한반도 22
    Ⅳ. 맺음말 29

2장 냉전 시기(1949~1971), 중국의 대국화와 한반도 인식   김한권

    Ⅰ. 머리말 36
    Ⅱ. 한국전쟁과 소련 일변도 정책 38
    Ⅲ. 중소분쟁 및 반미반소주의 시기 52
    Ⅳ. 미·중 데탕트와 제3세계 전략 66
    Ⅴ. 맺음말 70

3장 동북아 탈냉전 시기(1971~1992) 중국의 한반도 인식   이문기
    – 한반도 평화체제의 시각에서 한중수교의 재평가

    Ⅰ. 머리말 78
    Ⅱ. 1970년대 미중 화해 시기 중국의 대한반도 인식(1971~1977) 81
    Ⅲ. 중국의 개혁개방과 대한반도 인식의 변화(1978~1987) 89
    Ⅳ. 한중수교와 중국의 대한반도 인식(1988~1992) 103
    Ⅴ. 맺음말 116

4장 장쩌민-후진타오 시기(1992~2012)
중국의 대국화와 한반도 인식
이동률

I. 머리말 126
II. 장쩌민-후진타오 시기 중국의 대국화와 외교전략의 변화 128
III. 중국 대국화와 한중관계의 동학 136
IV. 중국의 대국화와 한반도 인식 변화: 특징과 함의 144
V. 맺음말 157

5장 미중관계와 미국의 대중국 이미지
민병원

I. 머리말 164
II. 미국인들의 눈에 비친 중국: 외교정책과 이미지 166
III. 미국의 대중국 인식의 요인들: 구조와 국내정치 186
IV. 맺음말: 미국의 대중국 인식과 이미지의 정치적 함의 204

6장 중국의 대국화
저우자천
– 타이완을 둘러싼 미·중 전략 경쟁 및 한반도에 대한 시사점

I. 머리말 216
II. 양안 간 정치관계 현황 216
III. 양안 간 경제관계 현황 225
IV. 1950년 한국전쟁과 현 양안관계에 대한 시사점:
　　미국의 전략적 사고 228
V. 1950년 한국전쟁과 현 양안관계에 대한 시사점:
　　중국 지도부의 태도 236
VI. 중국 정부의 대타이완 정책: 압박과 회유 241
VII. 맺음말: 동아시아 안보에 대한 양안관계의 시사점 246

7장 시진핑 시대, 베트남을 둘러싼　　　　　　　　트란 티 투이
　　　미중 전략 경쟁과 한반도에 미치는 영향

　　Ⅰ. 머리말: 2021년 이후 미중 전략 경쟁 개요　252
　　Ⅱ. 미중의 전략적 계산과 베트남의 역할　254
　　Ⅲ. 베트남을 상대로 한 미중 전략 경쟁　256
　　Ⅳ. 베트남에 대한 영향력을 얻기 위한 미중 전략적 경쟁이
　　　　한반도에 미치는 영향　277
　　Ⅴ. 맺음말　281

8장 이어도 수역의 한·중 갈등과 협력에 관한 국제법적 접근　　　홍성근

　　Ⅰ. 머리말　286
　　Ⅱ. 이어도의 법적 지위와 이어도 문제의 경과　288
　　Ⅲ. 이어도를 둘러싼 한국과 중국의 입장과 이해　300
　　Ⅳ. 맺음말　311

찾아보기　316

1장

총론: 중국공산당 100주년

– 중국의 '강대국화'와 한반도 인식

차재복 동북아역사재단 연구위원

I. 머리말: '강대국화'와 '시진핑·신시대'
II. 신중국의 '(강)대국화'와 한중관계
III. 미·중 전략 경쟁과 대만, 베트남, 한반도
IV. 맺음말

I. 머리말: '강대국화'와 '시진핑·신시대'

1. '강대국화'[1]

중국공산당의 통계에 의하면 중국공산당원은 1921년 성립 당시 50명, 2021년 6월 기준 95,148,000명이고, 당의 기층조직 총수는 4,864,000개라고 한다.[2] 중국공산당 성립 이래 1, 2차 국공내전(1927~1936년, 1946~1949년)을 겪었지만 세계 정당사에 흔치 않은 장장 100년 동안 최장기 집권당을 견지하고 있다. 시진핑(習近平) 주석은 제19대 중국공산당 전국 대표대회(2017년, 이하 '당대회')에서 공산당 성립 100주년에는 소강(小康)사회 건설을 완료하고, 중화인민공화국 건국 100주년(2049년)까지 '사회주의 현대화 강국'을 실현하겠다는 목표를 제시했다.

후진타오(胡錦濤) 시기까지 중국은 스스로 덩샤오핑(鄧小平)의 지침인 '도광양회(韜光養晦)' 지침을 유지하며 '세계에서 가장 큰 발전도상국(世界最大的發展中國家)' 지위를 고수해 왔다. 덩샤오핑의 1974년 유엔 연설은 마치 오늘날 중국의 강대국화를 예견이라도 한 듯하다. 그는 "만일 어느 날 중국이 색깔을 바꿔 초강대국이 되어 세계를 지배하고, 다른 나라를 괴롭히고, 다른 나라를 침략하고 착취한다면, 전 세계인들은 중국을 '사회제국주의'라고 반드시 비판해야 한다. 그리고 그들은 중국의 본

---

1 이 글에서는 신중국 건국 이래 마오쩌둥 시기부터 후진타오 시기까지를 중국의 '대국화'로, 시진핑 시기부터 '강대국화'로 구분한다.
2 "党员9514.8万名 基层党组织486.4万个 中国共产党在百年伟大历程中不断发展壮大 始终保持旺盛生机与活力", 『新华网』, 2021.6.30, http://www.xinhuanet.com/politics/2021-06/30/c_1127611679.htm (검색일: 2021.8.10).

색을 만천하에 드러나게 하여 반대하고 맞서야 하며, 중국 인민들과 함께 타도하여야 한다"라고 또박또박 언급했다.[3]

시진핑 시대의 중국은 이전 시기와 비교해 확연히 다르다. 2013년은 시진핑 정부가 공식 출범한 해다. 시진핑 정부는 '도광양회'에서 '유소작위(有所作爲)'를 논하기 시작하고 유소작위를 구체화할 수 있는 논리로 '중국굴기(中國崛起)'를 당연시하고 있다. 옌쉐퉁(閻學通)이 말하는 '중국굴기'란 미국 중심의 외교에서 벗어나 주변국 중시 외교로 전환하는 것, 국제사회에 능동적으로 참여하여 책임 있는 국가로의 위상을 제고하는 것, (덩샤오핑의 개혁개방 이래 오로지 중시한) 경제적 이익만이 아닌 안보이익까지 도모하여 균형감 있는 종합 국익을 증대하고, 궁극적으로는 아편전쟁 이래 중국 인민의 최대 이익인 민족의 부흥을 실현하여 잃어버렸던 세계대국 지위를 회복하는 것이라고 정의한 바 있다.[4]

시진핑 역시 미국을 향해서는 대등한 '신형대국관계'를 요구하고, 국제사회를 향해서는 '일대일로(一帶一路)' 참여를 독려하며 '신형국제관계'를 제안하고, 궁극적으로는 21세기 중엽까지 미국을 넘어서겠다는 의지를 드러내며 중국의 '강대국화'를 추동하고 있다. 마이클 필스버리는, "중국 정부는 오랫동안 '평화적 부상'을 위해 스스로를 원조가 필요한 후진국으로 묘사했다. 중국은 글로벌 리더십을 꿈꾸거나 미국과 맞서려는 의도를 일절 부인해 왔다. … 중국 지도부는 끊임없이 중국은 결코 패권국을 자처하지 않을 것이라는 말로 다른 국가들을 안심시키고 있다. 다시 말해서 중국은 최강국이 될 것이지만, 어느 누구를 억압하거

---

[3] 이대현, "[세풍] 거인(巨人)의 어깨에 올라서라", 『매일신문』, 2022.10.28, https://news.imaeil.com/page/view/2022102417301522928 (검색일: 2022.10.28).

[4] 閻学通·孙学峰, 2005, 『中国崛起及其战略』, 北京大学出版, 4-6쪽.

나 무엇을 바꾸려고 시도하지 않겠다는 의미다. … 중국은 다만 세계경제의 3분의 1을 지배했던 300년 전 자신들의 지위를 '회복'하려는 것뿐이라고 말한다. 강경파들에 의하면, 그것은 적어도 미국의 두 배가 되는 것을 의미하는 것"이라고 한다.[5]

시진핑 시대의 중국은 미·중의 전략 경쟁이 심화되는 가운데 '시진핑 사상'으로 일컬어지는 '사회주의 현대화 강국'을 달성해야 한다. '시진핑 사상'은 덩샤오핑 이후(post-Deng) 중국이 어떤 방향으로 발전해 나아가야 하는지에 대한 새로운 이론과 전망을 제시한 당의 지도이념으로서 중요한 의의를 갖는다. '시진핑 사상'은 철저한 미래 지향형 이념으로 2050년까지 중국이 추진할 '3단계 발전전략'을 제시하고 있다. 즉, 2020년에 전면적 소강사회를 완성하고, 2020~2035년까지 사회주의 현대화를 기본적으로 실현하고, 이어서 2035~2050년까지 현대화된 사회주의 강국을 완성한다는 것이다. 시 주석 스스로도 "중화민족의 위대한 부흥(中國夢)'을 건국 100주년인 2049년까지 반드시 실현할 수 있다"고 확신하고 있다.[6]

그렇다면 왜 2049년인가. 마이클은 이에 대하여, 마오쩌둥(毛澤東)을 비롯해 현재의 중국 지도부에 이르기까지 중국의 강경파들은 줄곧 2049년까지 치욕의 세기를 설욕하고 경제, 군사 그리고 정치적으로 미국을 추월해 글로벌 리더가 되고자 열망해 왔다고 한다. 이 계획이 바로 '100년의 마라톤'으로, 중국공산당 지도부가 미국과의 외교관계를 수립했던 그때부터 시행해 왔던 계획이라고 한다. 과거 다른 나라에서 받았

---

5 마이클 필스버리(Michael Pilsbury) 지음, 한정은 옮김, 2019, 『백년의 마라톤』, 영림카디널, 23-24쪽.
6 习近平, 2014, 『习近平谈治国理政』, 外文出版社, 35-36쪽.

던 치욕을 되갚는 것이 목표이며, 중국에게 공평한 세계질서 그리고 미국의 글로벌 패권이 존재하지 않는 세계를 만들고, 제2차 세계대전이 끝날 무렵 브레턴우즈와 샌프란시스코에서 형성된 미국 주도의 세계질서를 재편하는 것이라고 한다.[7]

21세기 초(2006년), 중국은 일찍이 일본과의 국가실력 비교에서 "대등불균형(對等不平衡)"[8] 구도를 논한 바 있다. 그리고 2010년 중국은 일본의 경제역량을 추월했다. 그로부터 10년 뒤, 시진핑 정부는 제19기 5중전회(2020년 10월)에서 제14차 5개년규획(이하 '14·5', 2021~2025년)과 2035년 장기발전목표를 심의했다. 그 주요 내용은 "중국은 14·5 기간 중진국 함정을 극복하고 과거에는 전반적으로 양(量)을 중시했다면 앞으로는 '질(質)'을 더욱 중시할 것이고, 과거에는 '더욱 크게(做大)' 만들기 위해 노력해 왔지만, 앞으로는 '더욱 강하게(變强)' 만들기 위해 노력할 것"이라고 한다. 그리고 "2035년의 중국은 지금과 같은 '대국' 개념이 아닌 '강국'이 될 것이고, 전 분야에서 기본적으로 선진국 기준에 도달하여 사회주의 현대화 강국 실현 목표를 달성할 것"이라고 한다.[9]

2. '시진핑·신시대'

중국은 제19대 당대회(2017년) 이래 현재의 시간을 '시진핑·신시대'로

7　마이클 필스버리, 2019, 앞의 책, 23-24쪽.

8　武寅, 2006, "对等平衡:中日关系的发展趋势", 『日本学刊』 第3期. 여기서 '대등불균형'의 의미는 중일 양국의 국가실력 내지 종합국력은 대등화 추세이나 양국 관계는 여러 갈등 요인으로 불안정함을 말한다.

9　"제14차 5개년 규획, 장기적 발전의 새로운 청사진 제시(중국현대국제관계연구원 陈凤英의 인터뷰)", 인민화보사 한국어 월간지 『중국』 2020년 제12월호.

부른다. 말 그대로 시진핑이 '핵심'이다. 그렇다면 '시진핑·신시대'는 언제까지인가. 취칭산(曲靑山, 중국공산당 중앙당사 문헌연구원장)은 '시진핑·신시대'의 시간적 구간을 2012~2050년까지로 정한다. 그는 중국공산당 성립 100년과 신중국 건국 100년, 즉 소위 중국에서 말하는 두 개의 100년의 역사를 크게 네 시기로 구분한 뒤, 각 시기에 '혁명 → 건설 → 개혁 → 부흥'이라는 핵심어로 그 의미를 부여하고, 또 시기별로 '구국 → 흥국 → 부국 → 강국'이라는 분투 목표를 설정하고 있다. 취칭산은 '시진핑·신시대'는 '강국'을 위해 분투 중이며 '중국몽'을 실현하는 과정이라고 한다.[10]

〈표 1〉 두 개의 백년과 네 개의 시기

시기	핵심어	분투 목표
1921~1949 (28년) 공산당 창당~신중국	혁명	구국(救國)
1949~1978 (29년) 신중국~개혁개방	건설	흥국(興國)
1978~2012 (34년) 개혁개방~후진타오 정부	개혁	부국(富國)
2012~2050 (38년) 시진핑 정부~	부흥	강국(强國)

시 주석은 2013년 9월과 11월, 중앙아시아(카자흐스탄)와 동남아시아(인도네시아)를 방문하면서 '일대일로'를 제안했다. 시 주석이 제안한 '일

---

10 차재복, 2020, 「시진핑 시기, 한·중 갈등 요인과 바람직한 양국 관계 모색」, 이희옥·리첸르 편, 『동북아평화를 위한 한중관계의 모색: 역사로부터의 경험』, 동북아역사재단, 387-388쪽.

대일로'는 오늘날 중국이 직면한 '중진국 함정'에서 빠져나오겠다는 경제적 측면도 고려했지만, '중국몽', '인류운명공동체' 등 중화민족주의에 기인한 중국모델(중국방안)을 '일대일로' 연선국가인 아프리카와 유럽 등 국제사회에 파급시키려는 정치적 측면이 더 강하다.

요컨대, 시 주석은 2049년까지 중화민족의 위대한 부흥 실현을 목표로 설정하고 '일대일로'를 전략적 수단으로 하여 '신형국제관계'와 '인류운명공동체' 건설을 주창하는 한편, 전통시대 중국의 역사·문화를 현대 중국의 '강대국화'에 연동시키고 있는 것이다. 또한 중국을 전통시대 '대륙국가'의 정체성에서 벗어나 '해양강국'을 건설하겠다는 목표를 설정하고, 이미 2017년에 동아프리카의 지부티에 커다란 지하벙커까지 설치한 대규모 해군기지를 건설했다.[11] 그리고 중국은 동아시아 역내 일부 주변국과의 해양 영토 갈등에 대해서는 '핵심이익'으로 규정하고 한 치의 양보도 하지 않고 있다.

공교롭게도 중국공산당 성립 100주년의 해에 동아시아 주도권을 둘러싼 미중 갈등이 최고조에 달하고 있다. 시 주석은 2021년 7월 1일 중국공산당 성립 100주년 기념 톈안먼 연설에서 미국을 향해 "누구라도 중국을 압박하려는 망상을 품는다면 만리장성에 부딪쳐 머리가 깨지고 피를 흘릴 것"이라는 강렬한 메시지를 발신했다. 그리고 2022년 10월 16일부터 1주일 동안 베이징에서 거행된 제20대 당대회는 시진핑의 3연임을 확정하고, 10월 23일 제20기 중앙위원회 제1차 전체회의(20기 1중전회)에서 모습을 보인 중국 최고지도부 중앙정치국 상무위원은 7명

---

[11] 중국 일대일로의 성과와 한계 및 중국의 전략 항구(지부티) 네트워크에 관해서는 차재복, 2018, 「중국 '일대일로'의 전략적 의의와 한반도에 대한 시사점」, 『동북아역사논총』 제60호, 178-183쪽 참조.

전원 시 주석의 측근 그룹인 '시자쥔(習家軍)'으로 구성됐다.

향후 시 주석이 주도하는 중국의 '강대국화' 전략은 동아시아 역내 화약고로 불리는 대만, 남중국해, 동중국해, 한반도에서 미국과 맞서게 될 것이고, 미국은 동맹과 함께 중국 견제를 강화할 것이다. 따라서 미중 갈등의 고조는 중국의 한반도 정책에도 적지 않은 영향을 미칠 것이다. 일례로, 옌쉐퉁은 2013년 시진핑 정부 출범 당시, 중국의 외교전략은 전통적인 '비동맹' 원칙을 포기하고 러시아와 같은 주요 강대국들과 적극적인 '동맹'을 통해 미국의 동맹에 대응해야 한다고 주장했다.[12] 그리고 이듬해 시 주석의 한국 공식 방문 전, 옌쉐퉁은 서울에서 개최된 학술회의(2014년 4월)에서 '한중동맹(中韓結盟)'을 언급하며, "중국은 비동맹 원칙을 버리고 주변국과 '우방' 내지 '운명공동체' 관계를 만들어 가야 한다"는 논리를 강조한 바 있다.[13]

그로부터 8년이 지나고 시 주석의 3연임이 확정된 현재, 중국은 러시아와의 관계는 동맹 수준으로 발전시켜 강화되었으나, 한국과의 관계는 동맹은커녕, 양국 정부가 공식으로 합의한 '전면적 전략적 협력 동반자 관계'도 아니거니와 오히려 상호 간 반목과 질시로 인한 반정서도 그 여느 때보다 높다. 2014년 시 주석의 공식 방한 이래, 한국에서는 박근혜 정부, 문재인 정부를 거쳐 윤석열 정부가 출범했으나, 이후 시 주석의 방한은 여전히 성사되지 않고 있다. 금년 한중수교 30주년을 계기로 양측

---

[12] 옌쉐퉁 지음, 고상희 옮김, 2014, 『2023년 세계사 불변의 법칙』, 글항아리, 295-300쪽. 원저는 阎学通, 2013, 『历史的惯性』, 中信出版社.

[13] "中国外交专家: 中韩结盟对双方有好处", 『朝鲜日报中文版』, 2014.4.25, https://cnnews.chosun.com/client/news/viw.asp?nNewsNumb=20140439777&cate=&mcate=(검색일: 2021.8.12).

은 『논어』 '위정편'에 나오는 단어 '이립(而立)'을 끌어와 30년의 숫자에 걸맞는 관계 발전을 기대했으나, 양국 관계의 현실은 녹록하지 않다.

따라서 이 책은 취칭산이 설정한 중국공산당 성립 이래 두 개의 100년 동안 각각의 시기별·단계별 핵심어에 비추어, 최고지도자의 집권 기간에 각각 드러난 '중국의 (강)대국화'에 수반된 한반도 인식은 어떻게 형성되고 변해 왔는지, 그 변화의 주된 요인은 무엇인지를 고찰하였다.

이 책은 2부로 나누어져 있다. 제1부는 중국 최고지도자의 집권 시기별 중국의 한반도 인식은 어떻게 형성되고 변화하였는지, 그리고 어떤 요인이 한중관계에 영향을 미쳤는지에 대하여 한국의 시각에서 재조명했다. 제2부는 동아시아 주도권을 둘러싼 미·중 전략 경쟁이 심화되는 국제정치의 현실을 반영하여, 한반도와 비슷한 지정학·지경학적 위치에 있는 남중국해(베트남)와 대만의 대중국 시각과 관점을 고찰하여 한반도에 주는 시사점을 제안했다. 그리고 끝으로 남중국해에서 전개되고 있는 중국과 일부 동남아 국가들 사이의 해양 갈등 속, 중국의 '해양강국' 전략이 한중관계에 미칠 갈등과 협력 방안을 국제법적 시각에서 정리했다.

II. 신중국의 '(강)대국화'와 한중관계

2021년은 중국공산당 성립 100주년이기도 하지만 중국이 유엔 안전보상이사회 상임이사국 지위[14]를 획득한 지 50주년이 되는 해이기도

---

14 중국은 1971년 10월 25일 유엔 총회 투표를 거쳐 채택된 결의 2785호에 따라 '유일

하다. 시 주석은 유엔 안전보상이사회 상임이사국 지위 50주년을 기념하는 연설에서 "세계 인구의 4분의 1을 차지하는 중국인들이 유엔 무대에 다시 들어왔다는 것은 중국과 세계에서 위대하고 광범위한 의미를 지닌다"면서 "중국 인민의 승리이자 세계 인민의 승리"[15]라는 의미를 부여했다. 신중국은 마오쩌둥 시기 1970년대 대만을 대신하여 유엔 안보리 상임이사국 지위를 획득하면서 국제정치의 중심에 서게 되었고, 1980년대 덩샤오핑 시기의 개혁개방 정책은 중국의 경제적 부상의 밑거름이 되었다. 1990년대 장쩌민 시기의 중국은 구소련의 붕괴에 경각심을 가졌고 톈안먼 사태를 경험하면서 애국주의 교육을 강화하였고, 2000년대 후진타오 시기의 중국은 강대국 반열에 오르며 조화(和諧)사회를 접목한 중국 특색의 사회주의 건설을 도모했다. 그리고 2010년대 시진핑 시대는 앞서 언급한 '중국몽', '일대일로', '신형국제관계'와 '인류운명공동체' 건설 등 애국과 중화민족주의 사상과 이념을 앞세워 대외 확장을 도모하고 있다.

먼저 김한권은 마오쩌둥 집권기(1949~1971년)에 나타난 중국의 대국화 과정과 한반도에 대한 인식을 ① 한국전쟁과 소련 일변도(一邊倒) 정책 시기, ② 중소분쟁 및 중간지대론의 시기, ③ 미·중 데탕트와 제3세

한 중국 대표' 자격으로 유엔에 가입한 뒤 안전보장이사회(안보리) 상임이사국 지위도 확보했다. 이로써 그때까지 유엔 총회와 안보리에서 중국을 대표하던 대만은 축출됐다. 여기엔 50년 전 미소관계가 영향을 미쳤다. 대만이 유엔에서 축출당하면서 중국이 대신 유엔에 가입했던 것은, 사실 미국이 중국과 힘을 모아 구소련을 견제하려 했기 때문이었다. 그런데 50년 후 지금 중국은 러시아와 손을 잡고 미국에 대항하고 있으며 미국은 대만을 다시 일으켜 세우려 하고 있다.

[15] 시진핑 '유엔 중국 가입은 세계 인민의 승리'… 中이 세계의 대세 강조", 『세계일보』, 2021.10.25, https://www.segye.com/newsView/20211025508184 (검색일: 2021.11.30).

계 전략 시기로 나누어 접근했다. 그는 마오쩌둥 시기의 중국은 '한국전쟁(1950~1953)' 참전으로 미국과 적대관계가 형성되어 소련 일변도 정책을 실행할 수밖에 없었고, 미국으로부터의 군사·안보적 우려 및 항일투쟁, 국공내전 등으로 인해 피폐해진 중국 경제를 재건하기 위해서도 소련 일변도 정책을 바탕으로 '대국화'의 기반을 쌓기 위해 노력한 시기로 정의한다. 하지만 중국은 1950년대 후반부터 중·소분쟁의 시기에 직면하게 되었고, 1969년 3월 중·소 간 국경에서 발생한 전바오다오(珍寶島) 무력충돌 사건을 계기로, 마오쩌둥은 반제국주의와 반수정주의(反帝反修)에 근거한 반미반소(反美反蘇) 주의를 택하게 되었다. 그렇지만 중국은 1970년대 초 미·중 데탕트를 틈타 소련의 위협에 대응하는 '일조선(一條線)' 전략으로의 전환을 공식적으로 표명하고, 1974년에는 제3세계론을 주창하며 제3세계 리더국가로서의 역할을 추구하는 등 냉전 시기 미·중 사이에서 '대국화'의 길을 지속적으로 모색해 왔다고 분석했다.

그는 마오쩌둥 시기, 중국의 대한반도 인식의 대표적인 사례로 '항미원조' 전쟁 참전 결정을 들었다. 한반도는 전통적으로 대륙 세력과 해양 세력이 충돌하는 지정학적 요충지였으며, 냉전 시기에는 공산주의 세력의 확장과 이를 저지하려는 미국과의 충돌이 나타나는 전략적 요충지로 인식되었다고 한다. 그는 또한 한미 및 미일 동맹의 강화로, 한반도에서 북중관계의 전략적 협력 강화의 필요성이 제기되었으며, 냉전 시기 전반에 걸친 중국의 한반도 인식과 정책은 사실상 대미 군사·안보 전략의 일환으로 나타났다고 진단한다.

이어서 이문기는 1970년대 초 미·중 데탕트부터 1992년 한중수교에 이르는 약 20년 동안, 중국의 한반도(남·북한) 정책의 변화 과정을 '한반도 평화체제' 형성의 시각에서 전개했다. 그는 덩샤오핑 집권기 20년의 구간을 조금 더 세밀하게 ① 미중 화해 시기(1971~1977), ② 중국의 개혁개방 시기(1978~1987), ③ 탈냉전과 한중수교 시기(1988~1992)로 구분하여, 각 시기별 북중관계와 한중관계의 변천을 통해서 한반도 평화체제 형성에 대한 중국의 시각과 입장을 정리했다. 그는 1970년대 이래 한반도 평화체제 형성을 위한 필요조건으로 남북관계 개선과 주변 4강의 관계 개선을 들었고, 두 조건이 동시에 진행될 때 평화체제 형성의 가능성이 높다고 보았다. 그리고 이러한 필요조건을 충족하면서 한반도 평화체제 형성을 위한 조건이 가장 성숙했던 시기가 1990년대 초였지만 아쉽게도 한반도 평화체제 형성에는 이르지 못했다고 진단했다.

그는 또한 탈냉전이라는 세계사적 변화에 적응하기 위해 북방정책을 추진했던 한국의 대외정책은 성공적이었지만 북한의 적응은 실패했다며, 한국의 북방정책과 한중수교의 성과 및 역사적 의의에 대해서는 새로운 평가가 가해져야 한다고 주장한다. 그 이유는 한중 양국은 수교 이후 정치·경제적으로 커다란 이익을 얻을 수 있었지만 '한반도 평화체제 형성'의 시각에서 조명하면, 한중수교는 오히려 한반도를 '냉전의 섬'으로 남게 하는 결과를 초래했다고 보았다. 특히 그는 북한이 1991년 이후 '교차승인 추진'이라는 정책적 전환을 시도하면서 탈냉전에 전향적으로 적응하려 했음에도 불구하고, 북한 배제 방식으로 성급하게 추진된 한중수교는 한반도 평화체제 형성을 위한 가장 좋은 기회를 살리지 못했다는 측면에서 새로운 평가가 시도되어야 한다고 강조한다.

이동률은 중국이 대외적으로 큰 변곡점을 맞는 장쩌민-후진타오 시기, 중국의 대국화와 한반도 인식의 변화와 특징을 재조명했다. 그는 한중수교 이후 20년(1992~2012)의 시기는 외교 담론의 기준으로 단계적으로 발전해 왔다고 정리하고, 단계적 발전은 양국 관계 발전의 진전인 동시에 중국의 강대국 부상과 그에 따른 외교전략의 조정과정으로 나타났다고 진단했다. 그는 중국에게 한반도(한국)는 전통적으로 인접국인 동시에 미국, 일본, 러시아 등 강대국의 이해관계가 교차되는 전략적 요충지이고, 중국의 주변외교 정책인 선린외교의 대상인 동시에 강대국 외교의 대상이었다고 정의했다. 특히 중국이 21세기 벽두부터 강대국으로 부상하면서 미국과의 관계가 외교의 핵심으로 자리 잡을 수밖에 없었고, 한국에 대한 정책 역시 미국과의 관계라는 강대국 외교의 범주에서 보다 많은 영향을 받았다고 분석했다.

이 시기 중국의 대한반도 인식의 특징은 강대국화에 따른 역사 인식의 팽창이 한반도에 미치며 발생한 '동북공정'을 꼽았고, 이 공정은 중국 정부의 변강 및 소수민족지역 정책과 관련이 있다고 짚었다. 그 외, 이 시기 한중 사이의 탈북자 문제, 조선족 문제, 달라이 라마 방한 문제, 어로분쟁, 마늘분쟁 등이 양국 관계 발전에 국지적 영향을 미쳤으나, 경제협력 중심의 비약적 발전이라는 대세 앞에서는 관계 발전의 걸림돌로까지는 확대되지 않은 채 봉합하는 선에서 마무리되었다고 분석했다. 하지만 그는 당시의 한중관계 갈등 요인에 관하여 단지 봉합에 그치지 않고 힘든 협상을 거쳐서라도 근원적 해결을 위한 노력을 했다면, 오히려 지금에서는 갈등 해소 경험을 통해 양국 관계의 기초를 다지고 내실화를 도모하는 계기로 삼았을 수도 있었다고 주장한다.

III. 미·중 전략 경쟁과 대만, 베트남, 한반도

마오쩌둥 주석은 1949년 7월 1일 중국공산당 창당 28주년 기념식에서, "긴박한 국제정세에서 중립노선은 없다"면서 "중국은 (구소련과의) '일변도', 곧 '한쪽으로 기울어져야 한다'"고 했다. 앞서 김한권의 글에서도 언급했듯이 마오는 '일변도' 발언을 통해서 중국은 소련을 영수로 하는 공산 진영에 서야 함을 분명하게 천명했다. 마오의 '일변도' 주장은 "중국이 한반도에 대규모 병력을 보내서 미국과 맞붙게 되었던 이념적 배경이었다. 마오는 당시 만약 미국과의 결전을 피할 수 없다면, 중국으로서는 미국이 중국의 영토를 직접 공격하는 사태를 막는 것이 최선이었다. 대륙이 아니라면 어디에서 미국과의 결전을 치를 수 있을까. 당시 국제정세에서는 타이완, 인도차이나, 한반도로 선택지가 좁혀질 수밖에 없었다"고 한다.[16]

그로부터 70년 후, 미중 전략 경쟁이 가장 선명하게 드러나고 있는 곳이 동아시아 역내 중 남중국해, 대만, 한반도이고, 그중 대만[17]에서는 그 여느 때보다 미·중 갈등이 최고조에 이르고 있다. 70년 전 동아시아를 둘러싼 중국의 대미인식과 냉전 시기의 역사적 배경을 토대로, 이 책

---

[16] 송재윤, 2020, 『슬픈 중국: 인민민주독재 1948-1964』, 까치, 129쪽.
[17] 시 주석은 2022년 10월 16일 개막한 제20대 당대회 업무보고 연설에서, 대만문제(통일)와 관련해 "무력 사용 포기를 절대 약속하지 않을 것"이라며 "조국의 완전한 (대만) 통일이 반드시 실현될 것"이라고 언급했다. 이에 대해 대만 전문가인 호주 국립대의 웬티성 객원교수는 "이전까지 중국이 대만의 독립 움직임을 막는 데 초점을 맞췄다면, 이제 통일을 촉진하는 다음 단계로 이동했다"고 진단했다. "NYT '시진핑, 제왕 올랐다' CNN '시 주석 10년 中경제 타격'", 『중앙일보』, 2022.10.16, https://www.joongang.co.kr/article/25109536 (검색일: 2022.10.17).

의 제2부는 시진핑 시대 미국의 대중국 이미지, 그리고 양안(兩岸)과 남중국해(베트남)에서 전개되고 있는 미·중 전략 경쟁의 역사와 현실을 분석하여 한반도에 주는 시사점을 정리했다. 그리고 시 주석의 '해양강국화'에 따라 한·중 간 잠재적 해양 갈등 요인에 관하여 협력할 수 있는 방안을 국제법적 시각에서 모색해 보았다.

1. 미국의 대중국 '이미지'

민병원은 미국에서 일고 있는 '중국위협론'이 어떤 속성을 갖고 있는지, 그리고 미국의 대(對)중국 '이미지'는 어떻게 형성되어 왔는지에 관하여 제국주의 역사적 맥락을 중심으로 전개했다. 그는 미국이 중국의 대외적 영향력을 견제하는 데 있어 마치 19세기와 20세기 초의 제국주의 국가들처럼 대단히 공격적이고 전략적인 관점을 강조하고 있는 것으로 보고 있다. 그리고 미국인들의 이러한 대중 인식의 저변에는 단순한 제국주의 논리를 넘어 복잡한 '적(敵)'의 이미지가 자리 잡고 있다고 진단했다. 그의 진단에 의하면, 현재 중국의 경제적, 군사적 역량이 미국을 넘어서기에는 미흡하지만 적어도 미국이 주도하는 자유주의 세계질서를 흔들어 놓을 수 있는 '훼방꾼(spoiler)'의 역할을 수행할 수 있다고 한다. 그는 '훼방꾼' 관점에는 두 개의 이미지, 즉 중국이 미국 주도의 자유주의 질서에 적응하면서 적절한 책임을 질 것이라는 '지지자(supporter)'의 이미지와, 정반대로 이를 활용하여 국력을 극대화하면서도 국제사회에 대한 기여를 하지 않으려는 '기피자(shirker)'의 이미지가 있는데, 현재는 둘 사이에 존재하는 중첩적인 이미지를 형성하고 있다고 한다.

그는 또한 2021년 2월 갤럽 조사에 근거하여, 미국의 최대의 '적'으로 중국을 꼽은 미국인 응답자가 45%에 달하고(이는 2020년의 조사에 비해 무려 23%포인트가 증가한 수치다), 특히 응답자의 63%는 중국의 경제력이 향후 10년에 걸쳐 미국의 핵심이익에 치명적인 위협을 가할 것이라고 응답한 점에 주목했다. 그리고 향후 미중관계에 관하여 '갈등(conflict)', '순응(co-optation)', '공존(coexistence)'의 세 가지 시나리오를 제시한다. 첫째, 중국이 미국의 헤게모니를 위협할 것이므로 미국은 불가피하게 중국의 팽창을 봉쇄해야 한다는 '갈등' 모델, 둘째, 중국이 미국 주도의 자유주의 세계질서에 참여하는 '순응' 모델, 그리고 중국이 스스로의 정치·경제 시스템을 유지하면서 미국과 공생을 도모하는 '공존' 모델이다. 그는 세 번째 시나리오에 가산점을 주었고, 현재 미국의 외교정책 담론에서 가장 중요한 논의, 즉 중국이 평화적으로 부상할 것인가라는 물음에 대해서는 "(과거 미국의 경우에 비해) 중국이 평화적으로 부상할 가능성이 더 크다"고 분석했다. 이유는 오늘날 강대국 간의 전쟁이 사실상 불가능해졌고 국제사회의 제도적 질서가 훨씬 더 발전해 있기 때문이라고 한다. 특히, 그는 현재 미중 갈등이 고조되는 상황에서 한국의 외교정책 수립 시, 미중 간 국제정치가 물질적 이해관계뿐 아니라 서로에 대한 인식과 이미지에 의해 좌우되는 경향이 강하다는 점을 기억할 것을 강조한다.

2. 대만을 둘러싼 미중관계와 한반도 시사점

저우자천(周嘉辰)은 양안관계의 역사와 현실을 대만의 시각에서 분석하여 한반도에 주는 시사점을 제시했다. 그는 트럼프 전 미국 대통령의 재임 기간 때 '하나의 중국(One China Policy)' 정책에 변화가 생겼고, 이를 미국의 대중 정책의 변곡점으로 보았다. 그리고 대만 문제는 미국의 대중국 견제 정책의 지렛대이자 그 성공 여부를 판단할 수 있는 중요한 지표라고 정의했다. 그는 현재 양안을 둘러싼 미국 내 논의는 마치 1950년 한국전쟁 발발 당시 미국 맥아더 장군과 트루먼 정부 간의 논쟁을 방불케 한다면서, 미국 국방부의 대중국 군사안보 전략은 효과적이고 안정적인 억지력을 보이지만, 바이든 미국 대통령은 대만 지지 의사를 공개적으로 표명할 뿐 여전히 '전략적 모호성'을 주요 원칙으로 삼고 있다고 진단한다. 그는 또한 중국에서 고조되고 있는 중화민족주의는 양안관계는 물론 중국과 동아시아 역내 많은 국가와의 관계에도 걸림돌로 작용하고 있다고 한다.

그에 의하면, 중국은 스스로 대국의 반열에 올랐음을 강조하고 '중화민족의 위대한 부흥'이라는 용어를 자주 사용하는 반면, 양안관계에 대해서는 평화통일을 강조하면서도 경제적 회유와 융합이라는 단기 전략도 고수하고 있다고 진단한다. 그리고 한국과 대만의 경우 중국과의 경제교류가 빈번해짐에 따라 문화적 정체성에 대한 갈등이 심화되었고, 근래에는 상호 간 호감도도 떨어져 혐오로 이어지고 있다고 진단했다. 그러면서 그는 한반도(한중관계)에 주는 시사점으로, 먼저 양안 간 경제 교류가 양안 협력을 이끌어내지 못했다는 점에 주의할 필요가 있다면서 한국은 중국과의 경제교역 분야의 협력보다는 비경제 분야의 교류와 협력을 강화할 것을 제안한다. 이유는 경제협력과 관련된 것은 모두 소득재분배 문제를 포함하므로, 이 과정에서 혜택을 입은 승자와 그렇지 못한 패자를 양산할 수 있고, 게다가 패자들은 경제 교류에 의구심을 품고 경제협력을 반대할 가능성이 높기 때문이라고 한다.

3. 베트남을 둘러싼 미중의 전략 경쟁과 한반도 시사점

베트남은 동남아 지역에서 중요한 지정학적 요충지로 알려져 있다. 왕궁우(Wang Gungwu, 싱가포르국립대학 교수)에 의하면, 동남아는 해양국가와 대륙국가로 분류할 수 있다고도 한다. 인도네시아를 비롯한 싱가포르, 말레이시아, 브루나이, 필리핀은 해양국가로 구분되며 이 5개국은 역사적으로 상업과 무역을 중시하였고, 정치시스템 또한 브루나이와 말레이시아를 제외하고는 모두 공화국 체제다. 반대로 중국 대륙과 인접한 베트남을 포함한 태국, 라오스, 캄보디아, 미얀마는 대륙 아세안으로 구분되며, 전통적으로 농업을 중시하였고 왕정 체제 기반으로 국가의 기반을 닦았다고 볼 수 있다고 한다.[18]

트란 티 투이(Tran Thi Thuy)는 왕궁우의 동남아시아에 대한 지정학적 분류 방식에 따라, 베트남은 동남아의 '관문' 역할을 하고 미·중의 전략이 교차하는 중요한 지정학적 위치를 점하고 있다면서, 베트남을 둘러싼 미중 전략을 분석하여 한반도에 주는 시사점을 제시했다. 그에 의하면, 베트남은 미중 전략 경쟁의 긍정적 영향으로, 중국 내 많은 외국기업들이 생산라인을 베트남으로 이전하여 오히려 경제적 실리를 얻고 있다고 한다. 그리고 중미 양국의 글로벌 공급망 경쟁 차원에서는 베트남이 해상에서도 유리한 지정학적 요충지이기에 지정학적 실리를 추구할 수 있고, 또한 코로나19 펜데믹 상황에서는 중미 양국이 베트남에 각각 500여 만 도스의 백신을 제공하는 등 경쟁적 외교를 펼친 바 있다

---

[18] 양선영(주아세안 대한민국대표부), "아세안 정체성(ASEAN Identity)을 이해한다는 것", 『자카르타경제신문』, 2020.9.10, http://www.pagi.co.id/bbs/board.php?bo_table=column&wr_id=3471 (검색일:2022.9.2).

고 한다. 반면, 부정적 영향으로는 강대국 사이에 위치한 중소국가가 갖는 '압박감'이고, 이때 중소국가의 전략은 흔히 '균형(balancing)' 또는 '편승(bandwagoning)'을 선택하는 것이지만, 베트남은 중국의 부상에 따라 '순균형'이나 '순편승'을 택하지 않고, '균형'과 '편승' 사이의 '헤징(hedging)' 전략을 취하고 있다고 한다.

그에 의하면, 미국은 베트남이 '자유롭고 열린 인도·태평양(FOIP) 전략'에 상대적으로 긍정적인 태도를 보이고 있다고 생각하지만, 베트남은 이 전략의 경제 분야에만 주로 참여하고 안보와 국방 분야에서는 동중국해 해상 대응 능력을 높이는 등 국익에 부합하는 의제만을 선택했다고 한다. 그리고 베트남은 중국이 주도하는 '일대일로'와 역내 상호연계와 협력을 촉진하는 '일대일로와 양랑일권(兩廊一圈)을 결합한 정부 차원의 MOU'를 체결하였지만, 자국의 영토주권을 위해 중국과의 관계에서는 '협력하면서 투쟁한다'는 입장을 명확히 하고 있다고 한다. 그러면서 그는 한반도에 주는 시사점으로, 베트남은 3불 원칙을 통해 중미 양국 사이의 어떤 군사집단이나 연맹에 참가하지 않고, 어느 나라도 베트남에 군사기지를 설치하는 것을 허용하지 않으며, '특정 국가에 의지하지 않고 특정 국가에 반대하지 않는다'는 외교 원칙을 견지하며, 어떤 한쪽에 편승하기보다는 자국의 국익에 부합하는 외교정책을 견지하는 것이 중요하다고 강조한다. 이에 대하여 응우옌 빈 꽝(Nguyen Vinh Quang, 베트남-중국우호협회 부회장)은 현재 통일된 베트남과 분단이 지속되고 있는 한반도의 상황은 다르다면서 베트남의 3불 원칙을 한반도에 그대로 적용하는 데는 한계가 있다고 조언했다.

4. 중국의 해양강국화와 한중관계

홍성근은 한중 간 잠재적 해양 갈등 요인의 하나인 이어도 수역에서 제기되는 갈등 상황을 정리하여 바람직한 협력방안을 모색했다. 그는 한국과 중국, 일본의 해양관할권이 상호 중첩되는 이어도 주변수역은 치열한 경쟁과 갈등 상황에 직면해 있고, 중국의 부상이 이 수역에서 새로운 긴장관계를 조성하고 있다고 진단한다. 그는 1994년 발효한 UN해양법협약은 배타적 경제수역(EEZ) 제도 도입 등을 통해 국제해양질서에 새로운 변화가 예고되었다고 한다. 그에 따라 한중일 3국은 1996년 UN해양법협약을 비준하였으나 배타적 경제수역의 경계는 획정하지 못하였고, 대신 어업협정만 체결하였다는 사실에 주목한다. 그는 이어도는 국제법상 섬이 아닌 수중 암초라는 점을 강조하며, 이 문제는 국민감정을 자극하기 쉬운 도서 영유권 문제가 아니기 때문에 기능적 접근이 용이한 해양법적 문제로 접근하면, 한중 간 갈등과 대립이 아닌 오히려 협력적 모델을 창출해 낼 수 있다고 한다.

그는 비록 UN해양법협약이 그 규정상 미흡한 부분이 있지만 한중 양측이 '해양은 인류공동의 유산'이라는 대원칙에 입각하여, 이미 비준한 UN해양법협약 등 국제적 규범이 제시한 원칙과 기준을 준수한다면, 협력적 모델은 얼마든지 가능하다고 보았다. 그리고 한국과 중국은 지리적 인접국으로, 서해와 이어도 주변수역은 그 수역의 범위가 좁은 만큼 상호 협력하며 해양자원을 보호, 관리, 이용하지 않으면 안 될 것이며, 그러한 점에서 한중 양측은 국민 간 감정 대립을 부추기는 정치적 행위를 삼가고 상호 신뢰를 구축하면서 국제해양법에 기초한 기능적 접근을 시도할 필요가 있다고 제언한다.

IV. 맺음말

　신중국은 덩샤오핑 시대 개혁개방 이래 독립적이고 자주적인 외교정책을 추진할 수 있다는 강한 자신감을 보였다. 1982년 9월, 덩샤오핑은 제12대 당대회 개막사에서 "사회주의 현대화를 강화하고 대만을 포함한 조국의 통일을 실현하며 패권주의를 배격하고 세계평화를 수호하는 것은 1980년대 우리 인민의 3대 임무다. 3대 임무 중 핵심은 국내외 문제 해결의 토대가 되는 경제 건설이다."라고 강조했다.[19] 당시는 중국이 독립자주 외교노선의 성공을 거둠으로써 앞으로 중국의 최대 목표는 국내 경제발전 및 사회주의 시장경제 체제 확립에 유리한 평화적인 국제 환경을 조성하는 것으로 보았다. 그로부터 40년 뒤 2022년 10월, 시 주석의 제20대 당대회 개막사는 덩샤오핑이 강조했던 '개혁개방, 시장, 세계평화'의 핵심어 대신 '중국몽과 중화민족'이 차지했다.

　이 책은 중국공산당 성립 100주년을 계기로 그동안 중국 최고지도자의 사상과 이념에 의한 '대국화'의 길을 추적해 보고, 그 연장선에서 시진핑 시대의 사상과 이념이 투영되고 있는 '강대국화'가 한반도와 한중관계에 미칠 작용과 반작용을 살펴보았다. 그 과정에서 한반도와 비슷한 지정학적 위치에 있는 대만과 베트남의 대중국 시각과 인식을 경청한 것은, 중국에 대하여 보다 합리적인 사고를 하는 데 있어서 도움이 되었다. 중국의 한반도 인식과 한중관계 연구에는 역사와 국제정치, 그리고 대만, 남중해, 한반도를 둘러싼 미중관계는 물론, 북한 요인과 러시아(구소련) 요인들이 상호 복합적으로 작용하고 있고, 70여 년 전과 비

---

[19] 谢益显 主编, 2002, 『中国当代外交史(1749~2001)』, 中国青年出版社.

교하면 유사한 상황이 재현되고 있음을 알 수 있다.

첫째, 70년 전 마오 주석의 미국 인식과 현재 시 주석의 대미인식에는 겹치는(overlap) 부분이 적지 않다. 시진핑 시대, '중국 특색 대국외교'의 행보는 거침이 없다. 시진핑 정부는 출범 초기부터 미국을 향해 '신형대국관계'를 요구했고 이제는 패권 경쟁도 공식화하고 있다. 마오의 '일변도' 주장은 중국이 한반도에 대규모 병력을 보내서 미국과 맞붙게 되었던 '항미원조'의 이념적 배경이었다. 미국은 중국의 도전에 대하여 전방위적 견제를 강화하고 있다. (마침 우크라이나 전쟁을 계기로) 중국과 러시아도 미국을 상대로 하여 동맹 수준으로 관계를 강화하고 있다. 마오의 중국공산당 성립 28주년 기념사와 시진핑 주석의 100주년 기념사에는 공히 미국을 의식한 부분이 선명하게 드러나고 있다. 특히 지난해 시 주석의 발신 메시지인 "만리장성에 부딪혀 피를 흘릴 것이다" 그리고 2022년 제20대 당대회 보고에서는 대만을 향해 "무력 사용 포기를 절대 약속하지 않을 것"이고 "조국의 완전한 (대만) 통일이 반드시 실현될 것"이라며 태도가 점점 더 강경해지고 있다.

둘째, 한반도 평화체제 형성의 필요조건으로 남북관계와 주변 4강의 관계 개선 조건이 가장 성숙했던 시기가 바로 탈냉전 시기 한중수교 당시였는데, 한중수교는 양자 관계 차원에서는 큰 성과이나, 북한의 고립을 묵과하여 오히려 한반도를 '냉전의 섬'으로 남게 했다는 이문기의 진단은 현재의 한반도 상황에 고스란히 영향을 미치고 있다. 다만 1990년대와 현재를 비교하여 다른 점은 당시는 중국과 구소련이 한국의 북방정책에 큰 관심을 나타냈고 북한을 소홀히 한 측면이 있지만, 현재는 중국과 러시아가 미국과 우크라이나 요인으로 북한에 협조적이고 우호적이어서, 한반도를 둘러싼 대립 구도가 냉전 시기처럼 심화될 것이다.

셋째, 하지만 민병원이 국제정치이론에 따라 분석한 결과, 즉 향후 미중관계는 '갈등(conflict)', '순응(co-optation)'보다는 '공존(coexistence)'할 가능성이 높고, 게다가 중국이 평화적으로 부상할 가능성이 크다고 분석한 부분은 현재 한국의 대중국 정책 수립과 한중관계를 조망하는 데 참고할 수 있는 학술적 진단이라 생각된다. 게다가 홍성근이 시진핑 시대, 중국의 '해양강국화' 기치에 휩쓸려 이어도 수역이 정치화 될 것을 염려하고 있으나, 이를 국제법적 시각에서 접근하면 오히려 위기를 기회의 측면으로 돌려 양국이 협력 가능한 방안을 창출할 있다는 국제법적 시각은 적지 않은 소득이다. 한편, 이동률이 지적한 앞으로 중국의 강대국화 과정에서 중화민족주의 역사 인식의 팽창이 한반도에 미치며 발생한 '동북공정'과 같은 역사문화 갈등은, 향후 시진핑 시대, 최고지도자의 사상과 이념에 따라 얼마든지 재현될 수 있음도 경계해야 한다.

끝으로 중국 스스로 '시진핑·신시대'를 향후 2049년까지로 규정하고 있는 만큼, 향후 중국은 시 주석이 끊임없이 주창하는 중국몽, 중화민족, 중화민족공동체 사상과 이념을 '강대국화' 전략에 지속적으로 투영해 나갈 것이다. 따라서 한국은 '시진핑·신시대' 중국의 강대국화와 동아시아 그리고 중화민족주의에 대한 국제사회의 연구적 시각과 인식을 반영하여 보다 합리적이고 객관적인 중국연구 방법을 모색하고, 이 결과를 바탕으로 대중국 연구와 정책을 개발해 나가야 할 것이다.

참고문헌

마이클 필스버리(Michael Pilsbury) 지음, 한정은 옮김, 2019, 『백년의 마라톤』, 영림카디널.
송재윤, 2020, 『슬픈 중국: 인민민주독재 1948-1964』, 까치.
차재복, 2018, 「중국 '일대일로'의 전략적 의의와 한반도에 대한 시사점」, 『동북아역사논총』 제60호.
_____, 2020, 「시진핑 시기, 한·중 갈등 요인과 바람직한 양국 관계 모색」, 이희옥·리청르 편, 『동북아평화를 위한 한중관계의 모색: 역사로부터의 경험』, 동북아역사재단.

武寅, 2006, 「对等平衡:中日关系的发展趋势」, 『日本学刊』 第3期.
谢益显 主编, 2002, 『中国当代外交史(1749~2001)』, 中国青年出版社.
习近平, 2014, 『习近平谈治国理政』, 外文出版社.
阎学通, 2013, 『历史的惯性』, 中信出版社.
阎学通·孙学峰, 2005, 『中国崛起及其战略』, 北京大学出版.

"시진핑 '유엔 중국 가입은 세계 인민의 승리'… 中이 세계의 대세 강조", 『세계일보』, 2021.10.25, https://www.segye.com/newsView/20211025508184 (검색일: 2021.11.30).
양선영(주아세안 대한민국대표부), "아세안 정체성(ASEAN Identity)을 이해한다는 것", 『자카르타경제신문』, 2020.9.10, http://www.pagi.co.id/bbs/board.php?bo_table=column&wr_id=3471 (검색일: 2022.9.2).
이대현, "[세풍] 거인(巨人)의 어깨에 올라서라", 『매일신문』, 2022.10.28, https://news.imaeil.com/page/view/2022102417301522928 (검색일: 2022.10.28).
"제14차 5개년 규획, 장기적 발전의 새로운 청사진 제시(중국현대국제관계연구원 陈凤英의 인터뷰)", 인민화보사 한국어 월간지 『중국』 2020년 제12호.
'党员9514.8万名 基层党组织486.4万个 中国共产党在百年伟大历程中不断发展壮大 始终保持旺盛生机与活力', 「新华网」, 2021.6.30, http://www.xinhuanet.com/politics/2021-06/30/c_1127611679.htm (검색일: 2021.8.10).
'中国外交专家: 中韩结盟对双方有好处'『朝鲜日报中文版』(2014.4.25), https://cnnews.chosun.com/client/news/viw.asp?nNewsNumb=20140439777&cate=&mcat

e=(검색일: 2021.8.12).

"NYT '시진핑, 제왕 올랐다' CNN '시 주석 10년 中경제 타격'",『중앙일보』, 2022.10.16, https://www.joongang.co.kr/article/25109536 (검색일: 2022.10.17).

2장
냉전 시기(1949~1971), 중국의 대국화와 한반도 인식

김한권 국립외교원 아시아태평양 연구부 교수

I. 머리말
II. 한국전쟁과 소련 일변도 정책
III. 중소분쟁 및 반미반소주의 시기
IV. 미·중 데탕트와 제3세계 전략
V. 맺음말

I. 머리말

　마오쩌둥은 중국이 1840년 아편전쟁에서 시작되어 근·현대역사를 관통하며 겪었던 외부의 압박과 내부적 혼란 속에서 공산주의 혁명의 성공을 통해 중화인민공화국의 건국을 이루었다. 중국인들의 시각에서 본다면 마오쩌둥은 청나라 말기에 나타났던 만주족 지도부의 무능력과 부패, 아편전쟁 이후 서구열강과 일본에 의한 중국의 주권(主權)과 이권(利權)의 침탈, 그리고 무엇보다도 중화문명에 대한 자긍심이 짓밟혔던 '백년국치(百年國恥)'의 난세를 극복하고 신중국을 건설한 정치적 업적과 정통성을 가지고 있다. 또한 마오쩌둥은 공산주의 혁명과정에서 중국공산당 홍군을 이끌며 항일투쟁과 국공내전에서 승리함으로써 당(黨)과 정(政)은 물론, 군(軍)에 대한 강한 장악력을 가질 수 있었다.

　또한 중국인들은 마오쩌둥이 이루어 낸 당과 국가에 대한 기여와 업적을 인정하고, 동시에 그에 대한 정치적 지지를 나타냄으로써 중국공산당의 1당 체제는 물론, 마오쩌둥의 강력한 1인 지배체제 또한 수용하는 모습이 나타났다. 국내정치적으로 강력한 권력과 권위를 손에 쥔 마오쩌둥은 신중국의 안보와 경제 발전을 위해 소련과의 군사동맹과 경제협력에 의존하는 '소련 일변도 정책'을 펼치며 중국 대국화의 기틀을 마련하고자 하였다.

　하지만 한국전쟁 이후 미국과 적대관계가 형성되었고, 1950년대 말부터 불거져 나온 '대약진 운동'의 참담한 실패 및 중소분쟁으로 인해 중국은 미국과 소련이라는 냉전 시기 국제사회의 양대 강국 모두와 대립하는 어려운 상황에 접어들게 된다. 중국은 1970년대 초 들어 미·중 데탕트가 이루어지며 미국과의 관계 개선을 이루게 된다. 이를 바탕으로 마오쩌둥은 제3세계 국가들과의 관계를 강화하며 중국은 다시금 대국화의 기반을 다지게 된다.

마오쩌둥 시기 중국의 한반도에 대한 인식은 단절되어 있었던 한국보다는 북한에 무게의 중심이 있었다. 물론 미·소 냉전이 시작되며 미일동맹에 이어 한미동맹이 강화되고, 나아가 당시 미국이 한·미·일 3국 동맹을 추구하였던 점은 중국에게 민감한 군사·안보적 우려가 되었다. 특히 한국과 일본이 미국의 적극적인 관여하에 1965년 6월 22일에 일본 도쿄에서 '한·일 양국의 국교관계에 관한 조약'을 조인함으로써 공식 수교가 이루어지자, 중국은 미국이 주도하는 한·미·일 3국 동맹이 성사되어 동북아시아 지역에서 북한과 중국을 군사·안보적으로 강하게 압박할 가능성에 더욱 긴장할 수밖에 없었다.

이러한 배경을 바탕으로 이 글은 건국 후 중국이 냉전 시기를 거치는 1949년부터 1971년 사이의 마오쩌둥 집권기에 나타난 중국의 대국화 과정과 한반도에 대한 인식을 역사적 시기에 따라 분석해 보고자 한다. 이를 위해 이 글은 1) 한국전쟁과 소련일변도 정책 시기, 2) 중소분쟁 및 고립주의 시기, 3) 미·중 데탕트와 제3세계 전략 시기로 나누어 접근해 보았다. 또한 이렇게 구분된 세 시기의 마지막 부분에 당시 중국이 가진 한반도 인식을 각각 정리해 보았다.

II. 한국전쟁과 소련 일변도 정책

1. 한국전쟁과 미·중 적대관계 형성

마오쩌둥은 중화인민공화국의 건국 다음해에 발발한 '한국전쟁(1950~1953)'으로 인해 건국 직후부터 소련 일변도 정책을 전격적으로 실행할 수밖에 없었다. 중국의 관점에서 본다면 1950년 6월 25일에 '조선전쟁(朝鮮戰爭)'이 시작되었다.[1] 같은 해 8월에 북한은 낙동강 전선까지 밀고 내려가며 우세한 모습을 보였다. 하지만 미국을 중심으로 한 UN연합군의 참전 및 같은 해 9월 15일의 인천상륙작전 성공에 이은 연합군의 공세로 전쟁의 전세는 뒤바뀌었다.

중국은 미국에게 북위 38선을 넘지 말 것을 경고했다. 북한군의 후퇴와 연합군의 북진으로 자칫 중국이 미국과 국경을 마주할 수 있다는 판단하에 내려진 조치였다. 하지만 국군과 연합군은 중국의 경고에도 불구하고 38선을 넘어 북진했다. 패퇴하던 북한의 김일성은 급박한 전황을 설명하며 중국에게 참전을 요구했다.

한국전쟁 발발 초기, 중국 지도부의 관심은 한반도보다는 중국의 완전한 통일을 위한 '타이완의 해방'에 더욱 집중되어 있었다.[2] 이로 인해 한국전쟁 이전 북한의 김일성이 스탈린과 마오쩌둥에게 전쟁 계획을 설명하고 지원을 요청했을 때 스탈린과 다르게 마오쩌둥은 이를 탐탁지

---

1 중국은 한국전쟁의 호칭에 관해 자국의 참전 이전을 '조선전쟁'으로, 참전 이후를 '항미원조' 전쟁으로 부른다.
2 션즈화 지음, 김동길 옮김, 2014, 『조선전쟁의 재탐구: 중국·소련·조선의 협력과 갈등』, 선인, 393쪽.

않게 여겼다.

물론 스탈린도 김일성의 계획에 처음부터 동의한 것은 아니었다. 김일성은 1949년 3월에 소련을 방문하여 처음으로 한반도 통일 전쟁 계획을 스탈린에게 알렸다. 하지만 스탈린은 한반도의 안정을 희망했으며 극동지역에서 위기가 나타나 미국이 한반도 사태에 개입하는 것과 이러한 상황에 소련이 휘말리는 것을 바라지 않았다. 당시 스탈린은 북한에 동북아 지역에서 미국의 영향력 확대를 막는 방어적 역할에 더 의미를 두고 있었으며, 김일성에게 한반도 남쪽에서 북쪽을 공격하는 상황에서만 군사행동을 취할 수 있다고 강조했다.[3]

마오쩌둥 역시 당시 한반도 정세에 대해 스탈린과 유사한 시각을 가지고 있었다. 마오쩌둥은 1949년 5월에 있은 조선노동당 중앙위원회 대표 김일(金一)과의 회담에서 김일성의 계획에 대한 대답으로 남쪽에서 북쪽을 공격할 경우에 중국이 북한을 도울 수 있다고 언급했다. 마오쩌둥은 북한이 먼저 공격해서는 안 된다는 뜻을 분명히 전하며 이는 미국의 개입을 자초할 수 있다는 의견을 덧붙였다. 또한 당시 중국공산당의 군대는 장제스(蔣介石)가 이끄는 국민당 군대와의 전투로 인해 모두 장강 이남에 진주하고 있었다. 이로 인해 마오쩌둥은 북한에 대한 당장의 지원이 어렵다고 밝히고 유리한 시기를 노리자는 의견을 표명했다.[4]

하지만 1950년 초에 들어 스탈린은 생각이 바뀌어 김일성의 계획을 지지하기 시작했다. 결국 중국공산당 지도부는 참전에 관한 논의의 초반에 나타났던 다수의 반대 의사에도 불구하고 참전의지를 가진 마오

---

[3] 션즈화 지음, 김동길·김민철·김규범 옮김, 2017, 『최후의 천조: 모택동·김일성 시대의 중국과 북한』, 선인, 274쪽.
[4] 션즈화, 2017, 위의 책, 278-279쪽.

쩌둥이 논의를 이끌며 신중국 건국 약 1년 후인 1950년 10월 5일에 열린 중국공산당 중앙정치국 확대회의에서 중국의 '조선전쟁' 참전을 공식 결정했다.

중국은 펑더화이(彭德懷)를 인민지원군 사령관으로 임명했고, 이 '항미원조(抗美援朝)' 전쟁을 통해 미국과 직접적인 군사적 충돌이 발생하고 적대관계가 형성되었다. 또한 중국은 본격화된 냉전 시대의 국제환경 하에서 미국으로부터의 군사·안보적 위협을 우려할 수밖에 없었다. 당시 중국의 경제 상황을 본다면 마오쩌둥의 한국전쟁 참전 결정은 무모해 보이기까지 했다. 하지만 당시 마오쩌둥에게 한반도는 미국에 대응하는 북·중의 '순망치한(脣亡齒寒)' 관계로 인해 매우 높은 전략적 가치를 가지고 있었다.

2. 소련 일변도 정책

중화인민공화국이 건국 직후부터 소련 일변도 정책을 실행한 것은 공산주의 블록 형성 및 미·소 냉전의 본격적인 시작과 함께, '항미원조' 전쟁으로 미국과 형성된 적대관계 및 이로 인한 미국으로부터의 군사·안보적 우려가 주된 이유였다. 무엇보다도 당시 공군력이 전무하다시피 했던 중국의 입장에서는 강한 공군력과 원자폭탄을 보유한 미국이 언제든 베이징을 포함한 중국의 주요 도시들을 공격할 수 있다는 군사·안보적 우려가 존재했다. 이와 더불어 항일투쟁, 국공내전 등으로 인해 피폐해진 중국 경제를 재건하기 위해 소련과의 경제협력 및 기술 교류가 필요했던 점은 당시 중국이 소련 일변도 정책을 택한 또 다른 주요 요인이 되었다.

실제로 당시 마오쩌둥은 국제 안보환경을 전쟁과 혁명의 시대로 인식하고, 전쟁은 불가피하며 군사력 증강을 통해 전쟁에 대비함으로써 궁극적으로 국가주권과 영토를 수호하는 것을 주요 안보 과제로 삼았다. 또한 중국공산당 지도부는 중국의 안보를 위협하는 주요 적국의 설정 및 주적 개념을 사용하였으며, 이에 대응하는 대외정책을 수립하였다. 이를 통해 중국은 미국을 최대의 안보위협국이자 주적으로 설정하고 소련에 의존하는 군사·안보 정책을 전개했다.[5] 또한 공산주의와 자본주의 진영으로 대립되는 냉전체제하에서 중국은 공산주의 진영의 영도적 지위에 있는 소련과 뜻을 함께 하겠다는 입장을 분명히 했다.[6]

따라서 마오쩌둥 시기의 중국은 냉전에 본격적으로 진입했던 1950년대에 들어 군사·안보적 및 경제적으로 소련에게 절대적으로 의지할 수밖에 없었으며 이는 당시 중국이 처했던 대내외 환경에 대한 자연스러운 정책적 대응으로 평가된다. 하지만 자세히 살펴보면 마오쩌둥은 국공내전이 끝나가고 국제사회에서 점차 냉전의 상황들이 부상하는 시기에 이미 소련 일변도 정책의 실행을 준비하고 있었다. 탈냉전 시기 공개된 소련의 기밀문건들에 의하면 마오쩌둥은 건국 전인 1949년 7월에 중간노선은 없다는 입장을 분명하게 밝히는 소련 일변도 정책의 방향성을 제시하기도 했다.[7]

국공내전에서 승기를 잡은 마오쩌둥은 제2차 세계대전 이후 유럽에서 나타나는 냉전의 상황들을 주시했으며, 이에 대응해 소련과의 강한

---

5 함택영·박영준, 2010, 『안전보장의 국제정치학』, 사회평론사, 424-425쪽.
6 陶文釗, 1993, 『中美關係史 1911-1950』, 重慶出版社, 475-476쪽.
7 沈志華, 2003, 『毛澤東, 斯大林與朝鮮戰爭』, 廣東人民出版社, 123-137쪽.

군사·안보적 연계와 경제적 원조 및 협력을 바탕으로 신중국의 발전을 구상했다. 또한 이를 소련과 구체적으로 논의하기 위해 마오쩌둥은 소련 방문을 희망했다.

하지만 마오쩌둥에 대해 불신을 가졌던 스탈린은 그의 소련 방문 요구를 완고하게 거절했다. 대신 1949년 1~2월에 걸쳐 소련의 아나스타스 미코얀(Anastas I. Mikoyan) 서기가 중국 산시성의 시바이포(西栢坡)를 방문해 마오쩌둥과 일곱 차례에 걸친 회담을 가졌다. 마오쩌둥-미코얀 회담에서는 소련의 3억 달러 대중국 원조, 아시아 공산당 정부국 이첩, 뤼순 반환, 신장과 몽골의 문제 등이 합의되었다. 하지만 당시 스탈린은 중국공산당 홍군이 양쯔강을 건너 장제스의 국민당 정부에 대해 전면적인 공격을 실행하는 것에는 반대했다. 마치 중국 대륙이 공산당-국민당으로 양분되는 모습을 선호하는 듯했던 스탈린의 행동은 후일 중소분쟁을 예고하는 양국 간의 또 다른 불신의 요인이 되었다.[8]

반면 소련의 시각에서 공산당 홍군이 양쯔강을 건너고 국공내전의 승세가 확실시되던 1949년 5월부터 8월 초까지 저우언라이(周恩來)가 난징에서 당시 미국 대사였던 존 스튜어트(John L. Stuart)와 만나 논의한 내용들은 소련의 중국에 대한 불신을 높이게 되는 요인이 되었다. 저우언라이는 미국의 국민당에 대한 지원을 비난하는 한편, 상호호혜 원칙에 따라 미국 정부가 중국공산당을 승인하기를 강력히 희망했다. 또한 중국이 소련 일변도 정책을 공표하였지만 만약 중국의 독립과 주권이 존중된다면 미국을 포함한 어떤 국가와도 공식적인 외교관계를 수립할 수 있다는 의사를 밝혔다.[9]

---

8   정종욱, 2020, 『저우언라이 평전』, 민음사, 186쪽.

이어 1949년 6~8월 당시 중국공산당 부주석이었던 류사오치(劉少奇)가 대표단을 이끌고 소련을 방문하며 네 차례에 걸쳐 스탈린과 만났다. 스탈린-류사오치 회담에서는 소련의 3억 달러 차관 제공, 소련 전문가의 중국 파견, 대중국 군사 지원, 베이징-모스크바 정기 항공편 운항 등이 합의되었다.

마오쩌둥은 류사오치의 방소 기간 중이었던 6월 30일에 중국공산당 창당 28주년을 기념하며 발표한 "인민민주 독재를 논하다(論人民民主專政)"에서 인민민주주의의 필요성을 설명하며, 소련공산당원들은 위대하고 빛나는 사회주의 국가를 건설하였으며, 소련공산당은 중국의 가장 훌륭한 선생이므로 필히 그들을 배워야 한다고 언급하며 긴밀한 중소관계를 추구했다.[10] 결과적으로 미코얀의 방중과 류샤오치의 방소를 통해 신중국 건국 이후 형성되었던 중소관계의 기본적인 구조가 마련되었으며, 이는 중국이 건국과 한국전쟁을 거치며 소련 일변도 정책을 정립하는 기반이 되었다.

1949년 10월 1일에 중화인민공화국의 건국을 선포한 마오쩌둥은 약 2개월 후인 12월 16일에 자신의 생애 첫 해외 방문지인 소련에 도착하였다. 그리고 스탈린과 약 2개월여의 긴 협상 끝에 마침내 1950년 2월 14일 '중소우호동맹상호원조조약(中蘇友好同盟互助條約)'이 모스크바에서 체결되었다. 이로써 중국은 미국의 위협에 대응하고 중국의 경제 재

9　Thomas Christensen, 1996, *Useful Adversaries: Grand Strategy, Domestic Mobilization, and Sino-American Conflict 1947-1958*, Princeton: Princeton University Press, pp. 85-100.

10　毛澤東, 1994, 『毛澤東選集』 第2卷, 中央文獻出版社 世界知識出版社, 1468-1482쪽.

건을 위한 소련 일변도 정책의 공식적이고 제도적인 실행 기반을 갖추게 되었다.

이후 중국은 중소동맹을 기반으로 소련으로부터의 지원과 협력을 통해 경제 개발과 군사력 증강을 추구했으며, 특히 소련의 기술적 도움으로 핵무기 개발에 박차를 가했다. 또한 미국이 한미동맹과 미일동맹을 통해 동북아 지역에서 계속해서 영향력을 강화해 나가자, 중국은 중소동맹에 이은 북한과의 전략적 협력관계를 중심으로 미국으로부터의 역내 군사·안보적 위협에 대응해 나갔다.

마오쩌둥 시기의 중국이 미국으로부터의 군사·안보적 위협 및 경제 협력 요인들과 더불어 중소동맹을 추진했던 또 하나의 이유는 공산주의 세계 혁명에 대한 이상과 목표 때문이었다. 마오쩌둥은 중국 국내에서의 혁명 완수에 이어 동아시아 각국에서의 혁명운동을 지원하고 나아가 전 세계 공산혁명의 달성이라는 목표를 추구했다. 따라서 중소동맹의 수립 과정에서 중국은 소련과의 '혁명적 협력관계'를 공식화하는 것에 많은 의미를 부여했다.[11] 스탈린은 중국공산당이 아시아 지역 혁명 운동의 핵심역할을 맡아 줄 것을 요구했고, 마오쩌둥은 이를 수용하였다. 이를 바탕으로 중국은 아시아 지역 혁명에서 지도자 역할을 담당할 책임과 의무가 있음을 선포했는데, 이는 마오쩌둥 시기 중국의 동아시아 안보정책에 많은 영향을 미치게 된다.

---

11 牛軍, 2021, 『冷戰與新中國外交的緣起, 1949-1955』, 社會科學文選出版社, 61쪽.

3. 한국전쟁과 소련 일변도 정책 시기의 한반도 인식

중화인민공화국 건국 이후 마오쩌둥이 가진 한반도에 대한 인식은 중국의 국내 정세, 대소 및 대미 관계, 역사적 인식 등의 요인들에 많은 영향을 받은 것으로 생각된다. 먼저 건국 직후 중국의 국내 정세는 공산당 지도부의 한반도 인식에 많은 영향을 끼쳤다. 1949년 10월에 마오쩌둥이 건국을 선포할 당시 중국공산당은 아직 중국 전 영토를 점령하지 못하고 있었다. 따라서 중국공산당 지도부는 내정에 많은 관심과 노력을 기울일 수밖에 없었다.

이로 인해 마오쩌둥은 1949년에 열린 중국공산당 제7기 3중전회의 연설에서 지나치게 많은 적을 만들면 전체 국면에 이롭지 않다고 언급했다. 당시 소련 지도자들과의 만남에서도 마오쩌둥은 중국에게 가장 필요한 것은 국내 경제의 재건과 공산당 정권의 안정을 위한 평화로운 대내외 환경이라고 강조했다. 이러한 정세 판단을 바탕으로 중국공산당 지도부는 김일성이 한국전쟁을 일으키기 이전까지 한반도의 분단을 용인했으며, 북한의 남침 계획에도 동의하기 어려웠다.

특히 이 시기 중국 내에서는 공산당 지도부에 대한 농민들의 지지를 이끌어 낼 토지개혁도 진행 중이었다. 마오쩌둥은 건국 이후 토지개혁과 관련해 '중화인민공화국 토지개혁법'의 발표를 앞두고 있었다. 따라서 중국의 입장에서는 국내 경제의 재건과 타이완과의 통일 완성을 위해 안정적인 주변 환경과 내정에 초점을 맞추어야 할 시기였다. 그러므로 한국전쟁 발발 이전 중국의 한반도 인식과 정책은 국내 정세에 대한 고려가 우선했던 것으로 생각된다.

하지만 스탈린의 지지를 이끌어 낸 김일성은 한국전쟁을 일으켰으며,

마오쩌둥도 결국 한국전쟁에 대한 참전을 결정하게 된다. 이러한 중국 지도부의 한반도 정책에 대한 변화는 소련과의 관계가 주요 요인 중 하나로 보인다. 당시 스탈린을 포함한 소련공산당 지도자들 사이에서 중국에 대한 불신이 높아지고 있었다. 그러나 마오쩌둥은 스탈린의 신뢰를 높이고 지지와 협력을 통해 항일 투쟁과 국공내전으로 피폐해진 중국의 안정과 발전을 모색해야 했다. 이로 인해 당시 중국의 대한반도 정책은 소련의 의지 역시 많은 영향을 끼쳤던 것으로 평가된다.

'항미원조' 전쟁은 마오쩌둥 시기의 중국이 소련과 연관하여 가졌던 한반도에 대한 인식을 가장 잘 알 수 있는 대표적인 사례다. 앞서 언급했던 대로 건국 초기 중국이 직면했던 객관적인 대내외적 상황은 한반도에서 미국과 직접적인 전쟁을 수행할 수 있는 상황이 아니었다. 그럼에도 불구하고 마오쩌둥의 참전 의지는 분명했다. 중국은 한국전쟁 발발 이후, 타이완과의 완전한 통일을 우선하기 위해 북한의 전쟁 개시에 반대한다는 기존의 입장을 바꾸어 결국 참전을 단행했다. 결과적으로 중국은 북한을 위기에서 구하고 미국과 정면으로 충돌하는 것을 불사하는 등 중국의 역내 영향력과 위상을 높였다. 동시에 소련으로부터 전략적 신뢰를 높이는 계기가 되었다.

다른 한편으로 미국과 직접적으로 국경을 마주하고 대치하는 것을 용인하지 않으려는 군사·안보적 이유도 분명히 존재했다. 당시 중국의 입장에서 바라보는 한반도에 대한 인식은, 냉전 시기에 접어들며 동북아 지역에서 공산주의 세력의 확장과 이를 저지하려는 미국과 서구 세력의 충돌이 나타나는 전략적 요충지였다. 이러한 역내 정세를 배경으로 중국에게 한반도에서 사실상 미국과 국경을 마주하는 것은 중대한 군사·안보적 우려로 다가왔으며, 이로써 북중 간 '순망치한'의 관계는 더욱 부각되었다.

끝으로 한반도와 관련된 중국의 역사적 인식과 경험이 마오쩌둥 시기의 한반도에 대한 인식과 한국전쟁 참전 결정에 영향을 끼친 것으로 평가된다. 한반도는 전통적으로 대륙 세력과 해양 세력이 충돌하는 지정학적 요충지로 인식되어 왔다. 중국은 청일전쟁(1894~1895년)에서 패하며 한반도에서의 영향력을 잃었다. 이후 러일전쟁(1904~1905년)을 목격하며 동북아시아 지역에서 가지는 한반도의 지정학적 중요성과 한반도를 영향권에 두지 못하면 역내 열강들의 각축전에서 주도권을 놓치게 된다는 인식을 확인하게 되었다.

당시 이러한 중국 근대 역사의 경험과 한반도에 대한 지정학적 인식 하에서 중국은 조선을 '국가안보의 관문(國家安保門戶)'로 인식하게 되었으며, 조선의 근심은 곧 중국의 근심이므로 중국은 조선 문제에 개입해야 한다는 논리를 발전시키게 되었다. 또한 이러한 논리는 마오쩌둥의 시기까지 이어지게 된다.[12] 실제로 한국전쟁 참전을 피하려 했던 마오쩌둥이었지만 1950년 7월부터는 북·중 국경에 '동북 변방군'을 편성 및 배치하고 한반도 상황에 대한 개입을 준비하고 있었던 이유이기도 했다.

결과적으로 중국의 '항미원조' 전쟁 참전은 마오쩌둥 시기에 들어와 '순망치한'과 '이념'에 더해 '혈맹'이라는 북중관계를 만들어가는 또 하나의 중요한 요인이 되었다. 실제로 중국공산당 지도부와 북한 김일성 정권과의 관계는 국공내전 당시 북한이 중국의 동북해방전쟁에서 동북인민해방군을 지원했던 점은 내전 초기 중국공산당이 열세를 보인 시기에

---

12 남상수, 2004, 「근대적 시공간의 탄생: 한반도 인식의 지정학적 기원과 중국」, 『세계정치』 제25집 제1호.

위기를 넘기는 중요한 요인 중 하나로 작용하기도 했다. 이로 인해 북·중 공산당원들 간의 긴밀한 관계는 중국의 건국 이후에도 이어졌다.

이에 더하여 '항미원조' 전쟁에 참전했던 중국군 인사들은 비록 북한과 군사 지휘권, 철도 이용권 등에서 갈등이 존재했던 것이 사실이지만 미국에 대항해 함께 피를 흘린 전우애를 나누며 북한의 수뇌부와 긴밀한 관계를 쌓을 수 있었다. 이는 또한 건국 초기 북중관계에 커다란 영향을 끼쳤으며, 당시 중국군의 인사들이 중국 국내정치에서도 커다란 영향력을 행사함으로써 북·중 인사들 간의 개인적인 친밀감에 더해 우호 협력적인 북중관계를 형성하는 과정에서도 긍정적인 요인으로 나타났다.

중국의 소련 일변도 정책은 북중관계에도 영향을 끼쳤다. 중화인민공화국 수립 5일 후인 1949년 10월 6일에 북·중은 공식적인 외교관계를 수립하고 대사를 상호 파견하기로 결정했다. 중국은 긴밀한 북중관계가 한반도의 안정에 기여할 것이며 이는 또한 중국의 안정적인 경제 재건을 위한 평화로운 주변 환경 유지에 긍정적인 역할을 할 것으로 기대했다. 특히 중국의 대한반도 정책의 주요 의제는 군사·안보적 요인이었다. 한미 및 미일 동맹을 기반으로 한반도 남쪽으로부터 다가오는 미국의 군사·안보적 압박과 우려는 북·중 모두에게 당면한 위협이자 양측 간 긴밀한 협력이 필요한 이유였다. 특히 중국에게 한반도에서 안정적인 북한의 존재는 미국의 위협에 전략적으로 중요한 완충지대를 보유하는 것이었다.

물론 중화인민공화국 건국 초기에 국가 정책의 핵심 목표 중 하나는 타이완을 '해방'시켜 완전한 통일을 이루는 것이었다. 그리고 타이완 문제 해결에 집중할 수 있는 주변 환경조성 차원에서 한반도에서의 안정을 원했다. 중국은 북한에 대한 전략적, 정치적 지지를 유지하면서도, 북한의 내정에 대해서는 관여하지 않는 대북정책을 유지했다. 하지만 중국은 북한이 남침을 통한 무력통일을 감행할 경우 나타날 한반도의 정세 불안 및 미국의 참전 가능성에 대해 우려했다.

예를 들어 1949년 5월에 마오쩌둥은 당시 베이핑 근교 샹산(香山)의 쐉칭(雙淸) 별장에서 김일성이 파견한 특사 김일과 회담하며 만약 한국전쟁 발발 시 중국은 참전하겠다는 뜻을 전하는 한편, 북한에게 지구전은 불리하며 설사 미국이 참여하지 않는다 해도 일본을 통해 한국에 전쟁 원조를 제공하도록 할 수 있다는 점을 지적하며 북한의 즉각적인 대남 군사행동을 희망하지 않는다는 의견을 표명했다.

같은 해 10월에도 마오쩌둥은 북한에게 중국은 통일의 임무를 완수하기 전까지는 북한을 효과적으로 지원할 여력이 없음을 언급하며 중국의 협력을 원하는 북한의 제의를 거절한 바 있다. 하지만 이미 스탈린의 동의를 얻은 김일성이 1950년 5월 13일에 베이징을 방문하자 마오쩌둥은 결국 북한에 대한 군사지원에 동의하게 된다.

이후 '항미원조' 전쟁에 참전을 결정하는 중국공산당 지도부의 논의 과정과 내용들은 당시 중국이 가지고 있었던 한반도에 대한 인식을 살펴볼 수 있는 중요한 자료들이다. 1950년 6월 25일에 한국전쟁이 시작되자 중국은 인민혁명군사위원회 부주석 저우언라이의 명의로 같은 해 7월 7일에 제1차 국방안보회의 및 7월 10일에 제2차 국방안보회의가 소집되었다. 두 회의의 결과로서 7월 13일에 작성된 「동북변방 보위에 관한 결정(關於保衛東北邊防的決定)」에는 북·중 국경지대의 군사 배치를 통해 돌발 사건에 대비하는 내용이 담겨 있다.

중국은 미국을 의미하는 '적대관계에 있는 군대'가 압록강에 근접하지 못하도록 우선 동북지역의 방어에 만전을 기했다. 하지만 6월 27일에 트루먼(Harry S. Truman) 미국 대통령이 제7함대를 타이완 해협에 진주시키고 '타이완 중립화'를 발표했다. 이로 인해 중국공산당 지도부는 미군이 한반도와 타이완에 주둔하게 되면 언제든 중국을 침략해 올 수 있게 되며 중국이 방어만 하는 것은 수동적인 대응이 될 것이란 정세 진단에 이르게 된다. 특히 후일 '항미원조' 전쟁에서 중국 인민지원군 사령관을 맡았던 펑더화이는 "언제 (중국을) 먹어 버릴지는 호랑이(미국)의 위장에 달린 일이며, 침략을 위해 어떠한 핑계도 찾을 수 있을 것"이라 주장했다.[13]

실제로 미국을 포함한 UN연합군의 한국전쟁 참전으로 중국은 미국으로부터의 위협을 더욱 크게 느끼게 되었으며, 인천상륙작전 이후 한국전쟁의 정세가 뒤집히자 한반도와 북한에 대한 인식도 변화되기 시작했다. 중국은 북한의 내정에 관여하지 않는다는 기존의 정책을 포기하고, 한반도 정세에 대해 적극적으로 개입하기 시작했다. 특히 1950년 10월 3일 새벽 1시에 이르러 미군이 38선 가까이 진군해 오자 저우언라이 총리는 파니카르(K. M. Panikkar) 주중 인도 대사와 만나 만약 미군이 38선을 넘어 확전을 꾀한다면 중국이 가만히 있을 수 없다는 경고의 뜻을 전달했다.

하지만 중국은 결국 10월 25일에 한국전쟁에 참전하여 첫 교전을 치르고 항미원조 전쟁을 개시한다. 중국은 개입 초기에 연합군의 진군을 막아내고 군사적 승리를 거둔 데 고무되기 시작했다. 이로 인해 중국은 출병 초기의 정책 목표인 미군이 38선 이남에 머물 경우에는 중국은 진군하지 않을 것을 조정하며 37도선을 남하해 한반도 전 지역을 '해방'시

---

[13] 彭德懷, 2019, 『彭德懷自述』, 人民出版社, 218쪽.

키고자 했다. 당시 중국은 1950년 12월 7일의 UN총회 의사일정에 상정된 '중국이 한반도를 침략'한 안건에 대해 '선(先) 전투중지 후(後) 정전'안(案)을 거부하며 ① 중화인민공화국 대표가 UN의 합법적 위상을 얻어야 한다, ② 미국 침략군은 타이완에서 철수한다, ③ 모든 외국 군대가 한반도에서 철수한다 등의 세 가지 조건을 제시했으며, 특히 저우언라이 총리는 "미군이 38선을 넘었을 때, 이 지정학적 경계선(38선)은 영구히 지워져버렸다"고 주장했다.[14]

중국의 이러한 결정은 외교적으로 커다란 부담을 감수해야 하는 것이었다. 당시 중국은 타이완이 차지한 UN회원국 지위를 회복하기 위해 외교역량을 집중하던 시기였다. 하지만 중국이 한반도에서 UN군과 직접적인 물리적 충돌을 지속해야 하는 결정은 UN에서의 외교적 손상을 감수해야 했던 결정이었다. 또한 중국의 정책 변경은 미군이 38선을 넘었기 때문에 중국의 국경 안보가 위협을 받게 되었다는 스스로의 참전에 대한 명분을 잃게 만들었다.

중국 인민지원군은 참전 이후 1차와 2차 전역을 실행하고 북한의 인민군과 함께 남하를 계속했으며 마오쩌둥은 펑더화이 사령관에게 국제정세를 설명하며 제3차 전역을 단행하여 38선 이남으로의 진격을 지시했다.[15] 펑더화이는 당시 중국군의 취약한 보급 능력과 군 재정비의 필요성을 지적하며 지원군 부대가 휴식할 필요가 있음을 마오쩌둥에게 보고했다. 마오쩌둥은 펑더화이의 의견에 동의를 표하면서도 38선을 넘어

---

[14] 왕수쩡 지음, 나진희·황선영 옮김, 2013, 『한국전쟁: 한국전쟁에 대해 중국이 말하지 않았던 것들』, 글항아리, 532-533쪽.

[15] 中共中央文獻研究室, 中国人民解放军军事科学院编辑, 1993, 『毛泽东军事文集』 第6卷, 军事科学出版社, 中央文獻出版社, 245-250쪽.

한 차례 전투를 치른 후 38선 이남 또는 이북에서 주력군을 후퇴시켜 휴식을 취하라고 지시했다.[16]

마오쩌둥이 38선의 돌파를 강하게 지시한 점을 통해 중국의 '항미원조' 전쟁 참전에 이어 당시 중국공산당 지도부가 가진 한반도 인식을 살펴볼 수 있다. 한국전쟁 발발 이후 한반도는 단순히 중국의 동북국경과 마주한 지역이라는 지정학적 의미에 더해 이제는 국제정세와 연관되어 중국의 안보에 심각한 영향을 미칠 수 있는 잠재적 외부 위협 지역으로 인식되었다.

또한 '항미원조' 전쟁 참전 이후 기존 북·중 우호관계는 미국 제국주의에 대항해 함께 피를 흘린 전우 관계로 격상되었다. 반면 한중관계는 적대적인 관계가 형성되었으며, 미국의 한국전쟁 개입으로 중국과 북한은 미국이라는 공동의 안보위협에 직면했다. 이는 북·중 간 전략적, 군사·안보적 협력 강화를 불러오게 되었으며, 결국 중국은 북한의 적극적인 요구로 1961년 8월에 '중조 우호협력 상호원조 조약(中朝友好合作互助條約)'을 체결하게 된다.

III. 중소분쟁 및 반미반소주의 시기

중소동맹을 바탕으로 한 중국의 소련 일변도 정책은 건국 초기 중국의 대외정책과 경제 재건에 많은 영향을 끼쳤다. 하지만 한국전쟁 이후

---

16 中共中央文獻硏究室, 中国人民解放军军事科学院, 2010, 『建国以来毛泽东军事文稿』, 军事科学出版社, 420-424쪽.

냉전 시기가 본격적으로 부상하며 중·소 협력관계가 공고해졌던 1950년대 초·중반의 시기를 지나가자, 오히려 중소관계는 중국의 대외정책 운용과 경제 근대화의 노력을 제약하는 요인으로 나타났다는 견해도 존재한다.[17] 이러한 시각들은 소련의 요구로 참전한 한국전쟁 이후 중국은 미국의 전방위적인 대중봉쇄정책으로 압박을 받았으며, 이로 인해 중국의 외교적 및 군사·안보적 정책 운용 공간을 크게 축소시켰다고 보았다.

대표적인 사례로 미국은 냉전 시대에 진입하며 동북아시아 지역에서 한·미 상호방위조약(1953년 10월 1일 조인, 1954년 11월 18일 발효)과 미·일 안보조약(1951년 조인, 1952년 4월 발효) 및 미·일 상호협력과 안보조약(1960년 1월 19일 서명, 1960년 6월 23일 발효)을 통한 한미·미일 동맹을 축으로 역내에서 군사·안보적 영향력을 증가시켰다.

중소관계의 잠재적 도전 요인들은 1950년대 후반에 접어들며 양국관계의 표면에 본격적으로 부상했다. 당시 중소관계 갈등의 중요한 요인 중 하나로 마오쩌둥의 민족주의 성향을 들 수 있다. 그의 민족주의적인 성향은 중국의 대소정책에도 그대로 묻어 나왔다. 당시 중국은 공산주의 세계 혁명의 완수를 위한 소련과의 '혁명적 협력관계'를 분명히 견지했다. 하지만 다른 한편으로 마오쩌둥은 자주적이고 독립적인 대외정책을 추구했다.

---

17 沈志華 主編, 2011, 『中蘇關係史綱: 1917-1991年中蘇關係若幹問題在探討』, 社會科學文選出版社; 지재운, 1994, 「대소일변도정책의 결정배경에 관한 연구」, 『중국연구』 9권 4호, 58-79쪽.

1. 중·소분쟁의 배경과 결과

1950년의 중소동맹은 양국 간의 군사력과 경제력, 그리고 공산주의 블록에서의 권위와 위상이 비대칭적인 상황에서 중국의 적극적인 요구로 체결되었다. 따라서 양국 사이에는 동맹을 바라보는 시각과 기대에 차이가 나타날 수밖에 없었다. 특히 대외정책에서 소련은 유럽의 바르샤바 조약의 사례와 유사한 경제적 및 군사·안보적 공동체를 아시아에서 중국을 포함해 구축하려 하였다. 반면 중국은 소련으로부터 안보를 담보 받고 경제적 원조를 원하고 있었지만 그렇다고 소련에게 속박 받는 것에는 강하게 저항했다.[18] 또한 중국은 자국의 완전한 통일을 위해 타이완을 포함한 현상 변경을 추구했고, 이와는 대조적으로 소련은 현상이 안정적으로 유지되기를 원했다.

이러한 중소관계의 배경을 바탕으로 중국은 1950년대 후반부터 점차 소련과의 갈등이 불거지며 본격적인 중·소분쟁의 시기에 직면하게 된다. 특히 마오쩌둥은 니키타 흐루쇼프(Nikita Khrushchev)가 주창한 '평화 공존론(Peaceful Coexistence)'의 실체가 미·소의 세계 공동 관리의 의도라 생각하고 경계했으며, 북한의 김일성과 함께 흐루쇼프에 대해 깊은 불신을 나타냈다.

중국과 소련 사이의 갈등은 1958년에 소련의 중국 내 레이더 기지 설치 요구, 중·소 연합함대 출범에 대한 이견, 타이완의 진먼다오(金門島)와 마쭈다오(馬祖島)에 대한 중국의 포격 당시 소련에 사전 통보를 하지

---

[18] 가와시마 신·모리 가즈코 지음, 이용빈 옮김, 2012, 『중국외교 150년사: 글로벌 중국으로의 도정』, 한울아카데미, 180-181쪽.

않았던 사건 등으로 표출되기 시작했다. 1959년에 들어서는 소련으로부터 자국 잠수함과의 연락을 위한 중국 내 소련 무선 방송국 설치 요구, 소련 군함의 기항과 수병들의 중국 내 상륙허가 요구, 중국의 인도에 대한 반격 당시 소련에 사전 통보가 없었던 점, 중·소 간 국방 신기술 협정(1957년 10월에 체결)에 따른 중국 핵무기 개발에 대한 소련의 지원 중지 결정 등이 연이어 불거졌다.

이어 1962년에는 중·인 국경전쟁이 발발하고, 소련이 인도를 지지하는 입장을 발표하자 중국은 더욱 어려운 대외환경을 맞이하게 되었다. 당시 중국과 인도는 1959년에 달라이 라마의 망명 및 인도 네루 수상의 망명정부 지원, 그리고 1961년 9월에 유고슬라비아의 수도 베오그라드에서 열린 비동맹 정상회의에서 인도와 중국의 갈등이 고조되었으며, 1962년 7월에는 중·인 국경지대에서 영토분쟁 문제로 무력 충돌이 발생함으로써 양국 관계는 적대관계에 진입했던 시기였다.

이 외에도 국내적 요인으로는 문화대혁명(1966~1976년)이 시작되며 홍위병들의 소련과 영국 대사관 난입 사건 및 대외적으로는 극좌사상을 기반으로 한 외교활동, 특히 마오쩌둥 사상의 선전을 대외활동의 주된 임무로 삼으며 외교적 난제를 심화시켰던 점도 존재한다. 결국 1969년 3월에 중·소 간 국경에서 직접적인 군사적 유혈 충돌까지 발생했던 전바오다오(珍寶島) 사건 이후 마오쩌둥은 점차 반제국주의와 반수정주의(反帝反修)에 근거한 반미반소(反美反蘇)주의를 택하는 대외정책의 변화를 보이게 된다.

2. 평화공존 5원칙

중국은 소련 일변도에서 중·소분쟁 시기로 전환되는 과정에서 '평화공존 5원칙(和平共處五項原則)'을 주창했다. 중국은 국제사회의 안정과 평화를 위한 자국의 가치를 제시하며 국제사회, 특히 제3세계 국가들 사이에서 리더십을 높이며 대국화의 길을 추구했다. '평화공존 5원칙'의 근원은 1953년 12월에 인도 대표단이 티베트 문제를 논의하기 위해 중국을 방문한 자리에서 저우언라이 총리가 중국과 인도 사이의 갈등을 처리하기 위해 ① 주권과 영토 보전의 상호 존중(互相尊重領土主權), ② 상호 불가침(互不侵犯), ③ 상호 내정 불간섭(互不幹涉內政), ④ 호혜 평등(平等互利), ⑤ 평화 공존(和平共處)의 원칙 다섯 가지를 제시한 것에서 시작했다. 중국과 인도는 약 4개월에 걸친 협상 끝에 '중화인민공화국과 인도 공화국의 중국 티베트 지방과 인도 사이의 통상과 교통에 관한 협정(中華人民共和國和印度共和國關於中國西藏地方和印度之間的通商和交通協定)'을 1954년 4월 29일에 체결했다. 그리고 이 협정의 서문에는 '평화공존 5원칙'이 포함됨으로써 공식 문서에 처음으로 명문화되었다.[19]

1955년 4월 18~24일 사이에 개최된 인도네시아 반둥(Bandung)회의에서는 중국과 인도 사이에 합의된 '평화공존 5원칙' 외에 다섯 가지의 항목이 추가되어 '평화 10원칙'이 선언되었다. 저우언라이가 제시했던 '평화공존 5원칙'은 사실 19세기 유럽의 국제사회 원칙을 정리한 것이었다. 하지만 중국과 인도는 물론 반둥회의에 참가했던 많은 아시아와

---

19 周恩來與外國首腦及政要會談錄編輯組, 2012, 『周恩來與外國首腦及政要會談錄』, 台海出版社, 52-55쪽.

아프리카 국가들이 '평화 10원칙'을 지지하고 공동선언을 했던 점에서는 당시 신생독립국, 개발도상국, 약소국들의 시각을 엿볼 수 있다. 이들 국가들에게 '평화공존 5원칙' 및 '평화 10원칙'은 다시는 강대국들에게 자신들의 주권과 영토를 빼앗기지 않고 외세로부터의 내정 간섭을 막음으로써 국제사회에서 주권을 가진 독립국가로서의 위치를 인정받으려는 강한 의지를 내포하고 있었다.

3. '양탄일성'과 '인민전쟁전략'

마오쩌둥 시기의 중국은 군사·안보 영역에서 '양탄일성(兩彈一星)'의 완성 및 '인민전쟁전략'을 통한 대국화 과정을 지속하게 된다. 당시 중국은 미국의 공군력과 원자폭탄을 위시로 한 군사·안보적 우려에 대응해 외적으로는 소련과의 동맹, 내적으로는 소련의 기술 지원을 통한 자체적인 미사일과 핵무기 개발을 진행함으로써 미국의 위협에 균형을 이루려 했다. 이로 인해 중국은 건국 초기 원자탄과 수소탄의 '양탄'과 인공위성 발사 역량을 통해 탄도 미사일을 개발하는 '일성'의 양탄일성을 적극적으로 추진하게 된다.

중국이 '양탄일성'을 추진한 이유에는 물론 한국전쟁 이후 미국을 비롯한 서구 강대국으로부터의 군사·안보적 고민이 가장 크게 작용했던 것이 사실이다. 하지만 이에 더하여 중국은 중국공산당 혁명의 완성이라고 할 수 있는 타이완 영토의 수복을 위해서는 타이완과의 무력 충돌을 반대하는 강대국들에 대한 군사·안보적 대응 역량을 강화할 필요성이 있었다. 이는 당시 인민해방군의 현대화 과정이 미국과 소련 등 주요 강대국들에 비해 미진했던 상황에서 중국공산당 지도부가 선택할 수밖에 없었던 최선의 정책이자 당시 중국 대국화 과정에서 빼놓을 수 없는 행보였다.

마오쩌둥은 건국 이후 한국전쟁 참전과 더불어 타이완 해협에서 발생했던 크고 작은 군사적 충돌 등 급박하게 돌아가는 국제 형세하에서 정권 초창기부터 재래식 무기를 기반으로 한 인민해방군의 현대화 추진 사업을 미루고, 핵과 미사일 보유를 우선순위에 두었다. 한국전쟁 당시 미국과 직접적인 군사적 충돌로 핵 위협에 노출되었던 역사적 기억과 더불어 타이완과의 군사적 충돌을 지속적으로 경고하고 반대하고 견제하는 소련에 대응하기 위해 중국은 1950년대 중반부터 핵과 미사일 개발 계획에 많은 노력을 기울여 추진하게 된다.

중국의 입장에서는 '양탄일성'의 역량을 갖춤으로써 미국과 소련에 대응해 중국의 자주적인 대외 및 타이완 정책을 뒷받침할 수 있는 군사력 확보가 필요했다. 또한 당시 국제사회에서는 한국전쟁 참전 및 타이완에 대한 공세적인 모습에서 중국이 호전적인 국가라는 인식이 존재했던 것이 사실이었다. 하지만 중국의 핵 개발의 목적은 공세적인 핵 사용의 전략적 목표라기보다는 외부의 핵 위협으로부터 중국을 방어할 수 있는 억지능력 확보라는 시각이 더욱 강했다.[20]

중국은 핵과 미사일 기술에 대한 전반적인 지식이 전무하다시피 한 상황에서 국가의 생존과 정치적 목표 달성을 위해 정책적 지원을 아끼지 않았다. 중국이 핵 개발을 위하여 가장 먼저 추진했던 것은 관련 연구의 역량 강화였다. 중국공산당 지도부는 1955년 1월 15일에 치엔산

---

[20] M. Taylor Fravel and Evan Medeiros, 2010, "China's Search for Assured Retaliation: The Evolution of Chinese Nuclear Strategy and Force Structure," *International Security* 35:2 (Fall, 2010).

창(錢三强) 교수를 비롯한 과학자들을 초청하여 강의를 듣고 1차 핵 개발 계획을 승인하게 된다. 이어 1956년에는 전략미사일 발전 계획을 수립하였다. 또한 중국은 1956년도부터 12개년 과학기술발전 계획(1956~1967년)을 천명하고 국가 과학기술 연구개발에 투자를 아끼지 않았다.[21] 특히 중국은 미국으로부터의 핵 공격을 피하고, 중국의 핵 기반 시설을 보호하기 위한 비밀 지하 터널과 격납고 등을 구축하는 데 많은 예산과 자원을 사용했다.[22]

중국공산당 지도부의 적극적인 지원에도 불구하고 중국의 과학자들은 1961년 가을까지 '양탄일성' 관련 연구의 상세한 계획을 수립하지 못했으며, 초기 단계의 연구에서 벗어나지 못했던 것으로 알려져 있다. 이들은 1963년이 되어서야 핵무기의 설계에 자신감을 가질 수 있었다.[23] 결국 중국은 1964년 10월 16일에 원자탄 실험에 성공하고, 1967년 6월 17일에는 수소탄 실험에 성공하며 '양탄'을 보유하게 된다.

'양탄'의 개발과 더불어 중국은 미사일 및 인공위성 역량 강화를 위한 장기적인 계획을 세우고 이를 지속적으로 추구하면서 중국의 미사일 개발 및 우주 역량 강화의 기반을 마련하고자 노력했다. 중국의 미사일 및 우주산업 발전의 시초는 미국의 칼텍(California Institute of Technology: Caltech, 캘리포니아 공과대학교) 교수였던 첸쉐썬(錢學森) 박사가 미국에

---

21 Zuoyue Wang, 2015, "Cold War: the making of the 1956 twelve-year science and technology plan," *History and Technology* 31(3).
22 Gregory Kulacki, 2016, "The Risk of Nuclear War with China: A Troubling Lack of Urgency," Union of Concerned Scientists (May, 2016).
23 Eric Heginbotham, et al., 2015, "The U.S.-China Military Scorecard: Forces, Geography, and the Evolving Balance of Power, 1996-2017," RR-393-AF. RAND.

서 스파이 혐의로 인한 가택연금에서 풀려나 1955년 중국으로 귀국하게 되면서부터 시작되었다. 첸 박사가 1956년 2월 7일에 마오쩌둥에게 국방항공공업 보고서를 제출하면서 중국은 미사일 개발과 우주산업발전의 신호탄을 올리게 된다.

이러한 초기 과정에서 중국군의 보조적인 역할도 의미 있는 기여를 했다. 중국군은 원활한 사업추진을 위해 미사일과 항공과학연구 지도기구를 창설하고 항공공업위원회를 설립하였다. 또한 중국공산당 중앙위원회의 지침에 따라 1956년 10월 8일에는 국방부 산하에 중국의 나사(NASA) 연구소라 부를 수 있는 제5연구원을 신설하고, 첸쉐썬 박사를 초대 원장으로 임명했다. 제5연구원은 후일 인민해방군 로켓군의 근간이 되는 기관으로 성장한다.

1957년에는 중국과 소련 간에 체결되었던 과학기술협약에 따라 소련에서 102명의 전략로켓부대 병력이 중국으로 초빙되어 파견 근무를 시작했다. 이후 중·소 갈등이 불거져 나오며 소련으로부터의 기술 이전이 중단되고 결국 중·소 간의 기술 교류가 단절되었다. 하지만 중국은 1959년 9월 10일에 자국에서 개발한 액체수소 운반체를 이용하여 소련이 제조한 R-2 미사일 발사를 성공한다. 이어 다음해인 1960년 11월 5일에는 중국의 첫 미사일인 둥펑(DongFeng: DF)-1호 발사에 성공했으며, 1964년 6월 29일에는 DF-2A의 발사에 성공한다. 1965년에 저우언라이 총리는 마오쩌둥에게 건의하여 장아이핑(張愛萍) 국방부장에게 미사일과 핵전력을 전문적으로 관리하는 사령부 건립 명령을 내린다. 1966년 7월 1일에는 저우언라이 총리의 지시에 따라 제2포병 부대(후일 중국 로켓군)를 창설하게 된다.

중국은 1966년 10월 27일에 신장위구르자치구에서 핵탄두를 장착한

미사일 발사 실험에 성공하게 된다. 특히 독립적으로 개발된 핵탄두를 미사일에 장착하는 연계 기술개발은 신설된 제2포병부대가 담당하였다. 제2포병부대는 전통적 군사 훈련 이외에도 우주과학기술 분야 무기 개발, 연구 활동, 발사 실험 등을 담당하였고 이를 기반으로 중국의 미사일 개발은 체계적인 발전을 거듭하게 된다.

중국은 1966년부터 제2단계 미사일 역량 강화를 추진한다. 당시 중국이 중점적으로 추진한 기술은 장거리 미사일과 인공위성의 개발이었다. 하지만 1966년부터 1976년까지 진행된 문화대혁명의 국내정치적 요인으로 인하여 제2단계 미사일 역량 강화 계획은 지연되었다. 중국은 1971년에 이르러 12,000킬로미터 사정거리의 DF-5호 개발에 성공한다. 이는 중국 대륙간탄도미사일(ICBM)의 모태가 되는 역할을 했으며, 이로써 중국은 소련의 모스크바와 미국의 서부지역을 타격할 수 있는 미사일 역량을 보유하게 되었다.[24]

4. '중간지대론'과 '신중간지대론'[25]

갈등이 고조되던 1950년대의 중소관계는 1960년대 들어 더욱 악화되었다. 1963년경에는 중·소 양국의 공산당 관계가 사실상 깨어졌으

---

[24] John Wilson Lewis and Hua Di, 1992, "China's Ballistic Missile Programs: Technologies, Strategies, Goals," *International Security* (Fall, 1992).

[25] 마오쩌둥 시기에서 1958년의 중간지대론과 1964년의 신(新)중간지대론으로 나누는 구분에 대해서는 학문적 논쟁이 있을 수 있다. 하지만 이 글에서는 중간지대론과 신중간지대론의 내용에 차이를 분석하고자 이를 구분하여 다루었다. 또한 이러한 구분은 가와시마 신·모리 가즈코(2012)의 중간지대론과 신중간지대론 구분에서 학문적 시각의 틀을 인용하였다.

며, 1964년 말에는 레오니트 브레즈네프(Leonid Ilyich Brezhnev)가 이끄는 소련의 새로운 지도부가 중·소 국경지역에 대규모 병력을 배치하자 양국 관계는 되돌리기 어려운 상황에까지 이르게 된다.

결국 1969년 3월에 중·소 간 국경에서 직접적인 무력 충돌이 발생했던 전바오다오 사건까지 터지며 이미 미국과 적대관계를 가지고 있던 마오쩌둥은 결국 반제국주의와 반수정주의에 근거한 반미반소의 고립주의를 택하는 대외정책의 변화를 보이게 된다.

이러한 과정에서 마오쩌둥은 1958년에 '중간지대론', 1964년에는 '신(新)중간지대론'을 주창하게 된다. 그는 세계가 냉전 시대에 들어가며 미국을 중심으로 한 자본주의 진영과 소련 및 중국을 포함한 사회주의 진영이 존재하게 되었으며, 두 진영 사이에 인도, 중동, 아프리카, 라틴 아메리카 국가들의 중간지대가 존재한다고 주장했다.

1958년에 중국에서 거론된 '중간지대론'은 1956년 2월에 열린 제20차 소련공산당 전당대회에서 스탈린에 이어 소련의 최고지도자에 오른 니키타 흐루쇼프가 미국과의 관계 개선 및 협력을 추구하는 '평화적 공존' 정책을 발표한 것과 깊은 연관이 있다.[26] 마오쩌둥은 흐루쇼프가 주창한 '평화 공존론'의 실체가 미·소의 세계 공동 관리 의도를 내포한 수정주의적 경향이라고 격렬하게 비판하며 흐루쇼프에 대해 깊은 불신을 나타냈다.[27] 또한 1958년 중국 내부에서는 미국이 반소련 및 반공산

---

26 Nikita S. Khrushchev, 1959, "On Peaceful Coexistence," *Foreign Affairs*, Vol. 38, No. I (October 1959).

27 Harrison Salisbury, 1992, *The New Emperors: China in the Era of Mao and Deng*, New York: Little Brown & Co., p. 152; David Wolff, 2000, "One Finger's Worth of Historical Events: New Russian and Chinese Evidence on the Sino-Soviet Alliance and Split, 1948~1959," Cold War International

주의(反蘇反共)를 내세우며 중간지대 국가들을 침탈하려 한다는 주장이 부상하며 반미 강경노선이 나타나게 된다.[28]

비슷한 시기에 추진된 마오쩌둥의 '대약진 운동'이 실패하고 중·소 갈등은 더욱 고조되었다. 수많은 아사자(餓死者)를 낸 대약진 운동의 실패로 마오쩌둥은 정치적 2선으로 물러나고, 중국은 류사오치와 덩샤오핑을 중심으로 개혁적인 경제 정책을 실험하는 동시에 유화적인 대외정책을 추진한다.

그리고 중국에서는 1964년에 들어와 '신중간지대론'이 등장한다. 1958년의 중간지대론에 비해 신중간지대론에서는 세계가 미국과 소련 이외에 중간지대로 구성되어 있으며, 이 중간지대는 크게 2개의 부분으로 나누어졌다. 제1중간지대는 아시아, 아프리카, 라틴아메리카 등에서 독립한 국가들 및 독립을 추구하는 국가들이고, 제2중간지대는 서유럽, 오세아니아, 북미 등에 위치한 자본주의 국가들이다. 중국은 1964년 1월 27일에 프랑스와 국교를 수립하는 등 제2지대 국가들과의 관계를 개선하려 했다. 하지만 1966년 문화대혁명이 시작되고 마오쩌둥이 다시 권력의 전면에 나서며 중국 외교는 다시 강경노선으로 전환된다.

5. 중소분쟁 및 반미반소주의 시기 중국의 한반도 인식

이 시기에 나타난 중국의 대한반도 인식은 우선 미일동맹에 이어 한미동맹이 강화되고, 나아가 미국이 한·미·일 3국 동맹을 추구하였던

History Project(CWIHP), Woodrow Wilson International Center for Scholars, pp. 10-12.

28 於兆力, 1958, 「新生力量一定戰勝腐朽的力量」, 『紅旗』, 1958年 第6期.

점 등이 중국에게 민감한 군사·안보적 우려로 나타났다. 특히 한국과 일본이 미국의 적극적인 관여하에 1965년 6월 22일에 일본 도쿄에서 '한·일 양국의 국교관계에 관한 조약'을 체결함으로써 공식 수교가 이루어지자, 중국은 미국이 주도하는 한·미·일 3국 동맹이 성사되어 동북아시아 지역에서 북한과 중국을 군사·안보적으로 더욱 강하게 압박할 가능성에 긴장할 수밖에 없었다. 따라서 마오쩌둥 시기의 중국이 한국에 대해 가졌던 인식은 한국 그 자체보다는 한미동맹을 통한 한국 내 미국의 정치적, 경제적, 군사·안보적 활동 및 한·미·일 동맹의 가능성에 대한 우려와 대응에 초점이 맞추어져 나타났었다.

반면 이로 인해 중국에 대한 북한의 전략적 가치는 높아졌다. 한국전쟁 이후 북한은 미국의 위협을 방어하는 전략적 완충지대의 역할을 수행했다. 또한 중소분쟁의 고조로 소련이 점차 중국의 안보에 위협이 되고 있는 상황에서 중국은 북한과의 관계를 원만하게 유지하려 했다. 실제로 중소분쟁은 중국에 대한 북한의 전략적 가치가 증가하는 계기가 되었다. 북한은 중국과 소련의 갈등과 대립을 활용하여, 양국 모두와 동맹을 체결하는 데 성공했다.

특히 1953년 3월의 스탈린 사망 이후 흐루쇼프의 스탈린 1인 독재의 비판과 '평화공존론'의 주창은 중·소 간에 치열한 수정주의 논쟁과 상호 비판에 이르게 된다. 이데올로기적 정통성을 입증하기 위해 자국의 입장을 지지해 줄 조력자가 필요했던 중국과 소련은 공산주의 국가들을 대상으로 대규모 원조를 비롯한 구애공세를 펼쳤다. 이런 상황하에서 북한의 '시계추 외교'는 중소분쟁에서 자신의 가치를 높이게 된다.

중국은 1969년 건국 20주년 기념행사에 북한 최고인민회의 상임위원장 최용건을 정식으로 초청하고, 이어 1970년 4월에는 저우언라이 총리가 직접 평양을 친선 방문하는 등 북중관계 개선에 강한 의지를 나타냈다. 양측은 4월 7일 발표한 '중화인민공화국 정부와 조선민주주의인민공화국 정부공동선언문'에서 양국 인민은 피로 맺어진 전우애와 우호 단결을 더욱 공고히 할 것과 제국주의 침략과 전쟁활동에 반대하는 공동투쟁을 포함해 다양한 방면에서 협력관계를 더욱 발전시켜 나갈 것임을 밝혔다. 같은 해, 김일성이 베이징을 방문하자 마오쩌둥은 중국 측의 과오를 인정하고 한 집안이나 마찬가지인 북·중은 공동의 적을 반대하고 공동으로 각자의 국가를 건설해야 한다고 밝히며 중소분쟁하에서 북·중 우호 협력관계를 공고히 하기 위해 노력했다.

다른 한편으로 북한은 지리적으로 중국의 동북지역과 소련의 극동지역에 인접해 있다. 한반도는 중국의 동북지역과 러시아 극동지역에서 원활한 해양진출을 위해 중요한 지정학적 가치를 보유하고 있다. 그러나 당시 중국은 군사·안보적으로 영토와 연안 방어만을 목표로 하는 상당히 폐쇄적인 국방정책을 가지고 있었으며, 아직 해양으로 진출할 의도는 가지고 있지 않았다. 소련 또한 중국과의 충돌을 상정해 하얼빈을 포함한 중국 북부의 접경지역이 잠재적인 전선이 될 것으로 예측했다.

이러한 북중관계와 비교해 한국과 중국의 관계는 여전히 단절되어 있었다. 특히 중국은 타이완 문제와 북한을 의식해 한국을 공식적인 국가로 인정하지 않고 있었다. 1949년 1월에 중국공산당이 발표한 '중앙의 외교업무에 관한 지시'를 살펴보면 국민당 정부에 의해 승인된 자본주의 국가의 대사관, 공사관, 영사관 및 그 소속 외교기관과 외교관들에 대해 이들 국가와 중국공산당이 정식으로 외교관계를 수립하기 전에는 이를 일체 인정하지 않는다고 밝혔다. 또한 저우언라이 총리는 1949년 10월 6일에 북한의 건국 축하 메시지에 대한 답전(再電)에서 한국 정부를 미국의 통제하에 있는 괴뢰 정권으로 간주하고 접촉하지 않는 정책을 지속한다는 내용을 담았다. 한국의 이승만 정부 또한 중화인민공화국을 정식 국가로 인정하지 않았다. 당시 한국은 외교에서도 반공정책을 이어가며, 장제스의 중화민국을 지지하고 있었다.

한국전쟁 이후 한·중 간 상호 적대관계는 더욱 심화되었다. 중국의 참전으로 한중관계는 정치적인 대립을 넘어 군사·안보적으로 서로를 위협하는 적대관계가 형성되었고, 나아가 한국은 중국의 안보를 위협하는 미국의 전초기지로 인식되었다. 중소분쟁 시기였던 1960년대에 들어서도 미국의 중재로 한·일 관계 정상화 협상이 시작되자 중국은 『인민일보』에 "한일회담의 음모를 결사반대함" 제하의 사설을 실으며 이는 미국이 아시아를 침략하기 위한 절차라며 반발했다. 또한 1965년 한국의 베트남 파병에 대해서도 중국은 강한 비판적 시각을 표명했다. 이러한 인식을 바탕으로 중소분쟁 시기 중국은 한국에 대한 적대적인 인식을 계속 유지하였다.

IV. 미·중 데탕트와 제3세계 전략

1. '미·중 데탕트' 시기

1960년대의 중국은 미국과 소련이라는 양 강대국 모두에 대립하는 군사·안보 정책을 실행할 수밖에 없었다. 이러한 중국의 입장에서 1970년대 초에 나타난 미국과의 관계 개선은 중국의 군사·안보 정책에 새로운 돌파구가 되었다. 1971년 7월에 있었던 헨리 키신저(Henry A. Kissinger)

당시 미국 대통령 안보보좌관의 중국 베이징 비밀 방문에 이어, 1972년 2월 리처드 닉슨(Richard M. Nixon) 미국 대통령의 역사적인 베이징 방문과 마오쩌둥과의 정상회담을 통해 '미·중 데탕트'가 성립되었다.

중국과 미국은 소련 견제라는 전략적 목표를 공유하며 관계 개선과 협력을 탈냉전 시기까지 이어 갔다. 중국의 대미정책에는 자연스럽게 적대적 시각에서 벗어나는 변화가 나타났으며, 이후 미·중 밀월관계라는 평가까지 받으며 안정적인 대미관계를 유지했다.

2. 마오쩌둥의 '일조선' 정책과 제3세계 전략

문화대혁명(1966~1976년)이라는 광풍의 시기를 지나가며 중국은 1973년에 들어와 소련의 위협에 대응하는 '일조선(一條線)' 전략을 공식적으로 표명하기 시작했다. 대표적인 사례로 1973년 2월 헨리 키신저의 방중 당시 마오쩌둥은 소련의 확장에 대항하는 하나의 횡선, 즉 미국, 일본, 중국, 파키스탄, 이란, 터키, 유럽이 함께 협력 라인을 구성하는 것을 언급했다. 이후 '일조선' 전략은 중국의 군사·안보 정책에 새로운 방향성을 제시하게 된다.

중국은 1974년에 들어서는 제3세계론을 피력하기 시작했다. 마오쩌둥의 중간지대론과 신중간지대론에서 진화된 제3세계론은 미국과 소련을 제1세계로, 제2세계는 유럽 국가들, 일본, 캐나다 등 선진국들로 구분하고, 이들 국가들은 미·소로부터 지배와 위협을 받고 있으나 제3세계에 대해서는 식민지 관계 등 억압을 하는 양면성을 가지고 있다고 지적했다. 제3세계는 개발도상국들로 다른 세계의 국가들로부터 억압을 받고 있으나, 반면 이로 인해 국제체제를 변화시키는 원동력이 될 수 있다고 보았다. 당시 중국은 자국이 제3세계에 속해 있으며, 제3세계의 리더국가로서의 역할을 추구했다.

중국은 1949년 건국 이후 공산주의 국가들을 중심으로 공식 수교를 맺었다. 다른 한편으로 중국은 한반도와 인도차이나 반도의 평화를 논의했던 1954년 제네바회의에 저우언라이 총리를 단장으로 한 대표단이 참여하며 중화인민공화국 건국 후 최초로 국제무대에 등장하게 된다. 이어 1955년에 개최된 반둥(Bandung)회의에서는 저우언라이 총리를 중심으로 다자주의 무대에서 중국이 아시아와 아프리카 국가들에게 리더국가로서의 위상을 심는 모습이 나타났다.

앞서 언급한 대로 당시 회의에서 중국의 '평화공존 5원칙'이 근간이 된 '평화 10원칙'이 선언되었다. 중국과 인도를 포함해 반둥회의에 참가했던 많은 아시아와 아프리카 국가들이 '평화 10원칙'을 지지하고 공동선언을 하였으며 이러한 신생 독립국가들과의 연대를 통해 중국은 리더국가로서의 위상을 높였을 뿐만 아니라 제3세계 외교에서도 성공적인 첫 걸음을 내딛게 되었다.

하지만 1962년에 중·인 국경전쟁이 발발하고, 소련이 인도를 지지하는 입장을 발표하면서 중국은 인도와의 적대관계 및 소련과의 갈등이 고조되었다. 이 외에도 파키스탄, 버마, 태국, 인도네시아, 수단 등에서 중국이 군사 쿠데타와 무장폭동을 배후에서 책동했다는 의심을 받으며 아시아 및 아프리카 국가의 지도자들이 중국에 대한 경계심이 높아지는 상황을 맞이하게 된 점은 중국이 고립주의로 전환하는 또 하나의 원인이 되었다.

반소·반미·반제국주의로 인해 고립주의를 견지하던 중국은 1970년대 초에 들어와서야 UN에서 타이완을 밀어내고 중국을 대표하는 공식 국가로 인정받으며 중남미 국가 등 제3세계 국가들과의 본격적인 외교 관계를 재개할 수 있었다. 중국은 UN 가입 이전에 카리브해 국가로는 1960년 9월 28일에 쿠바와 처음으로 수교를 맺었다. 이어 남미 국가로는 1970년 12월 15일에 칠레와 처음으로 수교를 맺었다.

1971년 10월 25일에 타이완(중화민국, ROC: Republic of China)이 UN에서 밀려나고, 같은 해 11월 15일에 중국(중화인민공화국, People's Republic of China)이 UN에서 유일하게 중국을 대표하는 공식적인 국가로 인정을 받게 된다. 이후 중국은 1971년 11월 2일에 페루에 이어 1972년 2월 19일에는 아르헨티나와 수교를 맺으며 본격적으로 중남미 국가들과의 공식 수교가 시작되었다.

3. 미·중 데탕트와 제3세계 전략 시기 중국의 한반도 인식

1970년대 초 미·중 데탕트의 시기가 도래하고 미·중 사이의 긴장 완화가 동북아시아 지역에 나타남으로써 중국의 한반도 인식과 정책에도 변화가 나타났다. 1969년 전바오다오에서의 무력충돌로 중·소 국경분쟁이 발생하면서 중국은 소련을 중요한 군사·안보적 위협으로 인식하게 된다. 동시에 미국 정부가 중국과의 관계 개선을 모색하고 있다는 신호를 인식했다. 중국공산당 지도부는 미국과의 관계 개선과 함께 소련을 견제하는 데 미·중 양국의 이익이 공유된다는 점을 바탕으로 대미 외교전략의 조정을 고민하기 시작했다. 결과적으로 1972년 2월 닉슨 대통령이 중국을 방문하며 미중관계의 개선이 이루어졌다.

그러나 미·중 간의 긴장 완화가 중국의 한반도 인식과 정책에 대한 근본적인 조정으로 이어지지는 않았던 것으로 보인다. 1970년대 중국의 주요 관심사는 북한 문제보다는 타이완 문제 및 미·중수교에 집중되었다. 또한 1970년대에 들어 미국은 한국에 대한 경제적 지원을 감소시켰으나, 군사적 지원은 계속하였다. 이러한 한미동맹의 공고화 과정은 결국 중국에게 북·중 우호 협력관계 견지로 이어질 수밖에 없었다.

반면 미·중 데탕트로 인해 북중관계에 대한 불신과 불만이 표출되었고 미중관계가 개선되는 상황은 한국이 오랫동안 유지해 온 반공정책을 조정하는 계기가 되었다. 1973년 6월 23일에는 박정희 대통령이 특별외교성명을 발표하며 한국은 중국과 소련을 포함한 모든 사회주의 국가와 외교관계를 수립할 계획임을 발표했으며, 남·북한이 각각 유엔에 가입하는 구상도 내놓았다. 그러나 당시 중국은 이 같은 한국 정부의 방침에 대해 호응하는 반응을 나타내지 않았으며, 경제적인 측면에서의 긴장완화를 제외하면 여전히 비판적인 시각을 유지하는 모습이었다.

V. 맺음말

마오쩌둥은 청나라 말기에 나타났던 만주족 지도부의 무능력과 부패, 아편전쟁 이후 서구열강과 일본에 의한 주권과 이권의 침탈, 그리고 무엇보다도 중화문명에 대한 자긍심이 상처받은 '백년국치'의 난세를 극복하고 1949년 10월 중화인민공화국을 건설한 정치적 정통성을 가지고 있다. 또한 공산주의 혁명과정에서 중국공산당 홍군을 이끌며 항일투쟁과 국공내전에서 승리함으로써 당(黨)과 정(政)은 물론, 군(軍)에서의 경력과 강한 장악력을 가질 수 있었다.

마오쩌둥은 중화인민공화국의 건국 다음해에 발발한 '한국전쟁'으로 인해 건국 직후부터 소련 일변도 정책을 전격적으로 실행할 수밖에 없었다. 중국의 소련 일변도 정책의 실행은 국제사회에서의 공산주의 블록 형성 및 미·소 냉전의 본격적인 시작과 함께 '항미원조' 전쟁으로 당시 국제사회 최강국으로 인정받던 미국과 형성된 적대관계, 그리고 이로 인한 미국으로부터의 군사·안보적 우려가 주된 이유였다. 이와 더불어 항일투쟁, 국공내전 등으로 인해 피폐해진 중국 경제를 재건하기 위해 소련과의 경제 협력 및 기술 교류가 필요했던 점은 당시 중국이 소련 일변도 정책을 택한 또 다른 주요한 요인이 되었다.

이후 중국은 중소동맹을 기반으로 소련으로부터의 지원과 협력을 통해 경제 개발과 군사력 증강을 추구하였으며, 특히 소련의 기술적 도움으로 핵무기 개발에 박차를 가했다. 또한 미국이 한미동맹과 미일동맹을 통해 동북아 지역에서 계속해서 영향력을 강화해 나가자, 중국은 중소동맹에 이은 북한과의 전략적 협력관계를 중심으로 세계 최강국 미국으로부터의 역내 군사·안보적 위협에 대응해 나갔다.

하지만 중국은 1950년대 후반부터 점차 소련과의 갈등이 불거지며 중·소분쟁의 시기에 직면하게 된다. 갈등이 고조되던 중소관계는 1960년대 들어 흐루쇼프가 스탈린에 대한 비판과 '평화 공존론'을 주창하자 더욱 악화되었으며, 1969년 3월에 전바오다오 사건까지 터지자 마오쩌둥은 결국 반제국주의와 반수정주의에 근거한 반미반소주의를 택하게 된다.

이후 중국은 '평화공존 5원칙'의 주창과 더불어 1950년대의 '중간지대론' 및 1960년대의 '신중간지대론'을 내세우며 대외정책의 돌파구를 마련하는 한편, '양탄일성'의 완성을 통한 대국화 과정을 지속하게 된다. 문화대혁명의 시기를 경험하며 중국은 1970년대 초에 들어와 미중 데탕트와 소련의 위협에 대응하는 '일조선' 전략으로의 전환을 공식적으로 표명하기 시작했다.

중국은 1970년대 초 미·중 데탕트 시기에 들어와서야 UN에서 타이완을 밀어내고 중국을 대표하는 공식 국가로 인정받으며 서구 국가들에 이어 중남미 국가 등 제3세계 국가들과의 본격적인 외교관계를 시작할 수 있었다. 또한 중국은 1974년에 들어서 제3세계론을 피력하기 시작했다. 제3세계의 개발도상국들은 다른 세계의 국가들로부터 억압을 받고 있으나 이로 인해 국제체제를 변화시키는 원동력이 될 수 있다고 보았다. 당시 중국은 제3세계의 리더국가로서의 역할을 추구하며 대국화의 길을 추구했다.

이러한 마오쩌둥 시기의 대국화 과정에서 중국이 가진 한반도에 대한 인식 또한 진화를 거듭했다. 1949년 건국 직후 마오쩌둥 시기의 중국이 가진 한반도에 대한 인식을 가장 잘 알 수 있는 대표적인 사례는 중국 공산당 지도부가 한국전쟁 발발 이후 결국 '항미원조' 전쟁의 참전을 결정했던 점이다. 한반도는 전통적으로 대륙 세력과 해양 세력이 충돌하는 지정학적 요충지로 인식되어 왔다. 하지만 당시 중국의 입장에서 바라보는 한반도에 대한 인식은 냉전의 정세가 부상하며 동북아 지역에서 공산주의 세력의 확장과 이를 저지하려는 미국과 서구 세력의 충돌이 나타나는 전략적 요충지였다.

또한 마오쩌둥의 참전 결심에는 중국이 바라보는 한반도에 대한 역사적 인식과 경험이 작용했다고 생각된다. 중국은 19세기와 20세기에 걸쳐 청일전쟁에서 패하며 한반도에서의 영향력을 잃었고, 이후 러일전쟁을 목격하며 동북아시아 지역에서 가지는 한반도의 지정학적 중요성과 한반도를 영향권에 두지 못하면 역내 열강들의 각축전에서 주도권을 놓치게 된다는 인식을 확인하게 되었다.

따라서 냉전시기를 지나오며 나타난 중국의 대한반도 인식은 한미 및 미일동맹 강화에 이어, 미국이 한·미·일 3국 동맹을 추구함으로써 군사·안보적 우려가 주를 이루었다. 특히 미국의 적극적인 관여로 한국과 일본의 공식 수교가 이루어지자, 중국은 미국이 주도하는 한·미·일 3국 동맹의 성사 가능성에 더욱 긴장할 수밖에 없었다. 반면 이로 인해 중국에 대한 북한의 전략적 가치는 높아졌다.

1972년 무렵 미·중 간 관계 정상화를 위한 노력이 시작되었음에도 불구하고, 결과적으로 중국의 대한반도 정책에 대한 근본적인 조정이 이루어지지는 않았다. 이 시기 역시 중국에게 한반도는 독립된 전략의 대상이기도 했지만, 동시에 중국이 미·소 양강을 대적하는 과정에서 파생된 지역적 요인의 인식이 더욱 강했다. 1970년대에는 한미관계의 발전 역시 한 차원 더 심화되었으며, 한·미 안보협력의 제도적 장치들도 대부분 이 시기에 만들어졌다. 그리고 이러한 한미동맹의 강화로 북중관계의 전략적 협력 강화의 필요성이 제기되었다. 결과적으로 냉전 시기 전반에 걸친 중국의 대한반도 군사전략은 사실상 대미 군사·안보 전략의 일부이며, 내용적으로는 한미동맹에 대한 중국의 인식이 담겨 있었다.

참고문헌

가와시마 신·모리 가즈코 지음, 이용빈 옮김, 2012, 『중국외교 150년사: 글로벌 중국으로의 도정』, 한울아카데미.
남상수, 2004, 「근대적 시공간의 탄생: 한반도 인식의 지정학적 기원과 중국」, 『세계정치』 제25집 제1호.
션즈화 지음, 김동길 옮김, 2014, 『조선전쟁의 재탐구: 중국·소련·조선의 협력과 갈등』, 선인.
션즈화 지음, 김동길·김민철·김규범 옮김, 2017, 『최후의 천조: 모택동·김일성 시대의 중국과 북한』, 선인.
왕수쩡 지음, 나진희·황선영 옮김, 2013, 『한국전쟁: 한국전쟁에 대해 중국이 말하지 않았던 것들』, 글항아리.
정종욱, 2020, 『저우언라이 평전』, 민음사.
함택영·박영준, 2010, 『안전보장의 국제정치학』, 사회평론사.

曲星, 2000, 『中國外交50年』, 江蘇人民出版社.
陶文釗, 1993, 『中美關系史 1911-1950』, 重慶出版社.
毛澤東, 1994, 『毛澤東選集』第1-4卷, 中央文獻出版社 世界知識出版社.
沈志華, 2003, 『毛澤東, 斯大林與朝鮮戰爭』, 廣東人民出版社.
於兆力, 1958, 「新生力量一定戰勝腐朽的力量」, 『紅旗』第6期.
牛軍, 2021, 『冷戰與新中國外交的緣起, 1949-1955』, 社會科學文選出版社.
周恩來與外國首腦及政要會談錄編輯組, 2012, 『周恩來與外國首腦及政要會談錄』, 台海出版社.
中共中央文獻研究室, 中國人民解放軍軍事科學院, 2010, 『建國以來毛澤東軍事文稿』, 軍事科學出版社.
中共中央文獻研究室, 中國人民解放軍軍事科學院編輯, 1993, 『毛澤東軍事文集』共6卷, 軍事科學出版社, 中央文獻出版社.
彭德懷, 2019, 『彭德懷自述』, 人民出版社.

Christensen, Thomas, 1996, *Useful Adversaries: Grand Strategy, Domestic Mobilization, and Sino-American Conflict 1947-1958*, Princeton: Princeton

University Press.

Fravel, M. Taylor and Medeiros, Evan, 2010, "China's Search for Assured Retaliation: The Evolution of Chinese Nuclear Strategy and Force Structure," *International Security* 35:2 (Fall, 2010).

Heginbotham, Eric, et al., 2015, "The U.S.-China Military Scorecard: Forces, Geography, and the Evolving Balance of Power, 1996–2017," RR-393-AF. RAND.

Khrushchev, Nikita S., 1950, "On Peaceful Coexistence," *Foreign Affairs*, Vol. 38, No. I (October, 1950).

Kulacki, Gregory, 2016, "The Risk of Nuclear War with China: A Troubling Lack of Urgency," Union of Concerned Scientists (May, 2016).

Salisbury, Harrison, 1992, *The New Emperors: China in the Era of Mao and Deng*, New York: Little Brown & Co.

Wang, Zuoyue, 2015, "Cold War: the making of the 1956 twelve-year science and technology plan," *History and Technology* 31(3).

Wolff, David, 2000, "One Finger's Worth of Historical Events: New Russian and Chinese Evidence on the Sino-Soviet Alliance and Split, 1948~1959," Cold War International History Project(CWIHP), Woodrow Wilson International Center for Scholars.

3장

동북아 탈냉전 시기(1971~1992) 중국의 한반도 인식
– 한반도 평화체제의 시각에서 한중수교의 재평가

이문기 세종대학교 국제학부 교수

I. 머리말
II. 1970년대 미중 화해 시기 중국의 대한반도 인식(1971~1977)
III. 중국의 개혁개방과 대한반도 인식의 변화(1978~1987)
IV. 한중수교와 중국의 대한반도 인식(1988~1992)
V. 맺음말

I. 머리말

　동아시아 지역의 냉전 및 탈냉전 전개과정은 유럽의 그것과 크게 다른 양상으로 전개되었는데, 이때 중국은 줄곧 매우 중요한 구성 요인이었다. 제2차 세계대전 종전 후 미국의 대일본 정책이 전쟁책임 추궁보다는 반공정권 수립으로 급선회한 데는 소련 견제라는 측면과 함께 중국의 공산화가 크게 영향을 미쳤다. 중국공산당의 국공내전 승리와 신중국 성립으로 동아시아의 냉전구조는 북·중·소 북방 대륙권 진영 대 한·미·일 해양권 진영 간의 대결구도가 형성된 것이다. 또한 한반도와 베트남의 분단, 그리고 두 지역에서 발발한 전쟁과정에서도 중국의 개입 여부는 미국이 고려하는 가장 중요한 외부 요인이었다. 동아시아의 냉전체제 이완 및 해체 과정, 즉 1972년 중미 화해와 중일수교, 1979년 미중수교, 그리고 1992년 한중수교에 이르는 약 20년의 시기에서 빠짐없이 등장하는 가장 중요한 행위자 역시 중국이었다. 다시 말해서 동아시아 냉전과 탈냉전의 구조적 변동을 이해할 때, 중국 요인은 매우 중요한 분석 대상이라 할 수 있다.

　한반도에서 남북 간의 분단과 대결구도를 이해함에 있어서도, 중국 변수를 빼놓고 제대로 설명하기는 어렵다. 한반도에서 냉전적 대결구도 청산과 새로운 평화질서를 의미하는 '한반도 평화체제' 형성에서 중국은 매우 중요한 구성요소라 할 수 있다. 그렇다면 한반도 평화체제에 대한 중국의 인식은 무엇인가? 물론 이에 대한 중국의 인식은 특정 시기의 정세와 환경에 따라 그 내용도 다르게 표출될 수 있다. 예컨대 미중관계가 우호 협력적인 상황과 갈등 대결적인 상황에서 중국의 입장은 큰 차이를 보일 것이다. 또한 한반도 당사자인 남북한의 입장 및 남북관계의 양상에 따라 중국의 대한반도 정책은 영향을 받고 수정될 수 있다. 이렇듯 중국의 대한반도 정책 및 한반도 평화체제에 대한 입장은 중국 스스로의 국익 요인뿐만 아니라 동아시아의 복잡한 국제관계 성격의 변화에 따라, 그 강조점과 주요 내용이 달라질 수 있다. 이 글은 그 구체적인 사례로서 1970년대 초 미·중 간 화해 시기부터 1992년 한중수교에 이르는 약 20년의 기간 동안 중국의 인식과 입장 변화를 고찰하고자 한다. 특히 1989~1992년 사이에 전개된 냉전체제의 붕괴와 한소수교, 한중수교에 이르는 국제질서 대전환의 시기는 한반도 평화체제 실현을 위한 절호의 기회였다. 따라서 이 시기 중국의 인식과 정책은 남북관계 및 한반도 평화체제에 대한 중국의 깊은 속내를 들여다 볼 수 있는 매우 중요한 분석 대상이라 할 수 있다.

전후 한반도 정세가 줄곧 그래 왔듯이 이 시기 역시 한반도 정세의 가장 중요한 행위자는 남북한과 미국, 중국 4개국이었다. 그런데 당시 이들 4개국 중 나머지 3개국과 공통적으로 우호적 대화채널을 확보한 유일한 국가가 중국이었다. 즉 중국의 입장과 역할 여하에 따라 한반도 평화체제 실현 가능성이 큰 영향을 받는 상황이었다. 물론 이 시기에 한반도 평화체제는 실현되지 못했다. 이 시기 한반도 평화체제의 실현 가능성과 관련하여 가장 흥미로운 이슈이자, 관련된 각국의 극적인 입장 변화를 보여 주는 이슈는 '남북한 교차승인'이었다. 교차승인 이슈는 1970년 초 미중 화해 시기 미국이 먼저 제안했고, 1980년대 말까지도 한국과 미국이 일관되게 주장하던 방안이었다. 반면 이 시기 북한은 영구분단을 초래한다는 이유로 강하게 반대했고, 중국은 북한의 입장을 일관되게 지지했다. 그러나 1990년대 초 교차승인을 둘러싼 4개국의 입장은 정반대로 역전되었다. 북한이 교차승인을 적극 요구하면서 중국이 동조했고, 한국과 미국은 북한의 요청을 거절했다. 이 국면은 1991년 한소수교와 1992년 한중수교로 일단락되면서, 교차승인 이슈는 사실상 사라졌다. 그 이후 1998년 김대중 정부 출범 이전까지 한반도 정세는 세계적 탈냉전의 흐름과 달리 남북한 간 냉전적 대결이 더욱 심화되는 역주행의 시대를 경험했다.

한중수교의 역사적 의미를 분석하는 기존의 많은 연구는 주로 양국이 수교를 추진하게 된 국제적 환경, 국내정치적 동기와 접촉과정, 수교과정에서의 쟁점 등에 초점을 두고 대체로 한중 양자관계의 성과 측면을 집중 조명했다. 그런데 이는 한중수교의 역사적 의미를 다소 축소 해석하는 문제점이 있다. 특히 한반도 분단문제 해결과 평화체제 형성이라는 시각에서 보면 한중수교의 결과는 적지 않은 한계가 있고 아쉬움이 크다는 점을 반드시 짚어야 한다. 다시 말해서 1990년대 초 한중수교라는 역사적 사건은 한국과 중국 양자관계를 훨씬 뛰어넘는 한반도 및 동아시아 냉전구조의 해체라는 보다 넓은 시야에서 재조명할 필요가 있다.

이를 위해 이 글에서는 한중수교에 이르는 과정을 동아시아 냉전구조에 결정적 파열구를 낸 1970년대 초 미중 화해 시기부터 1992년 수교까지 20년의 시간으로 설정하고, 이 시기를 세 단계로 구분하여 살펴볼 것이다. 또한 각각의 시기에 한중관계의 변천뿐 아니라 북중관계의 변천을 동시에 살펴봄으로써 냉전체제 해체 과정에서 한국과 북한, 그리고 중국은 이에 어떻게 적응하려 했는지, 또한 남·북·중 간 각각의 양자관계 변천의 동학을 살펴보고자 한다.

II. 1970년대 미중 화해 시기 중국의 대한반도 인식(1971~1977)

1970년대 초 전개된 미중 간 데탕트는 동아시아 냉전구조에 파열구를 내는 충격을 가했다. 1969년 7월 닉슨 미국 대통령은 괌에서 베트남전 중단과 아시아에서 미국의 철수정책을 표방하는 독트린을 발표했고, 미국과 중국 사이에 화해 국면이 조성되었다. 이때부터 미국과 중국은 다양한 경로로 접촉을 시작했고, 1972년 2월 닉슨 대통령의 중국 방문에서 상하이공동성명을 채택했다. 곧이어 1972년 9월 중일 간에 수교협상이 타결됨으로써 북방 삼각구도 대 남방 삼각구도의 대결이라는 전통적 동아시아 냉전구조에는 커다란 지각변동이 생겼다. 이러한 변화는 남북관계 및 한반도 정세에도 큰 변화를 가져왔고, 남과 북은 공히 새롭게 조성된 정세에 능동적으로 대응하기 위해 새로운 대외정책을 표방했다. 아래서는 미중 화해 시기 북중관계와 한중관계의 변천을 통해, 이 시기 한반도 평화체제에 대한 중국의 인식과 정책을 살펴본다.

1. 미중 화해 시기 북·중관계의 동학

1970년대 미중 화해 시기에 북한은 중국과의 긴밀한 공조외교를 통해 새로운 정세변화에 대응하려 했으며, 중국 역시 중소관계와 북중관계가 동시적으로 악화하는 상황을 막기 위해 북한과의 공조외교에 적극 나섰다. 1970년부터 1973년 사이에 김일성과 마오쩌둥 혹은 저우언라이 간의 직접 회담만 일곱 차례 진행되었으며, 수시로 특사를 파견하면서 긴박한 정세변화에 양국은 긴밀히 공조했다.[1]

중국은 미국과의 화해협상 과정에서 그 진행과정을 주요 동맹국에 즉시 통보하면서 협력 관계를 유지하려 했다. 일례로 닉슨 대통령의 방중을 사실상 확정지은 1971년 7월 9일 키신저-저우언라이 비밀 접촉 직후에 저우언라이는 13일에 베트남 하노이를 방문하고, 이튿날 베이징으로 돌아와 알바니아 대사에게 관련 사실을 통보했다. 그리고 15일에 평양으로 가서 7시간에 걸쳐 김일성에게 키신저와의 회담 내용을 전달했다. 이들 3개국 중 베트남과 알바니아는 중국의 대미 화해조치를 기회주의적 행태라며 강력하게 항의하거나 반대하는 입장을 보인 반면, 북한은 매우 신중하게 수용하는 입장이었다. 북한은 미중 화해 정세를 활용해서 중국에는 전략적 지지의 대가로 안보공약을 더욱 확실하게 다지면서, 남북관계에서는 주도권을 강화하고 북한 주도 통일의 기회로 활용하려 했다. 이런 배경에서 북중 간에는 긴밀한 공조외교가 펼쳐졌.

미중 화해 국면을 활용하려는 북한의 대응전략은 중국을 통해 세 가지 정책목표를 실현하는 데 집중되었다. 첫째, 주한미군 철수 요구, 둘째, 유엔 및 국제사회에서 북한의 외교무대 확대, 셋째, 남한에 대한 적극적 평화공세를 통해 통일주도권을 확보하는 것이다.

이러한 북한의 대응전략은 1971년 4월 12일 최고인민회의에서 제출된 이른바 '평화통일 8개항'으로 정리되었다. 이 요구사항은 키신저-저우언라이 비밀회담 직후 시점인 1970년 7월 30일 김일 제1부수상이 베이징을 방문하여 저우언라이에게 전달했다. 그 후 중국은 미국과의 협상에서 북한의 요청을 적극 반영하려 했다. 북한이 제안한 8개항은 다음과 같다.

---

1 이종석, 2000, 『북한-중국관계 1945-2000』, 중심, 311쪽.

① 남한에서 미군의 완전 철수
② 미국의 남한에 대한 핵무기, 미사일, 각종 무기 제공 즉시 중단
③ 북한에 대해 진행되고 있는 미국의 침범 및 각종 정탐, 정찰 행위 중지
④ 한미일 군사 공동훈련 중지, 한미연합군 해산
⑤ 일본 군국주의가 부활하지 못하도록 미국이 보증하고 남한에서 미군 혹은 외국 군대 대신에 일본군을 대체하지 않겠다고 보증할 것
⑥ 유엔한국통일부흥위원회(UNCURK) 해체
⑦ 미군은 남북한의 직접 협상을 방해하지 않으며, 조선문제의 조선 인민에 의한 자체 해결을 방해하지 말 것
⑧ 유엔에서 한국문제 논의 시 북한 대표가 마땅히 참여해야 하며, 조건부 초청을 취소할 것

위 8개 항의 요구사항에서 알 수 있듯이 미중 데탕트 시기 북한 주장의 핵심은 주한미군의 완전 철수, 유엔의 한반도 문제 개입 중지(유엔한국통일부흥위원회 해체), 남북한 문제 해결에서 자주적 해결 원칙의 관철이었다. 이런 요구사항은 키신저의 2차 방중(1971년 10월 20~26일) 시기에 미국 측에 전달되었고, 저우언라이-키신저 회담에서도 주요 의제로 논의되었다. 이 회담에서 저우언라이가 제기한 한반도 문제 관련 세 가지 문제에 대한 키신저의 답변은 아래와 같다.[2]

첫째, 주한미군이 남한에 주둔하는 동안에 미국은 일본의 남한 진군을 저지해야 한다는 저우언라이의 주장에 대해 키신저는 긍정적으로 답변했다. 당시 중국은 남한에서 미군이 철수할 경우 일본이 남한에 진군

---

2 주재우, 2017, 『한국인을 위한 미중관계사: 6.25 한국전쟁에서 사드갈등까지』, 경인문화사, 333쪽.

하는 것을 매우 우려하고 있었다. 키신저는 중국의 우려를 충분히 인정했다. 또한 이후 이어지는 회담에서 키신저는 중국의 이런 우려를 역이용하여 남한에서 미군 주둔의 필요성을 설득하는 논리로 활용했다.

둘째, 미군이 최종적으로 남한에서 철수하기 전까지 남한군의 군사분계선을 넘어선 침략행위를 불허해야 한다는 저우언라이의 주장에 대해 키신저는 주한미군의 완전한 철수에 직접적으로 동의하지 않으며, 그 이유는 남한의 자유로운 군사행동과 주동적인 도발을 억제하기 위해서라고 답했다.

셋째, 북한이 합법적인 실체임을 미국이 국제적으로 인정해야 한다는 저우언라이의 주장에 대해 키신저는 이 문제가 한반도 문제 해결의 궁극적인 목표가 될 수 있다고 생각했다. 하지만 키신저는 이를 위한 관건적인 전제로서 상호성의 원칙에 따라 남한도 동일하게 인정받아야 한다고 언급했다. 당시 한반도 문제에 대한 키신저의 구상은 현상 유지와 교차승인을 통한 평화 정착이었다.

키신저의 이런 답변에 대해 저우언라이는 중국도 북한의 남한 침공을 반대한다는 입장을 분명히 했다. 이 시기 미국과 중국의 대한반도 정책 기조는 기본적으로 현상 유지였으며, 각자 자신의 동맹국에 영향력을 발휘하여 군사적 모험과 도발을 억제하도록 하는 데 의견이 일치했다.[3]

미중 양국의 이런 인식은 1972년 2월 미중 간 상하이 공동성명에도 그대로 반영되었다. 양국은 각자의 성명서에서 동맹국에 대한 지지 입장을 재천명했다. 미국은 "대한민국과의 긴밀한 연계를 유지하고 지지하며, 대한민국이 추구하는 한반도에서의 긴장 완화와 교류 증진 노력을 지지

---

3   홍석률, 2012, 『분단의 히스테리』, 창비, 106-109쪽.

한다"라고 천명했다. 한편 중국은 "조선민주주의인민공화국 정부가 1971년 4월 12일 제시한 조선 평화통일 8개 방안과 '유엔한국통일부흥위원회' 취소 입장을 견결히 지지한다"라고 천명했다.

북한은 위와 같은 중국과의 긴밀한 공조외교와 더불어 대남한 정책에서 적극적인 대화공세를 펼쳤다. 북한의 대남 평화공세는 적십자사를 통한 이산가족 상봉 등 쉬운 교류뿐 아니라, 상호 군축과 통일방안 합의 등 정치군사 문제까지 아우를 정도로 전면적이면서 공세적이었다. 1972년 1월 10일 김일성은 『요미우리신문』과의 인터뷰에서 다음과 같이 언급했다. "조선에서 긴장을 완화하기 위해서는 무엇보다도 조선휴전협정을 남북 간의 평화협정으로 바꿀 필요가 있다. 우리들은 평화협정을 체결하고, 남북한으로부터 미 제국주의 침략군을 철수시킨다는 조건 아래, 남북한의 병력을 대폭 감축하는 것을 제안한다."[4]

한편 이 시기 중국은 원칙적으로는 북한과의 공조를 유지하고 미국과의 협상과정에서 북한의 입장을 대변했다. 하지만 협상과정에서 미국과의 화해 추진에 손실이 있거나, 미국이 다른 의견을 제시할 경우에는 소극적이거나 회피하려는 경향도 보인다. 이 시기 북한의 요구와 관련한 중국의 인식과 대응을 구체적으로 파악하기 위해서 당시 북·중·미 삼자 사이에서 가장 중요한 쟁점이었던 다음 세 가지 이슈에 대한 중국의 대응책을 검토할 필요가 있다.

첫째, 주한미군 철수에 대한 입장이다. 중국은 원칙적으로 북한의 요청을 대변하여 주한미군 철수를 주장하지만, 미국의 주장(점진적 철수, 일

---

[4] 『讀賣新聞』, 1972.1.24; 히라이와 슌지 지음, 이종국 옮김, 2013, 『북한 중국관계 60년: '순치관계'의 구조적 변용』, 선인, 230쪽.

본 억제를 위해 공조, 남한의 군사력 충동 억제 필요성)에 사실상 동조하면서 실제로는 주한미군 용인론의 입장을 취했다. 둘째, 유엔한국통일부흥위원회(UNCURK) 해산 요구에 대한 입장이다. 중국은 북한의 입장을 적극 옹호했고, 1973년 유엔 제28차 회의(11월 28일)에서 UNCURK 해산 결의를 이끌어 내는 데 상당한 노력을 기울였다.[5] 셋째, 북한의 대남 정책이다. 중국은 한반도 평화와 남북교류를 지지하지만 무력통일에는 단호히 반대한다는 입장을 견지했다. 이는 사실상 현상유지론에 가까운 것으로서 미중 간 협상과정에서 저우언라이가 키신저에게 언급한 다음과 같은 발언은 이를 잘 보여 준다. "남북한은 최종적으로 평화통일을 원한다. 그러나 시기가 아직 무르익지 않았다. 현재 그들이 해야 할 것은 전쟁을 선동하는 것이 아니고 상호 이해를 독려하는 것이다. 우리는 무력으로 한반도를 통일하는 것을 지지하지 않는다."[6]

이처럼 중국은 원칙적, 표면적으로는 북한의 입장을 대변하지만, 실제로 미국과의 협상과정에서 특정 이슈에 대해서는 회피하거나 미국의 입장에 동조하기도 하였다. 대표적인 이슈가 북한의 주한미군 철수 주장에 대한 중국의 입장이다. 저우언라이는 키신저와의 회담에서 주한미군 철수를 요구하지만, 키신저는 주한미군이 철수할 경우 한반도에 대한 일본의 야욕을 키울 수 있다는 논리로 주한미군이 여전히 필요함을 주장했다. 이에 저우언라이도 동의를 표하면서 중국은 사실상 주한미군 용인론의 입장을 취했다.

---

5   션즈화 지음, 김동길·김민철·김규범 옮김, 2017, 『최후의 천조: 모택동 김일성 시대의 중국과 북한』, 선인, 841-851쪽.
6   주재우, 2017, 앞의 책, 335쪽.

2. 미중 화해 시기 한국의 대응 전략

1970년대 초 미중 간 화해정책의 전개는 한국 정부에게도 큰 충격이었다. 그런데 박정희 정부 역시 북한과 마찬가지로 상당히 기민하고 실용적으로 이 충격을 수용하고 적응하려 했다. 그 주된 방향은 할슈타인 원칙을 버리고 사회주의권 국가와의 교류와 협력을 적극 추진함과 동시에, 남북관계에서도 협력을 확대하는 것이었다. 박정희 정부가 이처럼 비교적 실용적이면서 기민하게 대응할 수 있었던 것은 1960년대 중반부터 소련 및 동유럽 사회주의권 국가와 비정치적 분야에서 교류를 모색해 왔기 때문에 가능한 일이었다. 박정희 정부는 이전 이승만 정부의 강경 반공주의와 북진론에 대해 비현실적이면서 대외관계에서도 국익을 제약한다고 평가했다. 따라서 남북관계 및 대외관계에서 극단적 반공주의로부터 좀 더 실용적인 방향으로의 정책조정을 검토하고 있었다.[7] 이런 와중에 미중 화해라는 동아시아 정세의 대변화가 찾아왔고, 박정희 정부는 기민하게 대응할 수 있었다.

박정희 정부의 대응전략은 1972년 남북 간의 7.4남북공동성명과 1973년 '6.23선언'으로 공식화되었다. 이른바 '북방외교'의 원형이라 할 수 있는 대사회주의권 국가와의 교류를 공식적으로 선언한 것이다. 실제로 이 시기에 한국 정부는 국제사회에서 개최되는 각종 연회에서 중국과의 접촉을 시도했다. 하지만 북한을 의식한 중국은 한국을 철저하게 외면했고 의미 있는 접촉은 실현되지 못했다.[8]

---

[7] 신종대, 2019, 「남북한관계와 북방외교」, 동북아역사재단 한국외교사편찬위원회 편, 『한국의 대외관계와 외교사 현대편2』, 동북아역사재단, 317-323쪽.

당시 중국은 한국에 대해 한국이 미·일의 전진 교두보 역할을 못하게 하는 것 이상의 전략적 관심을 두지 않았다. 또한 소련과 심각한 안보위기를 겪는 상황에서 중국은 북한과의 혈맹관계를 유지하면서 북한이 소련으로 경사되지 못하도록 막는 것이 가장 중요한 정책목표였다. 따라서 이 시기 한국 정부의 관계 개선 요구에 대해 중국은 굳이 북한과의 관계 악화라는 부담을 감수하면서까지 관계 개선에 나설 유인과 동기가 없었다.[9]

그런데 남북관계가 교착국면에서 벗어나지 못하고 한중관계 역시 관계 개선의 뚜렷한 돌파구를 찾지 못하는 상황에서 한반도 정세를 더욱 경색시키는 두 개의 사건이 발생했다. 하나는 1973년 8월 28일 발생한 김대중 납치사건이고, 다른 하나는 1976년 8월 18일 발생한 판문점 미군 피살 사건이었다. 이로 인해 남북관계는 다시 경색과 대결로 회귀했다. 남북관계의 개선이 없는 상황에서 중국의 대한반도 정책이 전향적으로 변화할 가능성은 더욱 축소되었다. 또한 중국 내부에서는 문화대혁명의 혼란과 수습, 1976년 마오쩌둥과 저우언라이의 연이은 사망 등 내정의 심각한 불안이 지속되는 상황이었다. 이런 상황에서 미중 화해라는 동아시아 질서의 대변화에도 불구하고, 한중관계에서는 냉전의 두터운 얼음을 녹일 만한 의미 있는 진전은 없었다.

---

8 이동률, 2019, 「1980년대 한중 국교정상화를 향한 진전」, 동북아역사재단 한국외교사편찬위원회 편, 『한국의 대외관계와 외교사 현대편3』, 동북아역사재단, 231-232쪽.
9 이태환, 2003, 「북방정책과 한중관계의 변화」, 하용출 외, 『북방정책: 기원, 전개, 영향』, 서울대학교 출판문화원, 120-121쪽.

III. 중국의 개혁개방과 대한반도 인식의 변화 (1978~1987)

중국은 1978년 11월 중국공산당 11기 3중전회에서 '4개(공업, 농업, 국방 및 과학기술) 현대화 노선'이라는 실용적 개혁개방 정책을 천명했다. 이로써 마오쩌둥 시대의 폐쇄적 계획경제 및 정치이념 우선주의와 결별했다. 이에 따라 대외관계 측면에서 새로운 독트린을 선언한바, 1982년 9월 중국공산당 제12차 당대회에서의 이른바 '독립자주 외교노선'의 천명이 그것이다. 이전 시기 중국의 외교노선이 미국 혹은 소련을 주적으로 설정하고 그 대항 국가와 연합을 추구하는 전략이었다면, 새로운 독립자주 외교노선에서는 국제질서의 큰 방향성이 평화와 발전에 있다는 인식하에 국가이익의 우선적 관심을 경제발전에 두고 진영을 뛰어넘는 실용적, 개방적 대외정책을 추구하겠다는 것이다.

중국 외교노선의 이러한 변화는 대한반도 정책에서도 상당한 변화를 가져올 수밖에 없다. 무엇보다도 중국의 한반도에 대한 정책목표는 자국의 경제발전을 위한 유리한 주변환경으로서 한반도의 평화와 안정유지를 최선의 정책목표로 설정함과 동시에, 북한과 한국의 전략적 가치에 대한 새로운 인식을 갖기 시작했다. 이런 정책 기조에서 1980년대 내내 중국은 한편으로 북한과의 전통적 동맹관계를 돈독히 유지하면서 다른 한편으로 한국의 전략적 가치를 새롭게 인식하고 협력 가능성을 모색하기 시작했다.

1. 중국의 개혁개방과 표리부동의 북중관계

1980년대 북중관계를 한마디로 요약하자면 표리부동(表裏不同)의 시대라 할 수 있다. 표면적으로는 양국 정상 간 빈번한 접촉이 이루어지는 등 전통적 우의와 연대를 강조했지만, 내적으로는 이미 서로 다른 곳을 바라보며 전략적 분화의 길로 들어서기 시작했다. 이 시기 양국 관계가 내적 분화의 조짐과 달리 표면적으로 친밀감을 유지한 데는 중국이 개혁개방의 시대에 진입하면서 양국 공히 불확실성과 불안감이 컸기 때문이다. 양국의 지도자는 점차 뚜렷해지는 노선 차이에도 불구하고 체제 유지와 안보를 위해 양국 관계의 균열 가능성을 최대한 제어해야 할 필요성 또한 매우 중요하게 여겼다. 1980년대 초반 북중관계에서 양국 지도자의 관심의 초점은 중국이 추진하는 개혁개방 정책과 이에 따른 대외정책의 변화를 어떻게 이해하고 적응할 것인가의 문제였다. 중국이 개혁개방 정책을 실시하자 북한도 상당한 관심을 가지고 이에 주목했다. 1983년 6월 초 후계자로 내정된 김정일은 11일의 방중 일정 중 상당 부분을 상하이, 광저우(廣州) 등 개방도시와 경제특구를 견학하는 데 할애했다.[10]

이듬해인 1984년 1월에는 북한 부총리 겸 외교부장이었던 김영남이 중국 선전(深圳)의 경제특구를 참관했다. 김영남 귀국 직후인 1984년 1월 개최된 최고인민회의 제7기 제3차 회의에서는 '남남협력과 대외경제사업을 강화하고, 무역사업을 한층 발전시키는 것에 대하여'라는 결정을 했다. 여기서 북한은 발전도상국 및 비동맹 여러 국가와 경제협력을

---
10 히라이와 슌지, 2013, 앞의 책, 251-262쪽.

확대 발전시켜 5~6년 이내에 사회주의 여러 국가와 무역고를 열 배로 늘리고, 북한의 자주권을 존중하여 우호적으로 접하는 자본주의 여러 국가와 경제, 기술 교류 및 무역을 발전시키는 것으로 목표로 제시했다.[11] 이 방침은 그해 9월 외국자본의 도입을 위한 법적 근거인 '합영법(合營法)'의 제정으로 이어졌다.

    1980년대 초중반 북한이 중국의 변화추세를 보면서 나름의 개방 정책을 추진하려는 모색을 했었음은 분명해 보인다. 하지만 단지 모색에 그쳤을 뿐, 실제적 성과는 없었다. 후술하겠지만 오히려 내적 체제결속을 위해 중국과 소련의 개혁개방 노선을 수정주의라고 맹비난하면서 폐쇄적 고립주의를 고수했다. 따라서 1980년대 양국의 대내외 정책노선과 국가이익은 공통점보다는 차이점이 갈수록 부각되는 상황이 지속되었다.

    1980년대 북중관계가 점차 분화의 길로 들어선 데는 여러 가지 이유가 있지만, 우선적으로 경제체제 개혁의 속도와 성과에서 확연히 달랐다. 중국의 경우 1979년 선전 등 4개 도시에서 출발한 경제특구 정책을 1984년에는 상하이 등을 포함한 동부 연해지역 14개 도시로 확대했다. 또한 국내적으로 1980년 농촌에서 농가책임생산제(家庭聯産承包制) 도입으로부터 시작한 경제 주체들에 대한 자율권 강화 조치를 1984년부터 도시와 공업 분야로 확대하기 시작했다(1983년 당12기 3중전회). 반면 북한의 개혁개방 정책은 큰 성과를 거두지 못했다. 합영법 시행 이후 북한 정부가 외국과 진행한 60여 개의 투자 협상 중 단 4개만이 성사되는 데 그쳤다. 그나마 이 중 3개는 친북 성향인 재일 조총련 기업의 투자였다. 프랑스와의 합작으로 큰 관심을 받았던 46층 규모의

---

11 히라이와 슌지, 2013, 위의 책, 249쪽.

양각도 호텔 건설 프로젝트 역시 프랑스 측의 중도포기로 실패로 돌아가고 말았다.[12]

요컨대 1980년대 초중반 북한 역시 중국의 개혁개방 정책을 일부 모방하는 입장을 보였지만, 기실 개혁의 범위와 속도, 그리고 실제 성과 측면에서 두 국가의 노선은 사실상 서로 다른 길이었다고 해도 과언이 아닐 정도로 차이가 컸다. 이처럼 양국이 나아가는 방향이 점차 벌어지게 된 데는 당시 두 국가의 전략적 선택을 제약하는 조건에서 큰 차이가 있었는데, 대내적 측면과 대외적 측면으로 나누어 볼 수 있다.

먼저 대내적 측면에서는 권력구조의 차이와 이에 따른 정책 마인드의 유연성 정도에서 차이가 너무 컸다. 1978년 말 실권을 장악한 덩샤오핑이 이전 마오쩌둥 시대와 결별하고자 했던 새로운 정치적 비전은 비단 정치이념과 계급투쟁 논리에서 벗어나 실용적 경제발전 노선으로 전환하는 데 그치지 않았다. 그는 문화대혁명 시기의 개인 우상화와 전체주의적 정치문화가 사회주의의 건전한 발전을 가로막는 제도적 악폐라고 인식했다. 이를 일소하기 위해 당 간부의 인적구성을 대대적으로 교체하는 이른바 간부사화(幹部四化: 혁명화, 연경화, 지식화, 전문화) 방침을 천명하고, 경제 분야에서의 정책 결정권을 일선 지방정부와 현장 생산자에게 대폭 이양하는 분권화(放權讓利) 정책을 실시했다.

그런데 북한은 이와 크게 다른 상황이었다. 1980년 조선노동당 제6차 대회에서 김일성은 장남 김정일을 후계자로 지정하면서 당의 리더십과 체제결속을 좀 더 공고히 해야 할 필요성이 있었다. 그리고 그 방향은 수령을 중심으로 한 전 인민의 정치적 일체화, 즉 북한식 전체주의

---

12 정재호, 2011, 『중국의 부상과 한반도의 미래』, 서울대학교 출판문화원, 202쪽.

체제를 더욱 강화하는 것이었다. 위에서 김정일이 나름의 북한식 개혁개방 정책을 모색했다고 소개했지만, 1980년대 내내 김정일의 더 많은 정치적 발언과 활동은 수령론을 핵심으로 하는 주체사상의 전 사회적 확립을 강조하는 데 있었다. 1983년 7월 후계자 김정일의 방중 이후 벌어진 북중 간의 갈등사례는 이를 잘 보여준다. 김정일은 중국 방문에서 개혁개방 도시를 둘러보고 개혁정책의 필요성과 함께, 중국식 사회주의 노선의 위험성에 대해서도 동시에 경고했다. 귀국 후 김정일은 중국이 공산주의를 버리고 수정주의 노선을 추종한다고 비난함으로써 중국을 매우 당황하게 만들었다. 이 일로 중국은 김일성에 직접 항의하고, 김일성은 김정일을 1983년 9월에 김정일을 재방중시켜 중국 측에 자신의 발언에 대해 해명하도록 했다.[13]

이런 문제는 김정일 후계체제의 확립과정에서 국내 권력기반을 공고히 하려는 김정일의 국내 정치적 목적과 야심 때문에 발생한 일이라 할 수 있다. 1980년대에 김정일은 당과 군에서 자신의 권력을 다지고 포스트 김일성 시대를 대비해 자신의 권력을 미리 설계하고자 했다. 요컨대 덩샤오핑이라는 개혁적 지도자가 마오쩌둥 시대와 단절하며 과감하고 실용적인 개혁개방 정책을 추진한 중국과 달리, 김일성-김정일의 후계체제 확립을 위해 전체주의적 통합에 치중한 북한의 정책노선은 중국과 근본적으로 다른 방향으로 나아갈 수밖에 없었다.

1980년대 두 국가가 점차 서로 다른 길을 걷게 된 또 하나의 중요한 원인은 대외관계에서 양국이 처한 조건의 차이 때문이다. 중국은 1970년대에 미국과의 화해 정책을 바탕으로 일본, 미국과 수교를 이룸으로써

---

[13] 오진용, 2004, 『김일성시대의 중소와 남북한』, 나남, 369-370쪽.

안보적 불안 해소는 물론이고 서구 자본을 중국 투자로 유인할 정치적 조건을 갖추고 있었다. 반면 북한은 1970년대 중반부터 기대했던 미국과의 관계 개선이 실현되지 못한 데다, 남북 간 체제경쟁에서도 점차 역전되는 상황에 처해 있었다. 남북한의 경제력 차이는 당시 공식환율 기준으로 1984년에 역전되었고, 1988년 서울올림픽 성공은 남북한 체제경쟁에서 남한의 우위를 결정지은 사건이었다.[14] 여기에 1985년 소련 고르바초프 정권의 등장과 정치개혁, 그리고 1986년 중국 허페이(合肥)대학교 등에서 발생한 민주화 시위를 목도한 북한 정권은 체제 유지와 국내 정치 안정을 위해 내부통제를 더 강화할 수밖에 없었다.

물론 당시 북한도 이런 대외환경을 극복하기 위해 미국과의 관계 개선을 부단히 시도했다. 북한은 중국을 통해 미국에 대화를 요청했다. 1984년 1월 중국의 임시총리 자오쯔양(趙紫陽)은 미국을 방문할 때, 북한 측의 편지 한 통을 미국 측에 전달했다. 이 편지는 남북한과 미국 간의 3자회담을 요구하는 내용이었다. 북한의 이러한 요청은 한반도의 평화와 안정유지라는 중국의 정책기조와 부합하기 때문에 중국도 적극적인 중재외교를 진행했다. 하지만 미국의 레이건 행정부는 힘에 기초한 반공주의와 소련 견제를 대외 전략의 최우선 목표로 설정한바, 북한과의 관계 개선에 큰 관심을 두지 않았다. 북한의 지속적인 요구과 중국의 중재 노력으로 1988년 말에 베이징에서 북미 간 공사급 회담이 개최되었지만, 형식적 만남이었을 뿐 북미관계의 의미 있는 진전은 이루지 못했다.[15]

한편 개혁개방 초기 양국 간 노선의 차이가 점차 분명해지는 상황에

---

14 신종대, 2013, 「서울의 환호, 평양의 좌절과 대처: 서울올림픽과 남북관계」, 『동서연구』 제25권 3호.
15 주재우, 2017, 앞의 책, 402-406쪽.

서도 양국은 어느 때보다도 더 빈번한 접촉과 긴밀한 협력을 위해 노력했다. 무엇보다도 〈표 1〉에서 확인할 수 있듯이 1980년대 내내 최고지도자들 간 회담이 매년 1~2회씩 빠짐없이 개최되었다. 또한 1980년대 전반기에 북한 대표단의 중국 방문은 130여 회, 중국 대표단의 북한 방문은 180여 회에 달했다. 이는 문화대혁명 초기 크게 충돌했던 북한과 중국의 관계가 회복기에 접어들어 의도적으로 빈번한 교류를 시도했던

〈표 1〉 덩샤오핑-김일성 시기(1978~1994년) 양국 지도자 회담

연월	장소	회담 주체	비고
1978. 5	평양	김일성: 화궈펑(화국봉)	공식
1978. 9	평양	김일성: 덩샤오핑	공식
1980. 5	베오그라드	김일성: 화궈펑	티토 장례식
1981. 4	평양	김일성: 덩샤오핑	비공식
1981. 12	평양	김일성: 자오쯔양(조자양)	공식
1982. 4	평양	김일성: 덩샤오핑, 후야오방(호요방)	비공식
1982. 9	베이징	김일성: 덩샤오핑, 후야오방	공식
1983. 6	베이징	김정일: 덩샤오핑, 후야오방	비공식
1984. 5	평양	김일성: 후야오방	공식
1984. 11	베이징	김일성: 덩샤오핑, 후야오방	비공식
1985. 5	신의주	김일성, 김정일: 후야오방	비공식
1986. 10	평양	김일성: 리셴넨(이선념)	공식
1987. 5	베이징	김일성: 덩샤오핑	공식
1988. 9	평양	김일성: 양상쿤(양상곤)	공식
1989. 4	평양	김일성: 자오쯔양	공식
1989. 11	베이징	김일성: 양상쿤	비공식
1990. 3	평양	김일성: 장쩌민(강택민)	공식
1991. 5	평양	김일성: 리펑(이붕)	공식
1991. 10	베이징	김일성: 장쩌민	공식
1992. 4	평양	김일성: 양상쿤	공식

1970~1975년 사이의 184회에 비해서도 늘어난 것으로서 1960년대 이래로 교류가 가장 활발했음을 보여 준다.[16]

이처럼 중국이 개혁개방이라는 대전환의 시대에 진입하면서 양국의 노선과 체제 성격에서 그 차이가 점차 확대됨에도 불구하고, 양국 지도부는 양국 관계 균열의 틈새를 메우기 위해 상당한 정성과 노력을 기울였다. 그래서 1980년대 북중관계의 성격은 표리부동이라 규정할 수 있다. 이 시기 양국 관계가 표리부동의 성격을 형성한 주된 이유는 양국 공히 체제 불확실성이 큰 상황에서 양국 간 전통적 우의와 의존관계를 포기할 수 없었기 때문이다. 특히 중국의 경우 소련과의 대결관계가 계속 유지되는 상황에서 북한과의 전통적 우의를 유지하는 것은 안보 측면에서 매우 중요한 과제였다. 1980년대 초중반 사회주의 체제의 대전환기에 양국이 직면한 불확실성과 불안감으로 인해 양국 지도부는 양국 관계의 안정적 관리에 최선을 다할 수밖에 없었던 것이다.

2. 중국의 신외교 노선과 한중관계의 해빙

개혁개방 시대에 독립자주 외교노선을 천명한 이후 중국은, 한국과의 관계에서 기존의 단절 상태로부터 벗어나 조심스럽게 협력의 가능성을 모색하기 시작했다. 물론 양국 관계 개선에 대해 더 적극적이고 직접적인 의사를 표현한 쪽은 한국이었다. 앞 절에서도 언급했듯이, 한국은 1970년대 초부터 중국을 포함한 공산권 국가와의 교류협력을 타진해 왔다. 이러한 한국 정부의 제안을 철저하게 무시하고 외면해 오던 중국

---

16 이종석, 2000, 앞의 책, 262-263쪽.

이 1980년대 개혁개방 시대에 진입하면서 점차 한국과의 교류협력을 타진하는 방향으로 변화하기 시작한 것이다. 중국의 이런 입장 변화는 매우 신중하고 조심스럽게 전개되었는데, 중국에게 가장 중요한 고려사항은 북한과의 관계 악화에 대한 우려였다.

중국의 동북아 정세 인식 및 대한반도 정책의 변화 가능성을 보여 주는 대표적인 사료는 한중관계가 '문은 닫혀 있지만 잠겨 있지는 않다(關門不上鎖)'라는 유명한 발언이 포함된 외교부장 황화(黃華)의 1980년 1월 중국 내부 연설문이다. 이 문서는 한국 외교부에서도 입수하여 자료집으로 발간되었는데,[17] 위 발언 외에도 당시 중국의 동북아 정세 인식과 한반도 정책에 대한 기조를 확인해 주는 중요한 내용을 많이 담고 있다. 황화는 이 연설에서 중국이 한반도 정책을 추진함에 있어 반드시 포함해야 할 3개의 원칙을 제시했는데 아래와 같다.

(전략) 전체적인 반패권 통일전선을 형성하여 아태지역에 무패권안전방위체계(無霸權安全防衛體系)를 형성한다는 대국적 견지에서 향후 남북조선에 대한 정책을 결정하며 원칙을 확정하는 기초로 삼아야 한다. 원칙의 내용에는 반드시 다음과 같은 내용을 포함해야 한다.
가. 조선의 통일은 오로지 평화적 방식을 통하여 남북 쌍방이 스스로 원하며 외래의 간섭이 없는 상황하에서 추진되어야 하며… 남북통일을 실현하기 위한 조선민주주의인민공화국의 입장을 지지하나 평화회담 이외

---

[17] 최명해, 2009, 『중국 북한 동맹관계: 불편한 동거의 역사』, 오름, 337-339쪽. 黃華, "1980年代外交情勢政策及今後的任務"(1980년 1월 25일); 이 연설문에 대한 자세한 소개는 최명해(2009) 외에도 오진용, 2004, 앞의 책, 75-78쪽과 외무부, 『중국관계자료집』(서라벌, 1988, 8-18쪽)에도 소개되어 있다.

의 군사수단을 사용하여 남북조선의 통일을 해결하는 데 찬성하지 않으며 지지하지도 않는다. 미국이 남조선에 주둔하고 있는 문제에 대한 태도에 대해서는 중국은 이미 유관국가에 대해 공개적으로 태도를 표시한 바 우리는 미국의 입장을 양해한다.

나. 우리는 미국, 일본과 공통된 관점을 갖고 있으며 조선의 안정은 동북아 지역정세의 안정에 도움이 될 뿐만 아니라 아태지역의 안전에도 관계가 있음을 인정한다. 조선과 우호관계를 유지하는 동시에 우리는 조선에서 소련의 세력 증강 및 항구 사용 가능성 등을 면밀히 주시한다. 또한 이후 미, 일 등과 조선정세에 대해 부단히 상의하여 조선에 대한 정책을 조정해 나간다.

다. 우리는 조선민주주의인민공화국과 정부, 민간을 포함한 각 방면의 우호왕래와 교류를 강화하여 소련의 영향을 배제하고 중국의 입장에 대한 조선인민의 더 많은 동정과 이해를 쟁취함과 동시에, 그들 내부의 친중국파 세력의 지위를 강화하여 양국 인민의 우의에 유리하고 또한 조선 내부 친소파의 망동주의 경향을 약화시키는 데 유리하게 해야 한다.

(중략) 남조선과 중국 관계의 대문은 현재 명백히 문은 닫혀 있으나 자물쇠를 채우지 않은 그런 상태에 놓여 있다. … 제일 좋은 것은 조선이 알지 못하게 함으로써 피할 수 있는 것은 최대한 피해야 한다. 미국 정부를 포함하여 일본 정부도 중국의 조선문제에 대한 입장을 잘 이해한다. 우리가 이렇게 하는 것은 바로 문은 닫혀 있으나 자물쇠는 채우지 않는다는 정책이며, 그 목적은 조선을 소련 일변도로 밀어붙여도 안 되는 동시에 또한 그들로 하여금 감히 노골적으로 소련에 기울지 못하도록 하는 데 있다. (후략)

이상의 내용은 1980년대 중국의 동아시아 정세인식과 대한반도 정책에 대한 기본 입장을 명확하게 보여 준다. 요약하면 다음 여섯 가지 내용을 담고 있다. ① 남북 통일은 평화적, 자주적으로 추진되어야 하며 기본적으로 북한의 입장을 지지하지만, 북한의 무력사용 통일은 반대함, ② 주한미군 주둔에 대한 미국의 입장을 양해함, ③ 조선의 안정이 동북아 및 아태 지역 안정에 중요하다는 인식을 미국, 일본과 공유하고 있음, ④ 북한에서 소련의 영향력 확대 및 항구 사용 가능성에 대해 예의 주시함, ⑤ 중국은 북한과 다방면에서 우호적 교류를 확대하여 북한 내에서 친소파를 약화시키고 친중 세력의 입지를 강화해야 함, ⑥ 중국은 한국에 대해 '문은 닫혀 있지만 자물쇠는 채우지 않는다(關門不上鎖)'는 정책을 유지할 것이며, 그 목적은 북한의 친소국가화를 견제하기 위함임.

이를 통해 알 수 있는 당시 중국의 동아시아 정세인식은 북한에 대한 소련의 영향력 확대를 가장 경계했고, 미국 및 일본과는 한반도 문제 등 동아시아 정세 관리에서 상당한 인식의 공유가 있었음을 확인할 수 있다. 이러한 인식 속에서 중국은 한편으로 한국과의 관계 정상화 카드를 북한의 소련경사를 방지하기 위한 압박 카드로 활용하면서, 다른 한편으로는 한국을 '친구(미국)의 친구'로서 그 실체를 인정하고 관계 개선의 가능성도 열어두는 입장을 취했다. 1973년 6.23선언 이후 줄곧 관계 정상화를 요구해 온 한국 정부의 입장에서 중국의 이러한 인식전환은 매우 긍정적이었다. 실제로 한국 정부는 제3국의 국제회의 등에서 중국과 접촉할 기회가 있으면, 매우 적극적으로 중국과 접촉을 시도했다. 국제무대에서 줄곧 한국과의 접촉을 거부하던 중국 정부는 1983년부터 태도가 변하기 시작했다. 그해 8월에 유엔개발계획(UNDP) 및 세계식량농업기구(FAO)가 공동 주관하는 제3차 수산양식 훈련과정이 중국 우시(無錫)에서 개최되었는데, 중국은 참가 신청한 한국인 관료에게 방콕 주재 중국 대사관을 통해 비자를 발급했다. 이로써 정부 간 국제행사에 한국인 최초로 중국을 방문하는 이정표를 세울 수 있었다.[18]

이런 상황에서 두 번의 우연한 사건이 발생했다. 하나는 1983년 5월 중국에서 납치된 민항기 한 대가 춘천 공항에 불시착하는 사건이고, 다른 하나는 1985년 여름 중국 해군 어뢰정 1척이 전남 해안에 표류한 사건이다. 중국과의 접촉기회를 적극적으로 모색하던 한국 정부에게 두 사건은 절호의 기회였다. 이 사건을 해결하는 과정에서 양국 정부는 사실상의 공식적 접촉은 물론이고 다양한 대화채널을 확보할 수 있었다. 특히 양국 간에 아무런 대화채널도 없는 상황에서 발생한 1983년 민항기 사건의 경우 승객 105명과 항공기의 인도 문제, 6명의 납치범 처리문제 등 상당히 까다로운 문제가 제기되었다. 양국 정부의 신속한 일처리로 사건 발생 이틀 만인 7일 중국민항 총국장[선투(沈圖)]을 단장으로 하는 33명의 대표단이 서울에 도착하여 협상에 돌입했다. 양국 대표단은 3일 만에 협상을 타결하고 10일 오전에 조인식을 가졌으며, 이 장면은 한국 텔레비전에서 생중계되었다. 특기할 점은 양국이 미수교국임에도 불구하고 양해각서 서명란에 '대한민국 외교부 제1차관보 공노명'과 '중화인민공화국 중국민용항공총국 총국장 선투' 명의로 합의문을 작성했다는 점이다. 이는 이번 접촉을 양국 관계 정상화를 재촉하는 기회로 활용하려는 한국 정부의 요청을 중국 측이 수용한 결과였다. 또한 105명의 승객과 승무원들은 서울 시내 백화점과 남산타워 관광, 삼성전자 공장 참관 등을 진행했는데, 곳곳에서 열렬한 환영을 받았으며 한국 정부와 국민들이 보여 준 호의와 환대에 당시 중국인들은 깊은 감동을

---

18 이동률, 2019, 앞의 글, 239쪽.

받았다고 한다.[19]

또 하나의 사건은 1985년 3월 산둥반도 해상에서 훈련 중이던 중국의 해군 어뢰정 한 척이 전남 해안으로 표류하게 된 사건이다. 이 사건의 처리에서는 앞선 민항기 문제 해결 과정에서 합의한 긴급상황 발생 시 대응 매뉴얼이 큰 효과를 발휘했다. 민항기 문제 양해각서 제9조에는 "쌍방은 이번 사건 해결과정에서 발휘한 상호협력의 정신이 이후에도 쌍방과 관련된 긴급사태의 발생 시에도 유지되어야 한다"고 명시되어 있었다. 이에 따라 양국은 '긴급사태 발생에 따른 공식 접촉 창구를 즉시 개설했다. 홍콩 주재 한국총영사관과 중국 신화사 홍콩지사가 협상의 창구 역할을 수행했다. 당시 잠수정과 중국 해군을 자국으로 인도하라는 대만의 강력한 요청이 있었지만, 한국 정부는 표류한 잠수정과 19명의 해군 전원을 중국 측에 아무런 조건 없이 인도했다. 이 사건에서도 한국은 중국에 대해 최대의 호의를 전달했고, 중국은 한국에 대한 인식을 새롭게 하는 중요한 계기가 되었다. 이 사건 이후 중국 관영 언론에서 한국에 대해 보도할 때, 그 전에 빈번하게 사용하던 '괴뢰정권'과 같은 적대적이고 북한 입장에 편향된 용어 사용을 자제하기 시작했다.

또한 이 사건 직후인 1985년 4월 최고지도자 덩샤오핑은 한국과의 관계 개선에 대해 처음으로 직접적인 관심을 표명했다. 그는 "한중관계의 정상화는 중국에게 두 가지 점에서 유리한데, 하나는 경제적으로 유리하고, 다른 하나는 한국과 대만과의 관계를 단절시킬 수 있어서 유리하다"고 언급했다.[20] 덩샤오핑은 이후에도 이와 유사한 발언을 이어 갔

---

19 쑹청유 외 지음, 전홍석 옮김, 2012, 『중한관계사 현대편』, 일조각, 219쪽.
20 錢其琛, 2004, 『外交十記』, 北京: 世界知識出版社, 151쪽.

는데, 북한과의 관계를 의식해서 한중관계 발전에 신중을 기하고 속도를 조절했지만, 기본적으로 이 시기부터 중국은 한국과의 관계 정상화에 상당히 높은 관심을 두고 있었다고 볼 수 있다.

한편 이 시기 한중 간 좀 더 활발한 교류는 경제와 스포츠, 학술 등 민간 분야에서 이루어졌다. 이 시기 한중 간 경제교역은 대부분 홍콩을 경유한 간접무역이었음에도 빠른 속도로 성장했다. 1979년 1900만 달러에 불과했던 양국 교역액은 1987년에 16억 7900만 달러에 달할 정도로 성장했다. 한국의 대중국 수입품목은 농산품과 석탄이 대부분이었으며, 한국의 대중 수출품목은 섬유, 제지, 철강, 전자기기 등이었다.[21]

1983년부터는 스포츠 분야에서도 양국 간 교류는 봇물 터지듯 활발하게 진행되었다. 스포츠 분야는 정치적으로 덜 민감할 뿐 아니라 양국 모두 국제대회 성사를 위해 서로의 협력이 절실했다. 한국은 1986년 서울아시안게임과 1988년 올림픽 대회를 성공적으로 치르기 위해 중국과의 협력이 절실했고, 1983년에 1990년 아시안게임의 베이징 유치를 신청한 중국은 한국의 지지가 필요했다.[22] 문화학술 교류도 시작되었는데, 이 분야에서 가장 활발한 인사는 고려대학교 총장 김준엽이었다. 그는 고려대학교 민족문화연구소 주관으로 대륙식 간체자 표기의 『중한대사전』 편찬을 기획했으며, 1984년 연구소장 홍일식 교수가 베이징대학교를 방문하여 사전편찬 사업에 대한 협력을 시작했다. 김준엽은 1991년 베이징대학교에 한국학연구소를 설립하는 등 이후에 중국의 여러 대학에 한국학과와 한국학연구소 설립을 적극 지원하여 민간 교류의 기초를 다졌다.[23]

---

21 정재호, 2011, 앞의 책, 101-106쪽.
22 이동률, 2019, 앞의 글, 246-247쪽.

IV. 한중수교와 중국의 대한반도 인식 (1988~1992)

1980년대 후반부터 한중수교가 이루어지는 1992년까지는 한반도에서 냉전체제가 새롭게 재구성되는 대전환의 시기였으며, 이는 세계적 수준에서 일어난 냉전체제의 해체와 연동되어 진행된 결과였다. 다만 유럽의 냉전체제가 동구 및 소련 공산권의 연쇄적인 붕괴와 동시에 새로운 통합적 지역질서가 창출된 것으로 이어진 것과 달리, 동아시아 지역에서의 냉전구조는 불완전한 반쪽짜리 해체라는 특이한 결과를 가져왔다. 이러한 불완전한 반쪽짜리 해체의 핵심에 한반도, 즉 남한과 북한이 있었다. 반쪽 해체의 중심에는 남한이 있었고, 또 다른 반쪽 미해체의 중심에는 북한이 있었다. 탈냉전 시대로의 진입이라는 세계사적 변동에 적응하려는 한반도 두 국가의 대응은 남한의 적응 성공과 북한의 적응 실패라는 결과를 가져왔다. 이 과정에서 가장 중요하면서 공통의 이해관계를 가진 국가는 중국이었으며, 1992년 8월 한중수교는 한반도에서 불완전한 반쪽짜리 냉전 해체의 마침표를 찍는 과정이었다. 그리고 그 불완전한 구조는 오늘날까지도 한반도 및 동아시아 정세 불안정성을 지속적으로 규정하고 있다. 한중수교 과정에서 보여 준 양국 정부의 지역질서에 대한 정세 인식과 정책 선택에 대해 여전히 재검토와 재평가가 필요한 이유다.

---

23 쑹칭유 외, 2012, 앞의 책, 269-275쪽.

1. 한중수교의 네 가지 동인

1988년 2월 출범한 노태우 정부는 서울올림픽 개막을 2개월 앞두고 '7·7선언'으로 명명되는 '민족자존과 번영을 위한 대통령 특별선언'을 발표했다. 그 주요 내용은 다음과 같다. ① 남북동포 간의 상호교류 및 해외동포의 자유로운 남북왕래를 위한 문호 개방, ② 이산가족의 서신 왕래 및 상호 방문 적극 지원, ③ 남북 간 교역을 위한 문호 개방, ④ 비군사물자에 대한 한국의 우방과 북한 간의 교역 찬성, ⑤ 남북 간의 소모적인 경쟁대결외교 지양 및 남북 대표 간의 상호협력, ⑥ 북한과 한국 우방과의 관계 개선 및 사회주의 국가와 한국과의 관계 개선을 위한 상호협조 의사 등이다. 노태우 정부는 남북한 간 체제경쟁에서의 자신감을 바탕으로 북한에 대한 평화공세와 사회주의 국가와의 적극적인 관계 개선 방침을 선언한 것이다. 이 메시지의 가장 주요한 대상은 당연히 평양과 베이징이었다.

한국 정부는 1989년 2월 헝가리와의 수교를 시작으로 그해 11월과 12월에 폴란드, 유고슬라비아와 수교했다. 1990년 3월에는 체코슬로바키아, 불가리아, 루마니아와 수교했다. 1990년 6월 4일 노태우 대통령과 소련의 미하일 고르바초프 소련공산당 서기장 간의 정상회담이 개최되었고, 그해 9월 30일 수교를 이루었다. 이와 함께 남북관계에서도 큰 변화가 일어났다. 한국 정부의 7·7선언에 대해 북한은 1988년 11월 연형묵 총리가 고위급 회담을 제안했다. 거의 1년의 예비회담을 거쳐 1990년 9월 4일 서울에서 남북한 총리급 회담이 진행되었다. 총리급 회담은 이후에도 계속 이어졌는데, 제5차 회담(1991년 12월)에서 '남북기본합의서' 채택, 제6차 회담(1992년 2월)에서 '남북비핵화선언', 제7차 회담

(1992년 5월)에서 기본합의서 이행 및 3개 공동위와 핵통제위 구성에 합의하는 성과를 이루었다. 하지만 그해 10월의 제8차 회담이 파행으로 끝난 후 더 이상 열리지 못했다. 또한 남북한은 1991년 9월 유엔 정식 회원국으로 동시 가입했다. 이처럼 노태우 정부가 추진한 북방정책은 국제적으로는 동서 진영 간 데탕트 분위기와 사회주의권 국가들의 몰락이라는 국제환경의 변화, 국내적으로는 서울올림픽 성공과 3저호황(저달러, 저유가, 저금리)이라는 유래없는 경제성장에 따른 체제 자신감, 그리고 위기의식을 느낀 북한의 전향적 호응 등의 요인에 힘입어 매우 빠른 속도로 전개되었다. 북방정책 선언 3년여 만에 중국과의 수교만 남겨둔 채 거의 모든 목표를 달성한 셈이다.

이 시기 한중수교에 대한 중국의 입장에서도 변화가 시작되었다. 앞 절에서도 살펴보았듯이, 1980년대에 줄곧 관계 개선을 희망하던 한국에 대해 중국은 내부적으로는 수긍하면서도 표면적으로는 줄곧 무시와 회피로 일관했었다. 그 가장 중요한 이유는 북한과의 관계 악화에 대한 부담이었다. 그런데 1990년대 들어 한국과의 관계 개선을 추진하는 데 북한 요인에 대한 부담이 크게 줄어들면서 중국의 입장이 전향적으로 바뀌기 시작했다. 중국의 입장 변화에는 여러 가지 정세변동 요인이 작용했다.

첫 번째는 소련 요인이다. 중소관계의 정상화(1989년)와 한소수교(1990년)로 북·중·소 북방진영 삼각관계에 근본적 변화가 발생했는데, 이 변동으로 중국은 한국과 접근하는 데서 오는 '북한 부담'을 상당히 경감할 수 있었다. 1989년 5월 톈안먼 사건의 와중에 실현된 고르바초프 서기장의 베이징 방문에서 30년 가까이 이어진 두 국가 간의 적대관계를 청산하고 향후 국제문제에 공동 대응하기로 합의했다. 중소관계의 정상화는 곧바로 북중관계에 영향을 미쳤는데, 북한 입장에서는 중국과 소련 사이에서 등거리 외교를 통한 '선택 기회'를 활용할 수 있는 이점이 사라졌고, 중국 입장에서는 북한의 친소(親蘇)화에 따른 외교적 불안 요인을 제거할 수 있었다. 또한 중소 정상회담에서 한반도 문제에 대해서 세 가지 원칙에 입각한 공동 보조를 취하기로 합의했다. 첫째, 한반도에서의 평화와 안정, 긴장 완화를 위해 양국은 공동으로 대응한다. 둘째, 양국은 남북한 두 국가체제를 인정하고, 한국과 경제 교류를 확대하고 접촉을 늘리며, 궁극적으로 정상적인 외교관계 수립을 지향한다. 셋째, 중·소의 대남한 관계 개선에 상응해서 미·일의 대북한 관계 개선을 유도하고 궁극적으로 4강의 남북한에 대한 교차승인을 정착시킨다.[24] 이로써 중국은 한국과의 수교를 추진하는 데서 북방 삼각진영 내부역학 구도에서의 제약 요인을 제거할 수 있었다. 1990년 9월에는 한소수교가 실현되었고, 1991년 8월에는 급기야 소비에트연방이 해체되었다. 이로써 북·중·소 삼각관계는 사실상 붕괴했고, 냉전 시대에 중국의 한반도 정책에서 가장 중요한 고려사항이었던 북한의 소련경사에 대한 우려를 완전히 불식할 수 있었다.

두 번째 요인은 남북한 유엔 동시 가입이다. 1991년 남북한의 유엔 동시 가입은 중국이 한국과의 수교를 좀 더 자신 있게 추진할 수 있는 강력한 명분을 제공해 주었다. 유엔 가입 문제는 한국 정부가 1970년대 초 공산권 국가에 대한 문호개방 정책을 추진한 이래 일관되게 주장한 의제였으며, 한국은 북한이 반대하면 단독 가입도 불사하겠다는 입장이었다. 이에 대해 북한은 국제적으로 두 개의 국가를 인정하는 것은 분단

---

24 오진용, 2004, 앞의 책, 214쪽.

고착화일 뿐이라며 반대하는 입장이었고, 중국은 북한의 입장을 지지했다. 1990년 9월 4일 서울에서 진행된 남북 총리회담에서 북한의 연형묵 총리는 "유엔 가입문제는 마땅히 남북이 통일된 후에 하나의 국가로서 해결해야 한다. 각자 가입이 아니라 하나의 의석으로 공동 가입해야 한다"라고 주장했다. 그러나 1991년 5월에 변화가 발생했는데, 여기에는 중국의 설득이 주효했다. 1991년 5월 리펑(李鵬) 총리가 방북하여 총리급 회담을 진행했다. 여기서 리펑은 한국이 유엔 단독 가입안을 제출할 경우, 소련이 이미 동조 의사를 밝힌 상황에서 중국만 반대하기 어렵다는 입장을 전달했다.[25]

'두 개의 조선' 반대라는 북한의 주장을 일관되게 지지하던 중국의 기존 입장에 비춰볼 때, 이는 상당한 반전이었다. 한편 중국의 이런 변화된 입장에 대해 북한도 마냥 거부할 수는 없었다. 한소수교 과정에서 소련이 이미 한국의 유엔 가입에 반대하지 않는다는 입장을 밝힌 상황에서 중국마저 이에 동조하자, 북한으로서는 수용하지 않을 수가 없었다. 결국 5월 27일 북한 외교부는 유엔 가입을 준비하겠다고 선언했다.[26] 그리고 9월 17일 제46차 유엔 총회에서 남북한은 각자의 국호로 유엔에 가입했다.

1980년대부터 중국은 한국과의 관계에서 경제 교류에서의 폭발적 증가를 적극 수용하고 환영하면서도, 정치외교 분야는 북한 요인을 고려해서 철저하게 '정경분리'의 원칙을 고수하고 있었다. 따라서 남북관계에서 북한이 주장하는 연방제 통일과 하나의 조선 정책을 공개적으로

---

25 錢其琛, 2004, 앞의 책, 154쪽.
26 쑹칭유 외, 2012, 앞의 책, 289쪽.

지지했었다. 한국과 동구 공산권 국가 간의 수교가 한창 진행되던 시기인 1989년 11월 5일부터 9일 사이에 김일성의 비밀 방중이 있었는데 이때에도 중국의 입장은 일관되었다. 덩샤오핑은 국제정세의 급격한 변화에 불안감을 가지고 있던 김일성에게 중국의 대한반도 정책에 대한 몇 가지 원칙을 설명했다. 첫째, 중국은 북한의 통일방안을 지지하며, 조선 인민들의 통일 노력에 위배되는 행동을 하지 않을 것이다. 둘째, 정치적으로 남조선을 인정하지 않을 것이며, '두 개의 조선'을 승인하지 않는다. 셋째, 남조선과의 교역은 기본 형식상 간접, 민간 교역에 국한한다. 넷째, 한국과 정부 차원의 공식 교류는 결코 허용하지 않겠다.[27] 북, 중 양국 최고지도자 사이에 이런 대화가 오간 지 1년 반 만에 중국이 '하나의 조선(한반도)' 원칙에 대한 지지를 철회하고, 남북한을 '두 개의 국가'로 간주한 것이다. 다시 말해서 이 시점(1991년 5월)에 중국은 한국과의 수교를 본격화하기로 이미 결정했고, 이제부터는 북한을 설득하고 양해를 구하는 방향으로 외교방침이 바뀌었다고 봐야 할 것이다.

이러한 입장 변화에 따라 한중 양국 정부는 공식적인 접촉을 타진하기 시작했다. 남북한의 유엔 가입 두 달 후인 11월 12~14일까지 서울에서 개최된 APEC(Asia Pacific Economic Cooperation, 아시아태평양경제협력체) 각료회의에 중국 외교부장 첸지천의 방문이 성사되었다. 12일 개막 전날에 첸지천은 노태우 대통령을 예방했고, 이 자리에서 노 대통령은 처음으로 한중수교의 필요성을 언급했다. 이에 대해 첸지천은 북일수교, 북미수교가 한중수교의 전제조건은 아니라고 밝힘으로써 중국의

---

[27] 오진용, 2004, 앞의 책, 283쪽.

입장 변화를 간접적으로 드러냈다.[28] 그 이후 한중수교 협상은 거칠 것 없이 빠른 속도로 진행되었다.

한중수교에 중국이 적극적인 태도로 변하게 된 세 번째 요인은 교차승인에 대한 북한의 입장 변화 때문이었다. 앞 절에서도 언급했듯이 남북한 교차승인 방안은 1970년대 초 미중 간 화해협상 과정에서 키신저가 먼저 제시한 것이었다. 또한 당시 한국의 박정희 정부는 1973년 6.23선언을 통해 교차승인 수용과 함께 이를 북한 측에 공세적으로 제안했다. 한국은 나아가 유엔 가입도 적극적으로 추진했다. 이에 대해 북한은 교차승인은 한반도에서 '두 개의 조선'을 공인하는 결과이며 영구적으로 분단을 고착화시키는 결과를 가져올 것이라며 반대 입장을 분명히 했다. 북한의 이런 입장은 1980년대 말까지 일관되게 지속되었다. 그런데 1990년부터 북한의 입장이 변하기 시작했다. 무엇보다도 소련과 한국의 접근이 결정적이었다. 1988년부터 시작된 노태우 정부의 북방정책은 1989년 헝가리를 시작으로 동구권 국가들과 연이은 수교에 성공했고, 1989년부터 소련과의 접촉이 시작되었다. 결국 1990년 6월 4일 노태우 대통령과 고르바초프 대통령이 샌프란시스코에서 회담을 갖고, 국교수립에 대한 원칙적 방향에 의견을 교환했다. 북한은 큰 충격을 받았고 격하게 비난했다.

세바르드나제 소련 외무장관은 9월 3일 평양을 방문하여 한국과의 수교방침을 전달했다. 한소수교를 통보받은 후 북·중 간에 긴급 정상회담이 개최되었다. 1990년 9월 11일부터 13일까지 선양(瀋陽)에서 김일성은 장쩌민, 덩샤오핑과 잇달아 회담을 진행했다. 김일성은 한국 정

---

28 오진용, 2004, 위의 책, 343쪽.

부가 추진하는 북방정책의 연이은 성공에 상당한 충격과 위기의식을 가지고 회담에 임했다. 일차적으로 한소수교에 이은 한중수교의 가능성을 저지하거나 최대한 늦추는 것이 김일성의 회담 목표였다. 그런데 덩샤오핑은 세계질서는 이미 이념과 체제를 초월해서 교류와 협력이 진행되고 있다면서, '중국만이 문을 닫고 지낼 수는 없다'고 답했다. 이어서 한중 경제교역 현황을 설명하고, 양국 간 무역대표부 설치도 불가피함을 설명했다. 덩샤오핑은 나아가 남북대화를 적극 활용하여 북한도 미, 일과 관계 개선을 추진해야 한다고 조언했다. 또한 남한의 유엔 가입 시도에 반대로 일관하기 어렵다는 뜻도 전달했다.

이 회담은 북한이 교차승인과 유엔 동시 가입 반대에서 참여로 정책을 선회하게 된 결정적 전환점이었다. 김일성은 선양에서 돌아온 다음, 즉시 노동당 정치국회의를 열어 중국과 협의한 문제들을 재검토한 후 북한의 대외노선을 크게 수정하는 중대한 방침을 천명했다. 첫째, 진행 중인 남북한 총리급 회담을 더욱 적극적으로 추진하여 남북 간 화해 및 불가침 문제와 남북 간 교류를 제도적으로 보장할 수 있는 '남북 기본 합의서' 도출에 노력할 것. 둘째, 남북 유엔 동시 가입을 위한 준비에 착수할 것. 셋째, 북일 국교수립과 연락사무소 설치를 위한 준비에 착수할 것.[29] 이로써 한·미의 교차승인 제안에 20년 동안 반대하던 북한이 수용과 참여로 입장을 바꿨다. 북한의 입장 변화는 이듬해 9월 11일 남북한 유엔 동시 가입이라는 결과를 가져왔다. 이는 중국이 한중수교를 추진하는 데 큰 장애물 하나가 제거되었음을 의미한다. 한반도에 두 개의 실체적 국가 존재함을 국제적으로 공인함으로써 중국은 한국과의 수교에

---

[29] 오진용, 2004, 위의 책, 306쪽.

상당한 부담을 덜어 낼 수 있었다.

한중수교에 중국이 적극적인 태도로 변하게 된 네 번째 요인은 1989년 톈안먼 사건 이후 중국이 처한 대내외적 환경변화 때문이었다. 당시 중국은 톈안먼 사건의 유혈진압 문제 때문에 덩샤오핑의 개혁개방 정책은 안팎으로 큰 위기에 직면했다. 국내적으로는 보수 세력의 목소리[이른바 '성사성자(姓社姓資: 개혁개방 정책의 궁극적 방향이 사회주의인가 자본주의인가)']가 커지면서 개혁개방 정책은 사회주의를 포기하는 것이라는 강경 보수파의 비판이 거세게 일었다. 대외적으로는 톈안먼 유혈사태를 인권탄압으로 간주하는 미국과 유럽 국가들로부터 경제제재가 시작되었다. 하지만 덩샤오핑은 톈안먼에서 민주화 요구를 무력으로 진압하면서도, 경제체제의 개방과 개혁정책은 반드시 지속되어야 한다는 신념이 있었다. 개혁개방 정책에 대한 안팎의 도전과 위기에서 덩샤오핑은 1992년 초 남순강화(南巡講話)라는 정치적 이벤트를 통해 위기를 돌파하려 했다. 덩샤오핑은 경제적으로 발전한 개혁개방의 선도도시를 순회하면서 사회주의는 곧 계획경제이고, 자본주의는 곧 시장경제라는 이분법적인 낡은 사고방식을 버려야 한다고 역설했다. 또한 개혁개방 정책은 향후 100년간 흔들릴 수 없는 대원칙이라고 강조했다. 개혁개방 정책을 지속하려는 덩샤오핑의 강력한 의지를 뒷받침하기 위해서 중국은 대외관계에서 새로운 돌파구가 필요했다. 서방 국가들의 의구심과 제재가 유지되는 상황에서 중국이 주목한 국가들은 아시아의 주변 국가들이었다. 이들과의 수교를 통해 개방정책의 막힌 혈점을 뚫고자 했다. 실제로 중국은 1990~1993년 사이에 싱가포르(1990년), 브루나이(1991년), 카자흐스탄(1992년) 등 주변 국가들을 중심으로 무려 29개 국가와 수교를 달성하는 공세적인 개방외교를 펼쳤다. 이 중에는 당연히 한국도 포함되었고, 한국이 차지하는 경제적 비중과 친서방 국가라는 국가 이미지를 고려할 때 한국은 당시 중국에서 가장 중시했던 수교 대상 국가라 할 수 있다.

2. 한중수교와 북한 요인

앞 절에서 설명했듯이 1980년대부터 북중관계는 국가발전 전략에서 점차 차이를 보이기 시작했지만, 적어도 표면적으로 매우 밀접한 관계를 유지하면서 전략적 소통과 서로의 체제 불안감을 해소하기 위해 노력했다. 그런데 1989년부터 두 국가는 뚜렷한 분화의 길로 들어서기 시작한다. 분화의 시작은 북·중·소 북방 삼각관계의 균형이 깨지기 시작하면서 시작되었다. 1960년대 이후 중·소관계가 악화하면서 북한은 양대 사회주의의 대국 사이에서 절묘한 줄타기와 균형외교를 통해 국익을 극대화하는 전략을 취했다. 특히 지정학적 조건상 중국은 북한이 소련으로 경사되는 것에 대한 항상적 불안을 느끼면서 북한을 적극적으로 포용하지 않으면 안 되는 위치에 있었다.

그런데 1989년 5월 고르바초프의 베이징 방문에서 중소관계 정상화가 이루어졌다. 당시 중국과 소련은 전통적 사회주의 계획경제 체제의 한계를 인정하고 시장경제 수용과 대외개방을 적극적으로 추진하는 체제개혁을 진행하고 있었다. 고르바초프의 페레스트로이카 정책과 덩샤오핑의 개혁개방 정책이 그것이다. 양국 간의 이념적 대립은 더 이상 아무런 의미가 없고, 안보위기를 해소하는 것이 모두에게 유리하다고 판단했다. 고르바초프와 덩샤오핑의 역사적인 회담에서 양국은 향후 한반도 문제 처리에서 공동 보조를 취한다는 원칙에 합의했다. 이로써 중국과 소련 사이를 오가면서 '약자의 힘'을 누리던 북한의 이점은 사라지게 되었다. 소련은 중국과의 관계 개선 이후, 북방정책을 천명하고 적극적으로 관계 개선을 희망하던 한국의 노태우 정부와도 협상에 나섰다. 결국 1990년 9월 한국과 소련은 수교에 이르렀고, 이는 북한 외교에 다시 한 번 결정적 타격을 가하는 결과를 가져왔다.

요컨대 1988년 이후 북한은 남북 간 체제경쟁에서도 밀리고, 사회주의 삼각관계에서의 중간자 이점이 사라지면서 외교적으로 심각한 고립감과 위기에 직면한 것이다. 1970년대 초 한국과 미국이 제안했지만 일관되게 반대해 오던 남북한 교차승인 방안 역시 북한은 수용하지 않을 수 없었다. 한소수교 및 한중관계의 밀착이 진행되는 상황에서 북한의 일차적 선택은 일본과의 관계 정상화였다. 1990년 3월에 파리에서의 비밀 접촉을 시작으로 북한과 일본은 수차례의 협상을 통해 수교원칙에 상당한 의견 접근을 이루었다. 1990년 9월 말에는 일본의 자민당과 사회당, 그리고 북한의 조선노동당 3당 간에 북일 간 조기 수교에 합의했다는 발표가 있었다. 그리고 1990년 11월부터 양국은 수교협상을 위한 예비회담을 세 차례 진행한 이후, 이듬해 1월 30일 베이징에서 북일 수교를 위한 1차 본회담을 시작했다. 몇 달 전에 소련으로부터 한국과의 수교 소식을 일방적으로 전달받은 북한으로서는 외교적 고립을 탈피하기 위해 일본과의 국교수립에 사활적인 승부를 걸다시피 할 정도로 적극적이었다. 그런데 1991년 5월 20일부터 23일까지 베이징에서 진행된 제3차 수교협상 회담에서 일본 측이 돌연 '이은혜 문제'를 제기했다. 이은혜는 납북 일본인으로서 KAL기 폭파범 김현희에게 일본어를 가르친 인물로 알려져 있었고, 이 일은 일본 사회에서 커다란 정치쟁점이 된 상황이었다. '이은혜 문제'가 제기되자 북한은 크게 당황하면서 격하게 항의했다. 결국 양국 간의 수교협상은 결렬되고 말았다. 1991년 8월 30일 베이징에서 제4차 회담을 가졌지만, 아무런 성과없이 북일 간 수교협상은 결렬만을 확인했다. 북일수교 협상 과정에서 중국은 적극적인 지원과 지지정책을 펼쳤다. 첸지천 외교부장은 양국 간 수교협상에 중재를 위한 외교적 노력도 진행했다. 하지만 중국의 중재 노력은 큰 성과를 거두지 못했다.[30]

한편 김일성은 한소수교 이후 한중 간 수교협상도 임박한 것으로 판단하고 중국을 방문한 지 3개월 만인 1991년 1월 황급히 베이징으로 가서 장쩌민, 양상쿤, 덩샤오핑과 연쇄 회담을 가졌다. 이때 김일성은 중국 측에 한중수교를 용인하기 위해서는 자신의 다섯 가지 전제조건을 수용해야 한다고 강조했다. 첫째, 한중수교에 앞서 남북한 간 상호승인과 불가침조약이 체결되어야 한다. 둘째, 남북한이 동시에 유엔에 가입해야 한다. 셋째, 남한의 주한미군은 철수해야 하고 군사기지는 폐쇄되어야 한다. 넷째, 북한이 일본과 수교하고, 미국과의 관계도 완화되어야 한다. 다섯째, 중국은 북한에 전략 핵무기와 핵기술을 제공해야 한다. 양상쿤, 덩샤오핑 등 중국 지도자들은 북한이 일본, 미국과 수교를 촉진하도록 중국은 적극 노력할 것이지만, 핵무기와 핵기술은 제공할 수 없다고 답변했다.[31]

1991년 10월 4일 김일성의 방중에서, 장쩌민은 김일성에게 한중수교의 불가피성을 설명하고 김일성은 독자 핵 개발 가능성을 언급했다. 또한 김일성은 남북불가침 조약, 주한미군 철수, 북일수교 선행이라는 이

---

30 오진용, 2004, 위의 책, 307-316쪽.
31 오진용, 2004, 위의 책, 308-309쪽.

전의 요구조건을 다시 설명했다. 하지만 중국의 지도자들은 이미 국제정세가 변했음을 설명하면서, 중·북관계와 중·한관계를 분리하여 처리할 수밖에 없음을 완곡하게 설명했다. 또한 중국은 북한의 반발과 핵 개발 위협을 억누르기 위해 군사경제 원조 공약을 제시했다. 양국 지도자들의 이러한 입장 차이와 설명은 이어지는 회담에서도 계속되었고, 10월 10일 장쩌민-김일성 2차 회담에서 북한은 중국이 주장하는 한중수교의 필요성을 사실상 인정하지 않을 수 없었다.[32]

한중 간에는 1991년 11월 서울에서 개최된 APEC 회의에 참석한 첸지천 외교부장이 노태우 대통령을 예방하면서 한중 간 수교협상은 본격적인 궤도에 진입했다. 이듬해 4월 베이징에서 열린 아시아태평양경제사회위원회(ESCAP: Economic and Social Commission for Asia and the Pacific) 회의에서 양국 외교부 장관은 수교를 위한 비밀협상 개시에 합의했다. 그 이후 단 세 차례의 협상만에 양국은 수교에 합의했고 8월 24일 역사적인 한중수교를 발표했다.

한중 수교협상이 타결된 직후 중국은 평양으로 달려가 완곡하게 설명했고, 북한은 이미 예견된 상황을 받아들이되 냉담한 대응으로 불만을 표시했다. 북한은 한중수교 직후 첫 번째 중국의 국경절(10월 1일)에 『로동신문』을 통해 "중국의 개혁개방 정책을 높이 평가하고 국경절을 축하한다"는 의례적인 논평을 게재하여 공식적으로는 어떠한 불평도 제기하지 않았다. 첸지천 외교부장의 회고록을 비롯한 중국의 대부분의 문헌은 이에 대해 한중수교 과정에서 중국이 지속적인 설득 작업을 진행했기 때문에 북한도 양해했다고 주장한다. 실제로 중국은 한중 간 수

---

32 오진용, 2004, 위의 책, 334쪽.

교협상이 한창 진행 중이던 시기에 고위급 인사가 여러 차례 평양을 방문해서 사전 정지작업을 진행했다. 1992년 4월에는 양상쿤 국가주석이, 5월에는 딩관건(丁關根) 중앙서기처 서기가, 6월에는 양바이빙(楊白氷) 중앙군사위 비서장이 연이어 북한을 방문했다.

그러나 이후에 북한이 보여준 행보를 보면, 당시 북한이 받은 충격과 배신감은 상당히 컸던 것 같다. 오히려 그 충격이 너무 크고 대세를 되돌리기 힘든 상황에서 불만을 표출하는 것은 향후 북한의 체제 유지와 정책 선택의 여지를 제약할 수 있다는 우려 때문에, 겉으로 최대한 의연하고 차분한 모습을 연출했을 가능성이 더 크다. 한중수교 이후 북중관계는 역사상 최악의 상태에 빠져들었다. 북한은 중국으로부터 철저하게 버림받고 배신당했다고 생각했고, 양국 정치지도자 간 교류는 1990년대 내내 단절되었다. 북한은 한편으로 중국을 포함한 모든 주변국들의 반대에도 불구하고 핵 개발에 박차를 가하면서, 다른 한편으로 미국과의 관계 개선을 시도하기 시작했다.

V. 맺음말

이글은 1970년대 초 미·중 간 화해부터 1992년 한중수교에 이르는 약 20년 동안 중국의 한반도(남북한) 정책의 변화과정을 한반도 평화체제 형성의 시각에서 살펴보았다. 1970년대 미중 화해 시기(1971~1977년), 1980년대 중국의 개혁개방 시기(1978~1987년), 그리고 1980년대 말부터 1990년대 초 세계적 탈냉전 시기에 수립한 한중수교 시기(1988~1992년)라는 세 개의 시기로 대별하여 각각의 시기에 중국과 북한의 관계, 중국과 한국의 관계를 살펴보았다. 각 시기별 요점은 아래와 같다.

우선 1970년 미중 화해 시기 북중관계에서는, 당시 북한이 중국 측에 요구한 주요 이슈에 대한 중국의 입장을 통해 중국의 한반도 인식을 확인할 수 있다. 미중 화해 국면에 적응하기 위한 북한의 대응 전략은 ① 중국을 통한 주한미군 철수 요구, ② 유엔 및 국제사회에서 외교무대 확대, ③ 남한에 대한 적극적 평화공세를 통한 통일 주도권 확보, 세 가지로 정리할 수 있다. 이에 따라 북·중·미 사이에는 세 가지 이슈가 부각되었다. 첫째, 주한미군 철수 문제에 대해, 중국은 미국과의 협상에서 원칙적으로 북한의 주한미군 철수 요청을 대변했지만, 실제로는 미국의 논리를 수용하여 주한미군 용인론을 수용했다. 둘째, 유엔한국통일부흥위원회(UNCURK) 해산을 요구하는 북한의 요청에 대해서 중국은 비교적 일관되게 북한의 입장을 대변했고, 1973년 유엔 제28차 회의에서 해산을 결의했다. 셋째, 북한의 대남정책에 대해서 중국은 남북 간 교류 및 북한식 통일방안을 지지하지만, 무력통일은 단호히 반대한다는 입장을 견지했다. 한편 당시 키신저가 제안한 남북한 교차승인 방안에 대해서는 북한이 '두 개의 조선' 정책이자 영구분단 책동이라며 강하게 반대하자 중국은 여기에 동조했다.

한편 미중 화해가 시작되자 한국 정부 역시 기민하게 정세변동에 적응하려 했다. 박정희 정부는 능동적으로 사회주의권 국가에 대한 개방정책을 제시했다. 남북관계의 개선을 공세적으로 제안하고, 1973년 6월 23일 공산권에 대한 문호개방 정책을 표방했다. 여기서 중국은 가장 중요한 접촉의 대상이었다. 하지만 중국은 한국 정부의 개방정책에 대해 무시와 회피로 일관했다. 당시 중국은 소련과의 갈등으로 인해 북한과의 전략적 협력이 매우 중요했던 시기였으며, 미국과의 관계 개선에도 불구하고 남한과의 협력은 전혀 고려하지 않았다.

중국의 위와 같은 인식은 개혁개방 정책을 추진하는 1980년대 들어 변하기 시작했다. 개혁개방 이후 중국의 대외 전략은 이전의 '진영론'에서 실용적 사고와 평화적 공존을 강조하는 이른바 '독립자주 외교' 노선으로 전환되었다. 1980년대 북중관계를 한마디로 요약하자면 표리부동의 시대라 할 수 있다. 표면적으로는 양국 정상 간 빈번한 접촉이 이루어지는 등 전통적 우의와 연대를 강조했지만, 내적으로는 이미 서로 다른 곳을 바라보며 전략적 분화의 길로 들어서기 시작한 것이다. 이 시기 양국의 국가이익과 발전 전략이 점차 벌어짐에도 불구하고, 표면적으로 친밀감을 유지한 것은 개혁개방 시대의 불확실성 때문에 양국 관계의 균열 가능성을 최대한 제어해야 한다는 양국 지도부의 전략적 판단 때문이었다.

한편 개혁개방 시기 중국과 북한의 관계가 분화되기 시작되는 상황과 비례하여 중국과 한국의 관계는 관계 개선이 대세적 흐름이 되었다. 1980년 1월, 황화 외교부장은 내부 연설에서 개혁개방 시대 중국의 대한반도 정책 기준을 제시했는데, 다음 여섯 가지 내용을 담고 있다. ① 남북 통일은 평화적, 자주적으로 추진되어야 하며 기본적으로 북한의 입장을 지지하지만, 북한의 무력사용 통일은 반대함, ② 주한미군 주둔에 대한 미국의 입장을 양해함, ③ 조선의 안정이 동북아 및 아태 지역 안정에 중요하다는 인식을 미국, 일본과 공유하고 있음, ④ 북한에서 소련의 영향력 확대 및 항구 사용 가능성에 대해 예의 주시함, ⑤ 중국은 북한과 다방면에서 우호적 교류를 확대하여 북한 내에서 친소파를 약화시키고 친중 세력의 입지를 강화해야 함, ⑥ 중국은 한국에 대해 '문은 닫혀 있지만 자물쇠는 채우지 않는다'는 정책을 유지할 것이며, 그 목적은 북한의 친소국가화를 견제하기 위함임. 이 중 ①~⑤는 1970년대 정책의 연속선상으로 이해할 수 있는데, 한국과의 관계 개선 가능성을 열어둔 ⑥은 완전히 새로운 발언이었다. 개혁개방 정책을 추진하면서 중국이 한국에 대한 필요성을 새롭게 인식하기 시작한 것이다.

세 번째 시기인 1980년대 후반부터 한중수교가 이루어지는 1992년까지의 시기는 한반도에서 냉전체제가 새롭게 재구성되는 대전환의 시기였다. 이는 세계적 수준에서의 냉전체제의 해체와 연동되어 진행되었다. 그런데 유럽과 동아시아의 탈냉전 과정은 크게 달랐다. 유럽에서는 공산권 국가의 연쇄적 붕괴와 함께 새로운 통합적 지역질서가 창출되었지만, 동아시아 지역에서의 냉전해체는 불완전한 반쪽짜리에 불과했다. 그 중심에 남북한이 있었다. 남한은 북방정책을 통해 탈냉전 시대로의 진입에 성공한 반면, 북한은 적응에 실패했다. 1992년 8월 한중수교는 한중 양자관계 측면에서는 커다란 국익 증대를 가져왔지만, 한반도 평화체제 형성이라는 시각에서 보자면 한반도에서 불완전한 반쪽짜리 냉전 해체의 마침표를 찍는 과정이었다.

이 글은 1990년대 초반 중국이 한국과의 수교에 적극적인 입장으로 선회하게 된 배경을 네 가지로 정리했다. 첫째, 소련 요인이 촉발한 북·중·소 삼각관계의 변동이다. 1989년 5월 중소관계 정상화와 1990년 9월 한소수교로 인해, 냉전 시대의 북방 삼각관계인 북·중·소 관계에 큰 변화가 초래되었다. 중소 갈등이 해소되고 한국과 소련이 수교함으로써, 중국 입장에서 북한의 친소화에 따른 안보위험을 크게 감소시킬 수 있었다. 다시 말해서 중국의 대외관계에서 북한 요인(혹은 북한 부담)이 크게 감소하게 되었다. 둘째, 1991년 9월의 남북한 유엔 동시 가입이다. 남북한 유엔 동시 가입은 국제적으로 한국과 북한이 각각의 독립적 국가로 인정받게 됨을 의미한다. 중국 입장에서는 한반도 정책에서 북한과 한국을 분리하여 대응하고, 한국과의 독립적인 정책을 펼칠 수 있는 명분을 얻게 된 것이다. 셋째, 북한의 교차승인 수용이다. 1970년대 초부터 한국과 미국이 주장하던 교차승인 방안에 대해 북한은 영구분단 획책이라며 줄곧 반대 입장을 견지했다. 중국 역시 북한의 입장을 존중하고 동조했다. 그런데 1991년 초부터 북한의 입장이 전향적으로 바뀌었다. 여기에는 한소수교 이후 외교적 고립에 대한 북한의 위기의식과 중국의 적극적인 설득이 주효했기 때문에 가능했다. 넷째, 1989년 톈안먼 사건 이후 중국은 개방정책을 강화해야 할 필요성이 있었기 때문이다. 톈안먼 유혈사태 이후 중국에 대한 미국의 경제제재 조치가 취해지고, 많은 서방 국가들이 중국에 대한 의구심을 제기하기 시작했다. 중국은 대외적 고립의 돌파구로서 아시아 주변 국가들과의 수교에 적극적으로 나섰고, 그중 한국은 경제 규모나 서방 국가들과의 관계 측면에서 가장 매력적인 수교의 대상이었다.

 1970년대 이래 역사적 경험에서 볼 때, 한반도 평화체제 형성을 위한 필요조건은 남북관계 개선과 주변 4강의 관계 개선이 동시에 진행되는 것이고, 이 필요조건이 충족될 때 평화체제가 형성될 가능성이 커진다. 1970년대 미중 화해 시기는 국제환경이 유리하게 조성되었지만, 잠시 해빙으로 가던 남북관계가 금새 경색과 대결국면으로 전환하면서 남북관계와 주변 국제정세의 선순환 구조를 만들어 내지 못했다.[33] 이러한 필요조건을 충족하면서 한반도 평화체제 형성을 위한 조건이 가장 성숙했던 시기는 1990년대 초의 시기였다. 하지만 아쉽게도 이때에도 한반

---

33 홍석률, 2012, 앞의 책.

도 평화체제 형성의 과제는 실현되지 못했다. 이 시기에 탈냉전이라는 세계사적 변화에 적응하기 위해 북방정책을 추진했던 한국의 대외정책은 큰 성공을 거둔 반면, 북한은 적응에 실패했다.

이 지점에서 한중수교의 성과와 역사적 의의에 대해서 새로운 평가가 요구된다. 이 글에서도 살펴보았듯이, 그 시대의 정세변화에서 한중수교는 피할 수 없는 역사적 추세라는 점은 부인할 수 없다. 한중수교 이후 양국은 공히 경제적, 정치적으로 커다란 이익을 얻을 수 있었다. 하지만 '한반도 평화체제 형성'이라는 시각에서 보면, 한중수교는 한반도를 '냉전의 섬'으로 남게 하는 아쉬운 결과를 가져왔다. 한중수교의 역사적 의의를 한반도 및 동북아 지역에서 냉전구조를 해체하고 새로운 평화질서를 구축하기 위한 과정으로 이해한다면, 1992년 한중수교는 북한을 배제한 방식의 반쪽짜리 탈냉전이었다는 점에서 아쉬움이 크다. 특히 북한이 1991년 이후 '교차승인 추진'이라는 정책적 전환을 시도하면서 탈냉전에 전향적으로 적응하려 했음에도 불구하고, 북한배제 방식으로 성급하게 추진된 한중수교의 결과로 한반도 평화체제 형성의 가장 좋은 기회를 살리지 못했다는 점에 대해 지속적인 재검토와 평가가 시도되어야 할 것이다. 그러한 성찰적 반추를 통해 오늘의 한반도 위기를 극복하고 평화체제를 수립하는 데 역사적 교훈과 지혜를 얻을 수 있을 것이다.

참고문헌

국립외교원 외교안보연구소 외교사연구센터 편, 2020,『북방정책과 7.7선언』, 선인.
국립외교원 외교안보연구소 외교사연구센터 편, 2020,『한중수교』, 선인.
새뮤얼 킴 지음, 김병로 옮김, 2016,『한반도와 4대 강국』, 한울.
션즈화 지음, 김동길 · 김민철 · 김규범 옮김, 2017,『최후의 천조: 모택동 김일성 시대의 중국과 북한』, 선인.
신종대, 2013,「서울의 환호, 평양의 좌절과 대처: 서울올림픽과 남북관계」,『동서연구』 제25권 3호.
_____, 2019,「1975년 김일성의 베이징 방문과 한국의 대미외교」, 동북아역사재단 한국외교사편찬위원회 편,『한국의 대외관계와 외교사 현대편2』, 동북아역사재단.
_____, 2019,「남북한 외교경쟁과 6.23선언」, 동북아역사재단 한국외교사편찬위원회 편,『한국의 대외관계와 외교사 현대편2』, 동북아역사재단.
_____, 2019,「남북한관계와 북방외교」, 동북아역사재단 한국외교사편찬위원회 편,『한국의 대외관계와 외교사 현대편2』, 동북아역사재단.
쑹청유 외 지음, 전홍석 옮김, 2012,『중한관계사 현대편』, 일조각.
이동률, 2019,「1980년대 한중 국교정상화를 향한 진전」, 동북아역사재단 한국외교사편찬위원회 편,『한국의 대외관계와 외교사 현대편3』, 동북아역사재단.
_____, 2019,「1990년대 한국의 대중외교와 북한」, 동북아역사재단 한국외교사편찬위원회 편,『한국의 대외관계와 외교사 현대편3』, 동북아역사재단.
_____, 2019,「1992년 한중수교의 배경, 과정, 쟁점」, 동북아역사재단 한국외교사편찬위원회 편,『한국의 대외관계와 외교사 현대편3』, 동북아역사재단.
이종석, 2000,『북한-중국관계 1945-2000』, 중심.
이태환, 2003,「북방정책과 한중관계의 변화」, 하용출 외,『북방정책: 기원, 전개, 영향』, 서울대학교 출판문화원.
정재호, 2011,『중국의 부상과 한반도의 미래』, 서울대학교 출판문화원.
주재우, 2017,『한국인을 위한 미중관계사: 6.25 한국전쟁에서 사드갈등까지』, 경인문화사.
최명해, 2009,『중국 북한 동맹관계: 불편한 동거의 역사』, 오름.
홍석률, 2012,『분단의 히스테리』, 창비.
히라이와 순지 지음, 이종국 옮김, 2013,『북한 중국관계 60년: '순치관계'의 구조적 변용』, 선인.

董潔, 2014, 「打破堅冰: 中韓建交的背景,歷程與啓示」, 『黨政幹部論壇』 2014年 第10期.

劉金質, 楊准生 編, 1994, 『中國對朝鮮和韓國政策文件匯編 5(1974-1994)』, 北京: 中國社會科學文獻出版社.

劉金質·張敏秋·張小明, 1994, 『當代中韓關係史』, 北京: 中國社會科學文獻出版社.

錢其琛, 2004, 『外交十記』, 北京: 世界知識出版社.

_____, 2009, 「韓國入聯與中韓建交內情」, 『法制參考』 2009年 第12期.

沈志华, "朝鲜是中美关系解冻的受益者", https://view.news.qq.com/a/20140516/010026.htm?tu_biz=v1.

沈志华, 2017, 「从中朝关系史的角度看"萨德"问题」, 『沈志华教授2017年3月19日在大连外国语大学的讲座记录』, 冷战中心发布时间: 2017-03-22.

4장
장쩌민-후진타오 시기(1992~2012) 중국의 대국화와 한반도 인식

이동률 동덕여자대학교 중어중국학과 교수

I. 머리말
II. 장쩌민-후진타오 시기 중국의 대국화와 외교전략의 변화
III. 중국 대국화와 한중관계의 동학
IV. 중국의 대국화와 한반도 인식 변화: 특징과 함의
V. 맺음말

I. 머리말

한중관계는 수교 이후 대략 20년(1992~2012년) 동안 중국의 강대국으로의 부상과 그에 따른 외교전략의 조정과 궤를 같이 하며 발전해왔다. 중국의 부상과 더불어 진행된 한중관계의 발전은 기본적으로는 불가분의 역사적, 지정학적 특징으로 형성된 구조적 원인, 경제협력이라는 기능적 동인, 그리고 외생 변수, 즉 미국 요인과 북한 요인이 복합적으로 작용한 결과라고 볼 수 있다. 경제적 동기가 양국 관계의 외형적 급성장의 주된 동력이었다면 북한 및 미국 요인은 양국 간 '특수한 밀월관계'의 배경이었다.

중국은 1990년대 초반부터 미국과의 제한적 경쟁관계에서 선린외교(睦隣外交)를 적극적으로 추진하였고, 그 과정에서 한국과의 관계 발전도 적극 모색해왔으며, 한국 역시 중국의 북한에 대한 긍정적 영향력에 대한 기대, 그리고 2차에 걸친 북핵이라는 위기 공감대가 중국과의 관계를 안정적으로 유지하게 하는 주요한 동인으로 작용했다. 요컨대 중국의 부상, 미중관계, 그리고 한중관계는 상호연동 되어 왔으며, 이들 삼자의 관계는 2008년 이전까지는 큰 틀에서 선순환 과정, 즉 중국의 부상, 그에 따른 미중 간의 제한적 경쟁과 협력의 공존, 그리고 한중관계의 비약적 발전으로 진행되어 왔다.

중국이 강대국으로 부상함에 따라서 중국의 한반도와 한국에 대한 인식도 변화해 왔다. 우선 탈냉전이라는 새로운 국제정세에서 중국은 미국의 일방주의를 견제하기 위해서 동반자 관계 강화를 기반으로 하는 다극화 전략을 전개했다. 이에 따라 중국의 다극화 및 대국화 전략에서 차지하는 한국의 전략적 비중 또한 점차 증대해 왔다. 특히 중국에게 한국은 미국과 동맹 체제를 유지하고 있는 전략적 요충지역이라는 측면에서 다른 중국의 인접 국가들과는 다른 차원에서 전략적 중요성이 부각되어 갔다. 즉 중국의 부상이 진행됨에 따라 중국 외교전략에 있어서 대미전략의 비중이 증대되었다. 그리고 이와 연동하여 중국은 미국과 동맹 관계에 있는 한국의 전략적 가치도 주목하게 되었다. 따라서 중국의 부상에 가속도가 더해질수록 중국의 한반도에 대한 인식과 정책은 중국의 대미 전략과 미중관계에 점점 더 많은 영향을 받는 특징을 보여 왔다.

그리고 중국이 부상하는 과정에 비례하여 한국의 전략적 가치에 대한 평가도 제고되었다는 것은 중국의 한국에 대한 영향력 확대의 필요성이 커지는 것을 의미하는 것이기도 했다. 실제로 한중관계 발전은 일정 정도 중국의 한반도에 대한 영향력 확대 의지가 반영된 결과라 할 수 있다. 특히 1990년대 이후 한중 간 경제협력이 확대되었고 동시에 중국 외교에서 미국의 비중이 커지고, 중미 간의 협력과 경쟁이 공존하는 관계가 진행되면서 더욱 중국에서 한국에 대한 영향력 확보 필요성이 증대되어 왔던 것이다.

따라서 이 글은 한중수교 이후 중국의 부상 일정이 본격화된 1992~2012년까지의 20년 동안에 중국의 대국화의 진전에 따라서 중국의 한반도와 한국에 대한 인식에 어떠한 변화가 있었는지를 한중관계의 변화 과정과 연동하여 시계열적으로 정리하고 분석하였다. 특히 이 기간 중국이 동북공정을 추진해 고구려사 왜곡 문제를 둘러싸고 한중 간에 치열한 역사 논쟁이 불거졌다. 이 글에서는 중국의 동북공정 사례를 통해서 강대국으로 부상하는 중국의 한국에 대한 인식 변화를 파악하고자 했다.

II. 장쩌민-후진타오 시기 중국의 대국화와 외교전략의 변화

1. 장쩌민 집권 시기 대국화와 다극화 외교전략

중국은 1989년 톈안먼 사건, 소련 및 동유럽 공산권의 몰락, 냉전 종식, 그리고 이어진 미국 등 서방국가의 경제제재로 인해 내우외환(內憂外患)의 체제 위기에 직면하게 되었다. 중국은 미국을 중심으로 한 서방 국가들의 중국에 대한 경제제재의 궁극적인 목표가 중국의 체제 변화를 야기하려는 이른바 '평화연변(和平演變)' 전략이라고 판단했다. 중국은 냉전 종식 이후 사회주의 국가로서 체제 안전을 확보하는 한편, 미국 등 서방 국가들의 경제 봉쇄를 돌파하고 경제발전을 위한 대외개방 정책을 지속해야 하는 이중고에 직면했다.

따라서 미국 등 서방에 대한 경제 의존을 줄이기 위해 경협 대상의 다변화가 중국의 중요한 과제가 되었다. 실제로 중국은 인접한 신흥 개도국과 아세안의 경제성장에 주목하고 이들 국가에 대한 '선린외교'를 적극적으로 추진하였다. 그 결과 중국은 1992년 한국과의 수교를 비롯하여 1990~1993년 사이에 싱가포르(1990년), 브루나이(1991년), 카자흐스탄 등 주변 국가들을 중심으로 무려 28개 국가와 관계 정상화를 하는 전례 없는 외교성과를 이루어 냈다.[1] 요컨대 이후 중국은 미국 등 서방으로부터의 체제 공세에 대응하는 한편, 경제협력 대상을 다변화하는

---

[1] 1990년대 중국이 체결한 수교 내역은 中華人民共和國外交部 政策研究室, 1997, 『中國外交』1997年版, 北京: 世界知識出版社, 877-878쪽 참조.

것이 중요한 외교 목표가 되었다.

탈냉전 초기 중국은 미국의 일방주의와 중국에 대한 봉쇄정책이 중국 발전의 최대 장애라고 판단하게 되면서 기존의 '반패권주의' 담론은 서서히 '다극화(多极化)'로 대체되었다. 1997년 15차 전국대표대회 보고에서 '다극화는 하나의 국제정세의 추세이자, 국제사회의 평화와 안정에 이상적인 국제체제의 모델'이라고 언급하기 시작했다.[2] 그리고 2002년 16차 전국대표대회 보고에서는 "세계 다극화의 적극적인 추진"이 언급되면서 다극화는 본격적으로 중국외교의 중요한 담론이자 지향으로 자리 잡았다.[3] 중국은 미국의 단극체제 형성을 견제하려는 의도에서 러시아, 프랑스, 인도, 아세안(ASEAN)과의 관계 발전을 추진하였다. 실제로 러시아, 프랑스와 '전면적 협력 동반자관계(全面合作伙伴关系)'를 수립하고 동아시아 신흥 개도국 등과도 다양한 유형의 동반자(伙伴) 관계를 추진했다. 요컨대 중국은 탈냉전 초기 미국의 일방주의를 견제하는 한편, 경제협력 대상의 다변화를 통해 현대화 외교의 새로운 돌파구를 모색하고자 '다극화' 담론을 기치로 다양한 유형의 '동반자 외교'를 전개했다.

중국은 다극화 담론 제기의 연장선상에서 1997년 이후 본격적으로 '대국'으로서의 정체성을 표출하면서 국제체제에서의 이익을 극대화하기

---

2   15차 전국대표대회 보고 내용은 「高举邓小平理论伟大旗帜, 把建设有中国特色社会主义事业全面推向二十一世纪-江泽民在中国共产党第十五次全国代表大会上的报告」(1997/9/12), http://www.china.com.cn/ch-80years/lici/15/15-0/8.htm (검색일: 2019.4.20) 참조.

3   16차 전국대표대회 보고 내용은 「全面建设小康社会, 开创中国特色社会主义事业新局面-江泽民在中国共产党第十六次全国代表大会上的报告」(2002/11/17), http://www.china.com.cn/zhuanti2005/txt/2002-11/17/content_5233867.htm (검색일: 2019.04.20) 참조.

위해 지위와 영향력을 어떻게 확대해 갈 것인지를 고민하는 단계로 진화했다. 1997년 아시아 금융위기를 전후하여 중국은 '중국위협론'에 대응하는 기존과는 다른 새로운 담론, 이른바 '책임대국론'을 들고 나왔다. 탕자쉬안(唐家璇) 외교부장이 2002년 16차 전국대표대회를 앞둔 시기에 1989년 이후 장쩌민(江澤民) 집권 시기 13년의 중국외교를 세 시기로 나눠 개괄하면서 세 번째 시기, 즉 1997년 15차 전국대표대회 이후의 외교를 설명하는 부분에서 "책임 있는 대국으로서의 역할"이라는 표현이 처음 등장했다.[4] '책임대국론'을 제시한 것은 중국은 강하지 않기 때문에 위협적이지 않다고 강변하던 '중국위협론'에 대한 기존의 소극적인 대응 방식에서 벗어나 이제는 중국이 강하지만 국제사회에서 책임과 의무를 이행하는 또는 하려는 대국이므로 결코 위협적이지 않다는 적극적인 대응으로의 전환을 의미하는 것이었다.

'책임대국론'을 제기한 것은 바로 중국의 국가 정체성에 대한 인식에 중대한 변화가 있음을 시사하는 것이었다. 즉 중국은 개도국이라는 위상을 견지하면서 동시에 대국임을 더 이상 부인하지 않겠다는 메시지를 전한 것이었다. 중국은 1997년 '책임대국론'을 제시한 시점을 전후로 실제로 국제체제의 참여를 전면적으로 확대해 갔다. 예컨대 1994년 아세안 지역 포럼(ARF) 참여를 시작으로, 1996년에는 포괄적 핵실험 금지조약(CTBT), 1997년에는 '경제적, 사회적 및 문화적 권리에 관한 국제규약'에도 서명하였다. 중국이 기존에 참여를 꺼려왔던 안보 및 인권 관련 국제기구의 참여를 시작했고, 이를 통해 무임승차국이라는 이미지를

4 　唐家璇, 「中国跨世纪外交的光辉歷程」, http://www.fmprc.gov.cn/chn/36007.html (검색일: 2002.11.23).

개선하고 책임대국의 위상을 확보하고자 했다.

특히 냉전 종식 이후 중국 지도부는 유엔 정상회담에 적극적으로 참여하기 시작했다. 1992년에 리펑(李鵬) 총리가 처음으로 유엔 안전보장이사회 정상회담에 참여했고 1994년에는 리오 지구 정상회담에, 그리고 1995년에는 장쩌민(江澤民) 주석이 유엔 창설 50주년 행사에 참석하였다. 중국은 유엔을 미국의 '일방주의'를 공식적으로 견제할 수 있는 제도로 인식하고 이를 적극적으로 활용하고자 한 것으로 보인다.[5]

중국의 '책임대국론'은 1997년 아시아 금융위기로 인해 예상 밖의 실체적 효과를 거두기도 했다. 중국은 아시아 금융위기 시 위안화의 평가절하를 유보하고 또 태국 등 아세안 국가에 대해 금융 지원을 함으로써 동아시아의 '책임대국'으로서 새로운 이미지를 조성하는 기회를 잡게 되었다. 특히 미국이 국제통화기금(IMF)을 통해 경제위기 국가들에게 금융지원을 하면서 그 조건으로 강력한 구조조정을 요구함으로써 오히려 아시아 국가들의 미국에 대한 이미지는 나빠진 반면에 중국의 이미지는 상대적으로 개선되는 결과를 초래했다.[6]

2. 후진타오 집권 시기 대국화와 평화굴기 및 조화세계론 제시

21세기에 들어서서 기존의 주로 반응적, 대응적, 방어적 특성을 보였던

---

[5] Wang Jianwei, 1999, "China's Multilateral Diplomacy in the New Millennium," Deng Yong and Fei-Ling Wang (eds.), *In the Eyes of Dragon: China Views the World*, New York: Rowman & Littlefield Publishers, Inc., p. 164.

[6] 이동률, 2006, 「중국 '책임 대국론'의 외교 전략적 함의」, 『동아연구』 제50권, 344-350쪽.

중국외교 담론이 강대국 정체성이 더욱 명료해지고 선제적으로 외교 비전을 제시하는 방향으로 진화하기 시작했다. 우선 대표적인 대응적, 방어적 성격의 외교 담론이었던 반패권주의와 다극화가 2000년 이후 사용 빈도수가 줄어들기 시작했다. 대신에 공동[공동안보(共同安保), 공동발전(共同发展)], 윈-윈(双嬴)이 새로운 주요 담론으로 등장하면서 변화의 징후가 나타났다. '공동'은 2002년 16차 전국대표대회 보고에서 12회 사용되었고, 2007년 17차 전국대표대회에서는 17회나 등장하였다.[7] 『인민일보(人民日报)』에서도 패권주의, 다극화는 1999년과 2000년에 사용 빈도가 정점을 이룬 후 많이 감소했지만 윈-윈이 1999년부터 증가하기 시작하여 2005년에는 앞의 두 용어보다 무려 네 배 이상의 사용 빈도를 보여 주었다.[8]

아울러 기존에 경제발전에 집중하기 위해서 저비용의 대외전략을 지향했던 이른바 도광양회(韬光养晦)류의 담론에서 벗어나는 징후들도 이 무렵 서서히 나타났다. 21세기 첫 당대회였던 2002년 11월의 16차 전국대표대회 보고에서 장쩌민 주석은 이례적으로 '중화민족의 위대한 부흥'으로 보고의 서두와 말미를 장식하면서 무려 아홉 차례나 역설하였다. 이를 신호로 2003년 보아오포럼(博鳌论坛)에서 정비젠(郑必坚) 개혁개방 논단 이사장은 '평화굴기(和平崛起)'론을 제시했다. 그리고 2004년부터는 후진타오(胡锦涛) 주석, 원자바오 총리 등 중국 지도부에서 '평화굴기론'을 대신하여 '평화발전(和平发展)'을 공식적으로 사용하

7　蔡拓, 2008, 「全球化观念与中国对外战略的转型-改革开放30年的外交哲学审视」, 『世界经济与政治』11期, 28쪽.

8　Susan L. Shirk, 2007, *China: Fragile Superpower*, Oxford: Oxford University Press, pp. 98-100.

기 시작했다. 2005년에는 후진타오 주석이 유엔 창립 60주년 정상회의 연설에서 '조화세계(和諧世界)'론을 들고 나오면서 사실상 중국 부상을 기정사실로 하고 본격적으로 이를 국제사회에 전파하고 설득하여 부상 환경을 조성하려는 외교를 전개했다. 그리고 중국은 2007년 달 탐사선 발사, 2008년 베이징올림픽, 2010년 상하이엑스포 개최 등 중국의 부상을 국내외에 각인시킬 수 있는 일련의 대규모 행사를 연이어 개최했다.

중국은 이른바 평화굴기, 평화발전론 등 중국의 부상 담론을 제기하는 시점에 동반자관계를 '전략(战略) 동반자관계'로 격상하면서 적극적으로 부상을 위한 국제전략 환경을 조성하고자 했다. 중국이 전략적 관계로 격상시켰던 국가들은 러시아, 프랑스와 같은 대미전략상 중요한 강대국, 또는 인도, 파키스탄, 아세안, 한국과 같은 지역 중견국, 그리고 중남미와 아프리카의 자원 부국들이었다.

그리고 2001년은 일반적으로 9·11사건으로 국제사회에 엄청난 충격을 준 해로 기억되지만, 중국에서는 '세계화의 해'로 일컬어지고 있다. 중국이 2000년에 처음으로 유엔 안보리 상임이사국 정상회담을 직접 제안, 주최했고, 2001년에는 WTO(World Trade Organization, 세계무역기구) 가입에 성공함으로써 사실상 국제체제 진입을 완성하게 되었다. 이후 중국에서는 국제사회에서 발언권을 확대하고 규범 제정에 적극적으로 참여해야 한다는 주장이 제기되었다. 특히 중국은 2001년 상하이협력기구(SCO) 창설, 북핵 6자회담 주최, 보아오포럼 개최, ASEAN과의 자유무역협정(FTA) 체결 등을 통해 역내 국제기구에서 주도국으로서의 위치를 구체적으로 모색하는 단계로 발전하였다.[9] 원자바오 총리는

---

9   이동률, 2006, 앞의 글, 346-350쪽.

2006년 4월 호주 방문 시 "중국은 국제체제의 참여자, 옹호자, 그리고 건설자이다"라고 강조하여 참여의 수준을 넘어서 국제체제의 변혁을 모색하려는 의도를 시사한 바 있다.[10]

2005년 중인(中印) 양국 총리의 공동성명,[11] 중러 간 '21세기 국제질서에 관한 공동성명'[12] 그리고 2006년 후진타오 국가주석의 미국 방문에서도 "현행 국제체제와 질서를 점진적으로 개혁, 완비하여 더욱 공정하고 합리적인 방향으로 발전시켜 가야 한다"고 연이어 강조한 바 있다.[13] 중국이 체제 도전의 의지를 드러내지는 않았지만, 최소한 기존 국제체제를 온전히 수용하지는 않을 거라는 걸 암시했다. 중국이 동의하지 않은 규칙과 규범에 대해 중단기적으로는 전략적 적응의 태도를 보이지만 장기적으로는 제도의 개선과 변혁이 필요하다고 주장했다.

중국은 국제정치 경제 질서의 개혁에 대해 공정, 합리, 평등, 호혜, 조화 등 추상적이고 이상적인 담론을 제시하던 단계에서 2008년 금융위기 이후 보다 명료하고 구체적인 대안을 제시하는 수준으로 진화했다. 중국은 2008년 경제위기를 국제경제 질서를 주도했던 미국 등 서방 경제 강국들의 쇠퇴와 신흥시장(the emerging market)의 부상이라는 국제경제 질서의 일대 변환의 징후로 해석했다. 원자바오(溫家寶) 총리가 미국 금융시스템의 안전에 대해 문제를 제기하였고, 중국인민은행장은

10　호주 방문 시 연설 전문은 「溫家宝总理在霍华德欢迎宴会上的演讲」, http://news.xinhuanet.com/newscenter/2006-04/03/content_4379268.htm (검색일: 2007.3.15) 참조.
11　『人民日報』, 2005.4.13.
12　『人民日報』, 2005.7.2.
13　『人民日報』, 2006.4.21.

G20 회의의 개막을 앞두고 달러를 대체할 새로운 화폐를 만들자는 제안을 했다.[14] 중국 국무원은 독립적이고 자율적인 세계 금융 센터를 건립하고 주도하겠다는 의지를 피력하기도 했다.

세계 경제위기로 인해 미중 양국 관계는 '미국 주도와 중국의 전략적 수용과 대응'이라는 기존의 관성으로부터 변화가 야기되었다. 실제로 중국에서는 미국발 금융위기는 국제사회에서 중국의 상대적 부상의 전략적 호기라는 인식이 대두되었다.[15] 중국은 전략적 기회 시기에 국제 영향력과 지위 향상을 모색하는 차원에서 기존 국제체제와 질서의 변혁을 제기하기 시작했다.

그런데 2010년 이후 동중국해와 남중국해에서의 해양영유권 분쟁이 격화되고, 미국 오바마 정부의 '아시아 재균형(rebalancing)' 전략이 중국을 겨냥하여 전개되면서 '핵심이익(核心利益)'을 둘러싼 미국과의 갈등이 고조되었다.[16] 이에 따라 중국은 평화적 부상을 설득하려는 노력에도 불구하고 오히려 '공세적이고(assertive) 거친 힘의 외교'를 전개하고 있다는 논란에 휩싸이게 되었다.[17] 중국은 2010년 이후 해양영유권 분

---

14 『한겨레』, 2009.3.24.
15 张家栋, "力量对比变化, 中美关系面临新局面", 『解放日报』, 2009.3.3; 陈玉刚, 2009, 「金融危机, 美国衰落与国际关系格局扁平化」, 『世界经济与政治』 5期.
16 중국 『인민일보』에서 '핵심이익'이라는 용어의 사용 빈도수가 59회(2007)에서 95회(2008), 260회(2009), 325회(2010)로 급증하는 것으로 나타나고 있다. Michael D. Swaine, 2011, "China's Assertive Behavior: Part One: On Core Interests," *China Leadership Monitor*, No. 34 (Winter 2011), pp. 1-25.
17 중국의 공세적 외교에 대한 논의는 Michael D. Swaine, 2010, "Perceptions of an Assertive China," *China Leadership Monitor*, No. 32 (Spring 2010), pp. 1-19; Michael D. Swaine and M. Taylor Fravel, 2011, "China's Assertive Behavior, Part Two: The Maritime Periphery," *China Leadership Monitor*, No. 35 (Summer 2011), pp. 1-29 참조.

쟁, 미국과의 갈등으로 인해 과거 10년간 아시아에서 쌓아 온 긍정적 이미지와 외교 성취를 상실했다는 평가를 받는 원치 않는 결과를 초래했다. 중국이 부상 담론을 본격적으로 제기하자 곧바로 부상의 딜레마에 직면하기 시작한 것이다.

III. 중국 대국화와 한중관계의 동학

1. 중국의 '다극화' 모색과 한중 선린 우호 관계

수교 이후 한중관계의 발전은 중국의 강대국으로의 본격적인 부상과 시기적으로 연결되어 있다. 우선 1992년 덩샤오핑은 남순강화를 통해 톈안먼 사태와 공산권의 해체라는 내우외환의 체제 위기로부터의 정면 돌파를 시도했다. 즉 적극적인 대외개방 발전전략을 추진하면서 경제협력선의 다변화와 안정적인 주변 안보환경 조성을 위해 인접국들을 향해 선린외교를 제시하며 관계 발전을 모색했고, 이 과정에서 한중수교도 진행되었다.

1992년과 1994년 한국의 노태우, 김영삼 두 대통령의 연이은 중국 방문이 있은 이후, 비로소 1994년 11월에 처음으로 리펑 총리의 한국 방문이 성사되었다. 당시 리펑 총리는 남북한관계에 있어서 자주독립의 원칙을 견지할 것을 강조하면서 남북한에 대한 실리 외교 추진 의지를 내비쳤다.[18] 중국의 한반도 실리외교는 기존의 한반도 관련 정치, 안보

---

18 1994년 10월 31일~11월 4일 기간 리펑 당시 중국 총리의 한국 방문 시의 자세한

쟁점에서의 북한에 대한 일방적 지지 태도의 변화를 의미하는 것이었다. 1994년 11월 리펑 총리는 한국 방문 시 기자회견에서 "새로운 평화체제가 수립되기 전까지는 기존의 정전체제가 유효하며, 따라서 정전협정이 준수되어야 한다."고 밝힘에 따라 당시 정전협정 자체를 무력화시키고 미국과 직접 평화협정을 논의하려던 북한과 다른 입장에 있음을 분명히 했다.[19]

이뿐만 아니라 북한은 기존의 한반도 정전체제에서 평화체제로 전환하는 과정에서 북미 양자회담을 고집하면서 한국을 대화 상대국으로 인정하지 않으려 했던 반면, 1996년 중국의 첸지천(錢其琛) 당시 외교부장은 오히려 한국은 정전협정의 서명국은 아니지만 직접적인 이해당사국임을 분명히 하면서 한국의 '적절한 역할'의 필요성을 공식 표명했다. 이는 중국이 사실상 한국이 평화체제 수립의 주체가 되어야 함을 인정한 것으로 비록 완곡하지만 분명하게 다시 한 번 북한과 다른 입장을 표명한 것이다.[20]

중국은 자국이 한반도문제와 관련하여 특수한 위치에 있는 국가로서 한반도문제에 적극적인 역할을 해야 하는 당위성이 있음을 강조하면서

활동, 발언 내용 및 평가에 대해서는 劉金質·張敏秋·張小明, 1998, 『當代中韓關係』, 北京: 中國社會科學出版社, 184-188쪽; 劉金質, 楊淮生 編, 1994, 『中國對朝鮮和韓國政策文件匯編 5 (1974-1994)』, 北京: 中國社會科學出版社, 2663-2674쪽 참조.

19 리펑 총리의 제주도 기자회견에서의 발언 내용. 劉金質, 楊淮生 編, 1994, 위의 책, 2672쪽.
20 이 내용은 북한이 계속해서 북미 양자 간 회담을 통한 정전협정의 평화협정으로의 이행을 고집하고 있던 시점인 1996년 8월 26일에 당시 중국 외교부장이었던 첸지천이 우리 외무부 차관 이기주를 만난 자리에서 언급한 것이다. 『人民日報』, 1998.8.27.

실제 주요한 역할을 수행한 사례의 하나로 1997년 4자회담의 참여를 들고 있다.[21] 즉 중국은 1995년을 전후하여 북한이 극심한 식량난으로 체제위기에 직면하자 그동안 철폐했던 구상무역과 우호가격제를 부활하는 등 최소한의 경제지원을 재개했다. 그런데 정치문제에서는 북한을 전적으로 지지하던 기존 태도에서 벗어나 중국의 실익, 특히 한반도에서 중국의 영향력과 입지 강화를 우선 고려하는 바탕에서 입장을 결정했다. 이러한 중국의 변화된 태도는 1997년 황장엽 망명사건의 처리과정에서도 분명하게 나타났다.[22]

요컨대 중국은 덩샤오핑의 '남순강화' 이후 경제발전이 최우선 국가목표로 강조되면서 한국과의 경제협력의 중요성이 부각되었다. 그리고 톈안먼 사건과 냉전 종식으로 촉발된 미국과의 갈등관계가 1993년 최혜국 대우 연장문제로 더욱 악화되고 있는 상황에서, 한반도 문제 해결 과정에 자신의 영향력이 약화되고 상대적으로 미국의 세력이 확대되는 것을 저지하려는 전략적 고려에서 한국과의 관계 발전을 추진했다.

---

21 그밖에 중국이 주요한 역할을 한 사례로 1) 1991년 남북한 유엔 동시가입에 대한 중국의 지지, 2) 1993~1994년의 북핵위기의 평화적 해결, 3) 2000년 남북 정상회담 개최 지원을 들고 있다. 陳峰君·王傳劍, 1998, 『亞太國家與朝鮮半島』, 北京: 北京大學出版社, 347-353쪽.
22 황장엽 망명사건은 중국이 사건 처리과정에서 북한의 충격을 최소화하는 한편 한국의 기대에도 부응함으로써 한반도 문제 해결의 책임 있는 중재자로서의 능력을 과시한 사례로 제시되고 있다. Chae-Jin Lee and Stephanie Hsih, 2001, "China's Two-Korea Policy at Trial: the Hwang Chang Yop Crisis," *Pacific Affairs*, Vol. 74, No. 3 (fall 2001), pp. 321-341.

2. 중국 '책임대국론' 제시와 한중 동반자관계로의 발전

한중관계는 1998년 11월 김대중 대통령의 중국 방문을 계기로 이른바 '동반자관계'라는 새로운 형태로의 관계 진전이 이루어졌다. 김 대통령의 방중 기간에 '21세기 협력적 동반자관계(面向21世紀合作伙伴關係)'로의 발전을 공식 선언 한 데 이어서 2000년 10월 주룽지(朱鎔基) 총리 방한 시 한중 양국은 군사 안보 분야를 포함하는 협력 분야의 다변화에도 합의하였다.[23] 동반자관계로의 발전은 김대통령의 방중 이전인 1998년 4월 후진타오 중국 국가부주석의 방한 시에 이미 논의되기 시작했다. 즉 기존의 경제협력 위주의 양국 관계를 정치, 안보 분야를 포함하는 보다 다양한 영역으로 발전시켜야 함을 강조하였던 것이다. 이에 따라 1999년, 2000년 한중 국방장관의 상호 방문 회담 개최에 이어서 2001년 10월과 2002년 5월에 각각 한국 군함의 상하이기항과 중국 군함의 인천기항, 그리고 2002년과 2003년의 공군수송기 상호 방문으로 확대되었다.

이러한 양국 관계의 변화, 발전 과정은 결국 중국의 한국과의 협력의 주 동인이 기존의 경제협력 중심에서 이제는 한반도 및 동북아 지역의 질서 및 안보와 관련된 전략적 영역으로 확대되어 가고 있음을 보여 주는 것이었다. 특히 군사 분야의 교류는 중국이 그동안 한국과의 관계 발전의 주된 제약 요인으로 거론했던 '북한 요인'으로부터 상당히 자유로워지고 있거나, 아니면 현실적으로 한국과의 관계 발전에 더 비중을 두고 있음을 시사하는 것이라 해석할 수 있다.

---

[23] '21세기 협력적 동반자관계'에 대해서는 『人民日報』, 1998.11.13 참조.

그러나 다른 한편 한중 정치관계는 이러한 전반적인 외형적 발전추세 속에서 적지 않은 문제들이 수교 10년을 즈음한 2002년에 이르러 불거지기 시작했다. 예컨대 탈북자문제, 조선족문제, 달라이 라마 방한문제, 어로분쟁, 마늘분쟁 등 기왕에 잠복되어 왔던 현안들이 한중 양국의 특수한 밀월관계에 미묘한 파장을 불러일으키기 시작했다. 양국 관계가 다변화하면서 양국의 국내 요인들이 새롭게 변수로 등장하게 된 것이다. 이들 갈등 요인들이 양국 관계의 발전 필요라는 대세 앞에서 관계 발전의 걸림돌로까지 확대되지는 않았지만 그동안 성장 일변도의 양국 관계에 간과되어 왔던 갈등의 현실성에 대한 각성을 불러오기에는 충분한 사례들이었다.

그리고 한중 양국은 2003년 7월 노무현 대통령의 중국 방문을 통해 2000년 이후 사실상 진행되어 온 양국 협력 및 교류의 확대를 '전면적 협력 동반자관계(全面合作伙伴關係)'로 발전시키기로 합의함으로써 공식화하게 되었다.[24] 이후에도 양국은 2005년 11월 후진타오 국가주석의 부산 APEC 회의 참석, 2006년 10월 노무현 대통령 실무 방중, 그리고 2007년 4월 원자바오 총리의 방한에 이르기까지 정상급 상호 방문이 이어지면서 긴밀한 관계를 유지해 왔다. 특히 원 총리의 방한을 계기로 한중 해상수색구조협정을 체결하고 양국 해공군 간 직통통신망을 구축하기로 한 것은 주요한 실질적 진전이라 할 수 있다.

---

[24] '전면적 협력 동반자관계'에 대해서는 중국외교부 홈페이지 참조, http://www.fmprc.gov.cn/chn/3721.html (검색일: 2002.8.30).

3. 중국의 '평화굴기' 및 '평화발전론' 제시와 한중 전략적 동반자 관계로의 격상

한중 양국의 외교 안보 분야의 협력을 가장 상징적으로 대변해 주는 것은 2008년 5월 이명박 대통령의 중국 방문을 계기로 기존의 '전면적 협력동반자관계'를 '전략적 협력동반자관계(戰略合作伙伴關係)'로 격상한 것이다. 중국과의 전략적 동반자관계로의 발전은 이른바 평화굴기, 평화발전론 등 중국의 대국화 담론 제기와 시기적으로 일치하고 있다. 중국의 동아시아 주요 국가와의 전략적 동반자관계 발전 역시 중국의 강대국으로의 부상을 위한 인접지역 외교의 일환이라 할 수 있다. 중국에서는 동반자관계가 냉전 시기의 동맹관계를 대체할 수 있는 탈냉전기의 이상적 양자 간 협력관계인 점을 강조했다.

요컨대 전략적 동반자관계로의 격상은 한중관계가 한 단계 더 발전했다는 외견상의 의미와 더불어 중국의 입장에서 한국과의 관계에서 전략적 요소의 중요성이 부각되고 있음을 시사했다.[25] 실제로 당시에 한미 간 FTA 체결 합의, 북핵 2·13합의와 이에 따른 북미, 북일 관계 개선 움직임 등 일련의 한반도를 둘러싼 동아시아 역학구조의 변화 조짐이 나타났고, 한반도 평화체제, 동북아 안보협력 문제 등이 한중관계에서 중요한 현안으로 부각되었다. 이는 결국 한중 양국의 전략적 관계로의 발전이 중국의 부상이 진행되면서 나타난 변화로서 한중관계에 새로운 기회인 동시에 도전이기도 했다.

---

25 이동률, 2011, 「중국의 초강대국화와 한반도의 미래」, 이동률 편, 『중국의 미래를 말하다』, 동아시아연구원, 264-266쪽.

한중 전략적 협력 동반자관계의 의미와 내용은 격상 이후 1년여의 시간이 경과한 이후 비로소 점차 구체화되어 갔다. 한중 양국은 전략적 동반자관계가 대체로 세 가지 영역에 초점을 맞추고 있는 것으로 공감대가 형성되어 갔다. 즉 첫째, 협력의 범위를 지역적, 세계적 차원의 현안으로 확대한다는 것이고, 둘째, 양국 간 협력 분야를 군사, 안보 분야까지 포괄하는 다양한 영역으로 확대해 간다는 것이다. 셋째, 양국 관계가 당면한 현안과 더불어 중장기적 비전을 갖고 발전을 지향해 간다는 것이다.

한중 양국이 전략적 협력동반자관계로 격상된 이후 가장 주목할 만한 외교안보 영역의 협력 가운데 하나는 양국 정상회담의 증가였다. 수교 이후 2012년 상반기까지 양국 정상(중국 측 총리 포함) 간 회동은 총 59회가 이루어졌으며 특히 2008년 이후에는 전체의 29%에 달하는 18회가 이루어졌다. 이외에도 한중 간에는 양국 외교부 차관이 수석대표로 참석하는 고위급 전략대화가 2008년부터 연례적으로 개최되어 2011년 12월까지 4회 진행되었다.

특히 그동안 가장 지체되어 왔던 군사 분야의 교류와 협력은 2011년 7월 양국 국방장관 회담을 개최하여 국방전략대화 제도화와 군사교육에서의 협력 강화 등에 합의를 이루고 국방장관 회담 8회 만에 처음으로 양국이 공동 보도문을 발표하기도 했다. 그 결과 2011년에 이어 2012년에도 국방전략대화를 개최하였고 국방교류 협력에 관한 양해각서를 체결해, 공군에 개설된 핫라인(Hot Line)을 국방부 차원으로 격상하고, 양국의 젊은 국방 인재들 간 군사교육 교류 확대, 평화유지활동(PKO), 인도적 지원, 재난구호 및 해적퇴치 활동 등 평화적 목적의 국제 활동 협력 등에 합의함으로써 의미 있는 성과를 이뤄냈다.[26]

한중 양국이 전략적 관계로 격상한 이후 외교안보 영역에서의 교류와 협력에 주목할 만한 성과가 있었다. 그런데 한중관계는 전략적 협력 동반자관계로 격상된 이후 오히려 전략적 문제를 둘러싸고 갈등이 노정되는 역설적 상황이 전개되었다. 중국은 한미동맹 강화가 중국을 겨냥하고 있다는 우려를 제기했고, 한국은 북핵 및 북한문제에 대한 중국의 모호하고 이중적인 태도에 대해 불만을 표출했다. 즉 양국이 한미동맹, 북핵문제 등 중요한 전략적 이슈를 둘러싸고 이견을 보이면서 관계 발전에 부정적 영향을 주었다.

2008년 이후 양국 간 고위급 전략대화와 국방장관 회담 등이 개최되었지만 이 또한 위기 예방이나 관리에서 실질적인 기능을 담당하는 데는 한계를 보여 주었다. 예컨대 2010년 천안함, 연평도 사건 발생 이후 오히려 한중 간에 예정된 국방장관 회담이 연기되는 등 다양한 대화 채널이 제대로 작동하지 못해 소통을 통한 해결에 어려움을 보여 주었다. 그밖에도 2011년의 중국어선의 불법조업과 살해 사건, 2012년의 탈북자 북송사건과 이어도 문제, 김영환 고문 사건 등이 발생했지만 이들 사건들이 사전에 예방되거나 또는 사후에라도 합리적이고 효율적으로 신속하게 해결되지 못한 것은 여전히 양국 간 위기 예방과 관리를 위한 협력에서 한계를 노출한 것이라 할 수 있다. 따라서 한중관계가 전략적 관계로 격상된 이후 사실상 장기발전의 비전을 논의할 수 있는 환경은 더욱 나빠지고 있다는 우려도 제기되었다. 장기적 비전을 논의하고 공유하기 위해서는 우선적으로 양국 간 이해와 신뢰의 강화가 전제되어야 한다.

26　이창형, 2012, 「전략적 협력동반자 시대의 한중 군사관계 발전 방향」, 『주간국방논단』 제1420호 (2012.7.23), 1-8쪽.

즉 전략적 관계 발전을 논하기에 앞서 양국 관계의 기초(fundamental)에 대한 재검토 필요성이 제기되었다.

IV. 중국의 대국화와 한반도 인식 변화: 특징과 함의

1. 중국의 한반도 및 한국 인식의 변화와 특징

중국에게 한반도는 인접지역인 동시에 미국, 일본, 러시아 등 강대국의 이해관계가 교차되는 전략적 요충지이다. 따라서 한반도와 한국은 중국의 인접지역 정책인 선린외교의 대상인 동시에 강대국 외교의 대상이다. 특히 중국이 강대국으로 부상할수록 대미 외교가 중국외교의 핵심으로 자리 잡을 수밖에 없다. 따라서 중국의 대한국 정책 역시 중국의 대미외교와 미중관계에 보다 많은 영향을 받게 될 가능성이 높다.

중국의 선린외교는 중국위협론을 불식시켜 주변 안보 환경을 안정적으로 확보하고 미국과 일본의 견제를 최소화하면서 인접 국가들과의 경제협력을 통해 중국이 지역 강국으로 부상하는 것을 목표로 하고 있었다.[27] 이러한 맥락에서 부상하고 있고 또 부상하려 하는 중국의 입장에서 한국과의 선린관계의 발전은 단순 외교 수사 이상의 중요성을 지니고 있었다. 즉 중국의 입장에서 지정학적 중요성을 지니고 있고 주한미군이 주둔하고 있는 한국과의 긴장관계는 바로 중국의 인접 국가들

---

27 이동률, 2006, 「중국의 주변지역 외교전략 및 목표」, 『중국연구』 38권, 279-299쪽.

과의 안보 딜레마의 문제를 확산시킬 가능성이 높다. 반면에 한국과의 관계 발전은 안보환경을 개선하고, 미국의 동아시아 영향력을 우회적으로 견제할 수 있는 중요한 전략적 의미를 갖는다.

이러한 맥락에서 부상하는 중국에게 한반도와 한국은 크게 세 가지 중요한 전략적 의미를 갖고 있었다. 첫째, 한국은 중국의 부상을 위한 실질적 교류 및 협력의 대상, 즉 경제발전을 위한 경협 대상으로서 중요한 의미가 있었다. 한중 간의 경제협력은 한일 경제협력은 물론이고 50년 동맹의 한미관계를 능가했다. 이뿐만 아니라 한중무역액이 수교 14년 만인 2006년에 1300억 달러를 돌파한 것은 중일무역액이 수교 31년 만인 2003년에, 그리고 중미 간에는 수교 24년 만인 2003년에 1200억 달러를 달성한 것과도 비교된다. 한중 경제관계의 발전은 중국의 개방정책과 국제경제체제 참여 확대 과정에서 전개되었다.

그리고 중국에게 한국과의 경제협력 강화는 경제적 이해관계 이상의 함의도 지니고 있었다. 즉 한국과의 경제적 유대 및 의존성 강화는 중국이 한국에서 확보하고자 하는 전략적 이해관계와 영향력 확대의 중요한 수단이 될 수 있다는 기대를 갖고 있었다. 중국 언론에서 한미 FTA 체결의 배경에는 중국을 견제하기 위한 정치적 의도가 있다고 분석하는 등 중국은 한미 FTA 체결에 예민하게 반응했다.[28] 한미 FTA 협상 타결 직후인 2007년 4월 중국 총리로서는 7년 만에 원자바오 총리가 한국을 방문하고 한국과의 FTA 협상을 적극적으로 요구했다.[29] 이후 중국은 공

---

[28] 杨立群, "赶在时限前最后一刻达成妥协韩美自贸协定不仅着眼经贸", 『解放日报』, 2007.4.3 第4版; 徐启生, "自贸协定将提升美韩关系", 『光明日报』, 2007.4.5.

[29] 원 총리는 방한에 앞서 가진 베이징 한국 특파원들과의 회견 자리에서 이례적으로 "양국이 FTA를 조기에 체결하기 바란다"고 하여 한중 FTA에 대한 의지를 피력한 바

식석상에서 수차례에 걸쳐 한중 FTA 협상의 조속한 개시를 제안해 왔다.

둘째, 중국이 부상하기 위해서는 일차적으로 인접 국가들과의 우호관계를 유지하여 안정된 주변 안보환경을 확보해야 한다는 지정학적 고려가 있으며 그 대상으로서 한반도는 중요한 의미를 지니고 있다. 한반도 관련 안보 불안 요인으로는 북핵, 북한 체제 불안과 난민 문제 등이 있다. 중국에게 북핵은 그 자체가 안보 불안 요인이기도 하지만 동시에 미일동맹 강화와 군사력 증강, 그리고 '미사일 방어(MD: Missile Defense)' 체제 계획 추진의 빌미가 될 수 있으며 이는 동아시아의 군비경쟁을 촉발시킬 수 있고, 특히 미일의 대만에 대한 개입 근거를 제공할 수 있다는 우려를 하고 있었다. 중국의 입장에서 북핵문제의 평화적 해결, 북한 체제 및 한반도의 안정화가 중요한 관심사인 까닭이다.

중국이 2008년 이후 북한과의 관계를 강화시키게 된 배경에도 북한 문제가 중국의 안보 불안 요인이 될 수 있다는 판단에 따른 것이었다. 즉 김정일의 건강 악화, 후계 계승의 과도기, 경제난, 화폐개혁 이후의 혼란, 천안함 사건 등으로 북한 체제의 불안정이 고조되고 있었다. 동시에 한미의 대북 압박 강화, 한미동맹 강화, 남북관계 악화 등으로 인해 중국의 북한 체제 위기에 대한 우려는 심화되고, 한미의 대북정책 의도에 대한 의구심은 깊어지고 있던 상황이었다. 이로 인해 중국은 중단기적으로 북한발 안보 불안을 최소화하기 위해 적극적 '북한 껴안기'라는 전략적 선택을 했다. 아울러 중국은 장기적으로는 북한발 부담을 줄이고 자산으로서의 가치를 안정화, 극대화하기 위해 중국식 개혁개방 정책의 북한 이식을 통한 친중국의 북한 체제의 연착륙을 위한 다양한 협

있다. 溫家宝: 去韩国访问是我期待已久的事,『新华每日电讯』, 2007.4.6, 第4版.

력과 교류를 시도했다.[30]

셋째, 중국의 대국화가 예상보다 빠르게 진행되면서 한국은 중국 부상의 기반이자 영향력 확보의 대상으로 인식되었다. 미국과의 동맹관계를 유지하고 미군이 주둔하고 있는 한국은 미국과 일본의 중국에 대한 견제의 전진기지가 될 수 있다는 우려가 커져 갔다. 중국이 동아시아에서 미국의 견제에 대응하고 '책임대국'으로서의 역내 리더십을 확보하는 데 있어서도 미국과 동맹관계에 있는 한국은 중요한 전략적 대상으로 인식되었다. 중국의 부상이 가속도를 더해 갈수록 중국에게 있어 한국의 전략적 측면의 중요성은 커지고 있었다.

요컨대 부상하고 있는 중국에게 한국과 관련하여 주요 현안을 제시하고 있는 것은 북한과 미국 요인으로 집약된다. 2007년 2·13합의 이후 북핵문제가 해결의 실마리를 찾아가고 남북 정상회담, 한반도 평화체제 논의 등 한반도 정세에 긍정적 변화가 이루어지면서 중국 입장에서 지정학적 안보 불안 우려가 완전하지는 않지만 상당 정도 해소되는 국면으로 진전되었다. 다른 한편 이러한 지정학적 우려의 해소과정에서 북미수교, 한반도의 통일 등 한반도의 현상 변경 가능성은 중국에게 새로운 도전으로 받아들여졌다.

예를 들어 북미관계 개선이 이루어지면 6자회담의 기능 축소와 그에 따른 중국의 역할 약화, 그리고 북중관계의 소원 등 중국에 부정적인 영향이 있을 것이라는 우려가 제기되었다.[31] 이와 관련 한 중국학자는 한

---

[30] Dong Ryul Lee, 2010, "China's policy and influence on the North Korea nuclear issue: denuclearization and/or stabilization of the Korean peninsula?," *The Korean Journal of Defense Analysis*, Vol. 22, No. 2 (June), pp. 170-173.

중 전면 협력동반자관계 발전의 중요한 전략적 가치의 하나로 미국의 동북아전략의 제약을 제시했다. 즉 한중 동반자관계로의 발전은 한국의 안보 우려를 크게 완화시킴으로써 한국의 미국과의 동맹에 대한 경사를 줄이고 한국의 전략적 선택의 폭을 확대시켰다고 평가했다.[32]

그런데 중국의 기대와 달리 한국은 이명박 정부 등장 이후 본격적으로 미국과의 동맹 강화에 주력하였고, 특히 이러한 한미동맹의 강화가 미국의 주한미군 전략 재배치 추진과 시기적으로 맞물리면서 중국은 한미동맹 강화가 중국을 겨냥한 것이라는 의구심을 갖게 되었다. 예컨대 중국학자들은 주한미군의 전략 재배치가 역내 세력관계와 질서에 변화를 초래함으로써 군비경쟁을 촉발할 수 있다며 부정적 입장을 개진했다.[33] 이러한 주장의 배경에는 주한미군의 전략 재배치가 중국을 겨냥한 것이라는 우려가 있었다.

그리고 닝푸쿠이(寧賦魁) 주한 중국대사는 한국국방연구원(KIDA) 초청 국방포럼에서 한미 양국이 1월 합의한 주한미군의 전략적 유연성 문제에 대해 "제3국을 대상으로 행동하게 되면 우리는 관심을 돌리지 않을 수 없다"며 주한미군이 양안 문제에 개입해선 안 된다고 주장한 바 있다.[34] 특히 2008년 5월 한중 정상회담 개최 직전 중국 외교부 대변인이 이례적으로 "한미 군사동맹은 역사가 남겨준 산물이며 주지하듯이 시대가 변화했고 이 지역 각국의 상황도 많은 변화가 발생했다. 냉전 시

---

31 崔志鷹, 2008, 「美朝關係改善對東北亞局勢的影響」, 上海社會科學院世界經濟與政治硏究院 編, 『中國與世界共通利益的互動』, 北京: 時事出版社, 309쪽.
32 張玉山, 2007, 「中韓全面合作夥伴關系的回顧與展望」, 『亞非縱橫』 4期, 6-7쪽.
33 李華, 2004, 「冷戰後駐韓美軍調整評述」, 『國際觀察』 第1期, 56-63쪽; 全克林, 2003, 「駐韓美軍調整及其影響」, 『現代國際關係』 第7期, 7-12쪽.
34 『중앙일보』, 2006.3.23.

기의 이른바 군사동맹을 사용하여 오늘날 세계와 지역이 직면한 안보문제를 대하고, 평가하며 처리할 수 없다."[35]고 공개 발언을 통해 사실상 한국의 대미 동맹 강화에 대한 부정적 인식을 드러내기도 했다.

이러한 상황에서 2010년 천안함 사건 발생 이후, 서해에서의 한미 군사훈련을 포함하여 한미 군사동맹이 강화되자 중국은 이 역시 미국의 동아시아 복귀와 연계하면서 자국에 대한 압박과 견제 의도가 내재된 것으로 판단하였다. 즉 중국은 천안함 사건을 정의와 비정의 차원의 문제라기보다는 국제적 역학관계의 시각에서 보았다. 따라서 천안함 사건 자체보다는 이후 전개될 대립과 한반도 주변 정세의 변화, 그리고 그로 인한 중국의 이해관계에 미칠 파장을 고려하여 예의 주시하며 예민한 반응을 보였다.

실제로 2011년 여론조사에서 중국인들은 '북한체제에 심각한 위기가 발생할 경우' 미국의 개입에 대해서 62.1%가 반대한다는 응답을 하였다. 중국이 2010년 천안함 사건 이후 북한문제를 바라보는 인식의 단면을 엿보게 하는 조사 결과라 할 수 있다. 아울러 '한미관계가 중국에 어떠한 영향을 미칠 것으로 보느냐'는 질문에 긍정적이라는 답은 20.3%에 불과한 반면에 54.1%가 부정적이라고 응답해 한미동맹에 대해 경계하고 있음을 보여 주었다. 실제로 중국 학자들도 "중국은 한미동맹하에 있는 한국과 수교했기 때문에 한미동맹 자체에 대해 원론적 차원에서 반대하는 입장은 아니다. 그렇지만 최근 한미동맹 강화의 목적과 내용에 대해서는 상당한 의구심을 갖고 있는 것이 사실이다."라는 반응을 보였다.[36]

---

35 "中외교부 '한미 군사동맹은 지나간 역사의 산물'", 『연합뉴스』, 2008.5.27.
36 대련에서 개최한 대련한중국제회의(2011.8.5)에서의 중국 학자의 발언 내용.

〈표 1〉 한중 양국의 상호 호감도 추이

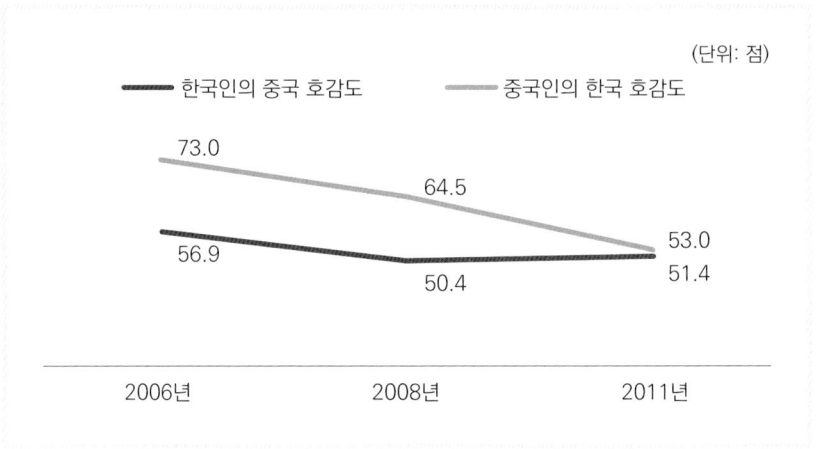

출처: EAI-ARI 공동 '2011 한중 국민인식 조사' 기초분석

아울러 중국의 한국에 대한 인식은 중국 대국화 추세에 연동되어 악화되는 추이를 보였다. 중국인들을 대상으로 한 한국에 대한 호감도 조사 결과는 2006년의 정점에서 점차 낮아지는 추이를 보여 주었다. 2006년에는 73.0점으로 주변국들에 비해 월등히 한국에 대한 우호적인 여론이 형성되어 있었지만 2008년 중국인들의 대한국 호감도는 64.5점으로 떨어지고 2010년 조사에서는 다시 57.5점까지 하락하여 북한 수준(55.5점)으로 내려 앉았다.[37] 또 다른 여론 조사는 한중관계에 대한 긍정 평가는 2009년과 비교하여 2010년에는 11.4% 하락한 반면, 부정 평가는 오히려 17.1% 증가한 것으로 나타났다.[38]

---

37 이동률 외, 2010,『중국인의 한국인식과 한국의 대 중국 공공외교 강화방안』, 경제.인문사회연구회 대중국 종합연구 협동연구총서 2010-03-34, 34-37쪽.
38 『2010년 한중일 역사인식 조사 결과보고서』, 동북아역사재단, 2010년 10월.

2. 중국의 한반도 역사 인식: 동북공정과 고구려사 왜곡 논쟁

2003년 중국의 동북공정 추진으로 촉발된 고구려사 왜곡 논쟁은 중국의 문화 민족주의 고양으로 인해 한중관계에 영향을 미친 가장 대표적인 사례였다. 중국의 동북공정은 중화민족주의를 국가와 민족의 통합을 위한 이데올로기로 사용하려는 의도가 정책과 행동으로 구체화된 대표적인 사례 가운데 하나라 할 수 있다.[39] 즉 동북공정은 이른바 '동북현상'으로 대변되는 오래된 낙후의 문제를 안고 있는 동북지역에서 대형 국유기업에 대한 대대적인 개혁이라는 과제를 수행해야 하는 상황에서, 동북지역 인민들의 중화민족의 일원으로서의 정체성과 구심력을 강화하여 궁극적으로 조화사회(和諧社會) 실현을 통한 국가 통합과 체제 안정을 확보하려는 목표와 의도를 내재하고 추진된 것이었다.

고구려사 왜곡 논란을 야기한 중국의 동북공정은 변강 및 소수민족 지역에 대한 중국 정부의 인식 및 대응과 밀접한 연계성을 갖고 전개되었다. 중국 사회과학원 변강사지연구중심(邊疆史地硏究中心)의 보고서는 중국 정부의 우려 대상이 되고 있는 변강지역을 1) 신장(新疆), 시짱(西藏), 2) 윈난(雲南), 3) 동북, 4) 난사(南沙) 순서로 적시하고 있다.[40] 중국 정부는 이들 지역에 대해 각기 상이한 우려를 갖고 있었다. 예컨대 신장과 시짱은 소위 '분열주의' 활동에 대한 우려가 있었고, 동북지역과 난

---

39 이른바 동북공정은 2002년 중국의 사회과학원 '변강사지연구중심(邊疆史地硏究中心)'이 주관하여 5년 계획으로 추진된 '동북변강역사와 현상관련 연구프로젝트(東北邊疆歷史與現狀系列研究工程)'의 약칭이다.
40 馬大正, 2002, 『國家利益高於一切-新疆穩定問題的觀察與思考』, 烏魯木齊: 新疆人民出版社, 139쪽.

사군도에 대해서는 인접 국가의 불안정성 문제와 영토 및 국경문제에 대한 우려를 적시하고 있었다. 그런데 중국 정부가 소수민족지역 및 변강지역에 대해 지역별 상황에 따라 비록 상이한 구체적 우려를 표하고 있기는 하지만 거시적 맥락에서 종합해 보면, 이들 지역이 개혁기 중국의 국가통합과 체제안정에 위협 요인이 될 수 있다는 것을 경계하고 이들 지역의 분열 및 불안 요인을 제거하는 데 정책의 우선순위를 두고 있었다고 할 수 있다.

그리고 중국의 동북지역에서도 이러한 시도의 일환으로서 이른바 동북공정과 동북진흥의 구체적인 정책들이 전개되었다. 그 내용을 보다 구체적으로 살펴보면 첫째, 동북지역은 중국의 중심부인 화북지역의 진입로로서 역사적으로도 해양 세력의 대륙 진출의 통로였으며, 특히 미국과의 동아시아 영향력 경쟁이 가시화되면서 중요한 전략 지역으로서 부각되었다.

그리고 경제발전을 체제 정당성 확보의 중요한 자원으로 활용하고 있는 중국 정부의 입장에서 경제적 낙후의 문제를 안고 있는 동북지역은 심각한 체제 불안을 야기할 우려가 있는 지역으로 인식되었다. 특히 중국이 2001년 WTO 가입 이후 동북지역은 국유기업개혁의 중심 대상 지역으로 부각되면서 노동자의 대규모 잠정해고(下崗) 문제가 쟁점이 되었고, 실제로 노동자의 조직화된 집단 시위마저 발생하고 있었다.[41] 개혁의 후유증이라 할 수 있는 계층 간, 지역 간 격차 문제를 완화하려는 목

---

41 2002년 3월에는 랴오닝(遼寧)성에서 독립 노조 주도로 10개 공장 노동자 1만여 명이 해고 중단, 체불 임금 및 연금 지급 등을 요구하며 시위를 벌였다. 중국 최대의 유전지대 다칭(大慶)시에서도 수만 명의 노동자들이 체불임금 지급과 난방 및 보험비 지급을 요구하는 장기농성을 벌였다. 『한국일보』, 2002.3.20.

표로 '조화사회'와 '과학발전관'을 비전으로 제시하고 있는 후진타오 정부의 입장에서 국유기업의 안정적 개혁과 동북 진흥을 통한 지역 균형발전은 핵심적 과제로 대두되었다.

아울러 한중수교 이후 중국 조선족 사회에 '한국 붐'이 불고, 한국 내의 재외동포법 개정 논의 등이 진행되면서 조국을 배후에 두고 있는 조선족 사회의 변화에 중국 정부가 민감하게 반응하게 되었다. 중국 정부의 이러한 조선족 사회의 변화에 대한 민감성은 동북지역 내의 여타의 불안정 요소, 즉 노동자 시위, 탈북난민 문제의 국제 쟁점화 그리고 북핵문제, 북한체제의 불안, 미일동맹의 강화 등과 중첩되면서 더욱 고조되었다. 특히 중국은 국내외 정세의 불안정하에서 전략적 요충지인 동북지역의 영토 및 국경문제 발생 가능성에도 예민해졌다.

요컨대 중국 정부의 입장에서 동북지역은 여타 변강의 소수민족지역과는 다른 환경과 정황을 가지고 있는 것으로 인식되고 있었다. 동북지역은 변강지역이지만 절대다수의 결집력이 강한 소수민족이 지배적 위치에 있지도 않으며 또한 이들이 스스로 분리를 상정하고 있지도 않다. 그러나 중국 정부의 입장에서 동북지역은 다른 어느 변강지역보다도 지리적, 경제적, 전략적 측면에서 중요한 곳이면서도 정치, 사회, 경제적 측면에서 개혁정책의 다양한 부작용 문제가 불거지고 있는 불안정한 지역이었다. 특히 후진타오 정부가 동북진흥을 국책사업으로 추진할 정도로 대형 국유기업의 구조조정이라는 난제를 해결해야 했던 정치적으로 중요한 지역이었다. 따라서 중국에게 있어서 동북공정은 동북진흥과 함께 국가통합 및 변강안정을 통한 체제안정과 관련되어 중요한 의미를 갖는 프로젝트였다.

반면 한국의 입장에서 고구려 역사는 민족의 정체성과 직결되어 있어

양보할 수 없는 역사 주권 차원의 사안이었다. 한국 언론과 한국인들은 중국의 동북공정에 대해 한국의 고대사를 왜곡하고 약탈하고 있다고 분노하였고, 그 결과 동북공정은 수교 이후 비약적인 관계 발전을 통해 밀월관계라고까지 일컬어지던 한중관계에 일대 전환을 초래할 정도의 영향을 미쳤다.[42] 동북공정은 한국인들의 중국에 대한 인식에 일대 변화를 초래했고, 중국에 대한 부정적 인식이 확산되는 촉매제가 되었다.

실제로 고구려사 왜곡 문제가 불거진 시점을 전후한 한국의 여론조사 결과는 극명한 대조를 이루고 있다. 고구려사 왜곡을 둘러싼 한중 간 갈등이 촉발되기 전인 2004년에 초선 국회의원 138명을 대상으로 한 조사에서는 55%가 미국보다 중국을 더 중요한 한국의 외교통상 상대라고 응답했다.[43] 그러나 2005년에 187명의 국회의원을 대상으로 한 조사에서는 반대로 68%가 미국이 한국의 가장 중요한 외교 상대라는 응답 결과가 나왔다.[44] 일반 대중들의 특정 국가에 대한 여론은 유동성이 클 수 있지만 앞서 조사 결과처럼 정책 결정에 영향을 미치는 정치 엘리트 계층에서 짧은 기간에 인식에서 큰 편차를 보이는 것은 이례적이고 중요한 의미를 갖는다.

이뿐만 아니라 1997년부터 2010년까지 실시된 32개의 서로 다른 여론조사의 결과에서도 고구려사 왜곡 논쟁 이전인 2004년까지 실시된 여론조사 가운데 90%가 중국에 우호적이라는 응답이 높은 반면에

---

[42] 국내 주요 4개 신문에서 2003년부터 2010년까지 게재한 동북공정 관련 기사가 무려 1,569회에 달할 정도로 동북공정에 대한 국내 여론은 고조되었다. 신경진, 2011, 「역사와 문화에서의 반목」, 정재호 편저, 『중국을 고민하다: 한중관계의 딜레마와 해법』, 삼성경제연구소, 35-36쪽.

[43] 『동아일보』, 2004.4.19.

[44] 『동아일보』, 2005.4.13.

2004년 후반부터는 오히려 18%에 불과하여 큰 대비를 이루고 있다.[45] 고구려사 왜곡 논쟁 이후 한국에서 부상하는 중국에 대한 논의의 중심이 중국기회론, 중국대안론에서 중국경계론, 중국위협론으로 옮겨 가면서 극단의 인식들이 혼재하는 양상을 보이게 되었다.

중국의 동북공정으로 촉발된 한국의 중국에 대한 인식 변화는 구체적인 사례로 대내외에 표출되었고, 이는 다시 중국의 한국인식에 부정적인 영향을 미치며 양국 국민 정서를 악화시키는 악순환으로 발전하였다. 예컨대 중국의 동북공정이 한국 언론을 통해 알려진 이후 한국에서는 한국 고대사에 대한 관심이 고조되면서 고구려와 발해를 배경으로 하는 역사극들이 연이어 방영되는 등 일종의 '고구려 신드롬'이 일어났다.[46] 그리고 이러한 현상은 민족주의가 고양된 중국인들의 반한 감정을 자극하였다. 중국인들은 역으로 한국이 역사를 왜곡하고 있을 뿐만 아니라 역사극에 등장하는 중국과 중국인을 부정적인 이미지로 묘사하고 있다고 불만을 표출하면서 중국 일각에서는 한국 드라마의 수입을 전면 봉쇄해야 한다는 주장도 나왔다.[47]

동북공정으로 촉발된 한중 양국 간 민족주의 정서의 충돌은 역사와 문화에 대한 종주권 논쟁으로 확대되어 갔다. 2005년에는 강릉 단오제가 유네스코(UNESCO)의 세계무형유산 걸작으로 등록되면서 한중 양국

---

45 정재호, 2011, 『중국의 부상과 한반도의 미래』, 서울대출판문화원, 358-360쪽.
46 이 시기를 전후하여 〈주몽〉, 〈대조영〉, 〈연개소문〉, 〈태왕사신기〉 등 고구려 역사를 다룬 대형 사극들이 연이어 방영되었다. "문화계에 부는 '고구려 신드롬'", 『헤럴드경제』, 2006.6.9.
47 "한국 역사극, 中서 '수입금지' 여론 팽배할 듯", 『마이데일리』, 2007.9.15, http://www.mydaily.co.kr/news/read.html?newsid=200709150248521111 (검색일: 2011.11.20).

간에는 문화 종주권을 둘러싼 갈등으로 확대되었다. 중국 정부는 이에 대응하여 이례적으로 2007년 청명절(淸明節), 중추절(仲秋節)과 함께 단오절(端午節)을 법정 공휴일로 지정하고, 2009년에는 유네스코에 단오절을 세계문화유산으로 등재 신청을 하기도 했다. 강릉 단오제에서 시작된 문화 종주권 논쟁은 이후 한의학, 한자 등 전통문화 전반에 대한 논쟁으로 비화하였다. 2011년 5월 23일 중국 국무원은 아리랑, 가야금 예술, 씨름, 판소리, 조선족 회혼례 등을 '제3차 국가무형유산(非物質文化遺産)'으로 발표했다.[48] 이번에는 한국이 이에 대응하여 문화재보호법 개정을 통해 아리랑을 국가 중요 무형문화재로 지정하고 유네스코 세계문화유산에 등재를 추진하였다.

그리고 2007년 중국 창춘(長春)시에서 개최된 동계 아시안 게임에서 한국 선수들이 시상식에서 '백두산은 우리 땅'이라는 피켓 세리머니를 펼치면서 잠복되어 있던 양국 간 영토 문제마저 수면 위로 떠오르게 되었다. 당시 한국 선수단은 중국이 편파 판정 등 주최국 텃세를 부리고 있는 데 대해 불만이 팽배하던 상황에서 개막식 공연에서 백두산을 창바이산(長白山)이라는 이름으로 주요 테마로 설정한 것에 항의하는 이벤트를 벌였고, 이는 양국 간 외교 쟁점으로까지 확대되었다. 한중 간에는 아직 공개적으로 영토분쟁을 하고 있는 사안이 없고, 양국 정부 역시 공식적으로 영토문제를 제기한 사례가 없는 상황이다. 그렇지만 당시 사건은 양국 간 역사와 문화를 둘러싼 소프트 이슈에 대한 논쟁이 합리적으로 해결되지 않을 경우 양국 국민들의 민족주의 정서를 자극하여 잠

---

[48] 「國務院關於公布第三批國家級非物質文化遺産名錄的通知」, http://www.gov.cn/zwgk/2011-06/09/content_1880635.htm (검색일: 2011.9.5).

복되어 있는 영토 문제라는 제로섬의 하드 이슈로까지 비화될 수도 있는 가능성을 시사해 주었다.

V. 맺음말

한중 양국은 수교 이후 경제와 문화 분야를 중심으로 민간영역에서의 교류와 협력이 빠르게 확대되었다. 한중관계의 비약적 발전은 중국의 경제적 부상과 궤를 같이하면서 상호 작용을 했다. 한중 양국 간 관계 발전과 중국의 가파른 부상에 따른 양국 간 힘의 비대칭성의 확대도 동시에 진행되었다. 양국 간 교류의 증대와 다양화로 인해 관계 발전에 기여한 측면도 있지만 동시에 관계가 복잡해지고 이해관계의 충돌이 발생할 가능성도 커지게 되었다. 특히 중국이 고도성장 중심의 불균형 발전전략을 전개하면서 후진타오 체제에서는 개혁 후기의 후유증으로 다양한 형태의 집단 시위가 빈발하면서 외부 안보 위협 못지않게 국내 체제안정이 중요한 과제가 되었다. 이에 따라 후진타오 정부는 중화 민족주의와 애국주의에 대한 호소를 통해 국내 통합과 체제 안정을 확보하려는 노력을 강화해 갔다.[49]

한중 간의 관계 발전, 양국 간 힘의 비대칭성의 확대, 그리고 중국 내 민족주의 정서의 고양이 동시적으로 전개되면서 양국 간 교류의 폭과 양이 증가할수록 갈등의 가능성도 커졌다. 특히 부상하는 중국 내에서

---

49 이동률, 2010, 「중화민족주의, 중국 부상의 이데올로기인가?」, 『지식의 지평』 9호, 34-37쪽.

국내 정치 목적으로 민족주의가 고양되면서 한국에 대한 중국의 인식에도 영향을 미치게 되었다. 예컨대 다민족 국가인 중국은 국가와 민족 통합을 겨냥하여 다민족 통일국가론에 기반한 역사 교육을 강조하게 되었고 그 과정에서 고구려사를 중국사에 귀속시키고 고구려를 중국의 지방정권으로 규정하게 되면서 한국의 격렬한 반발을 불러일으켰다. 그리고 한중관계 발전의 상징으로 여겨졌던 중국 내 '한류' 현상에 대한 중국 내 인식에서도 변화가 나타났다. 온라인 공간을 중심으로 중국인들의 부상에 대한 자부심과 기대가 커지면서 문화 주권 인식도 고양되었고, 한류와 한류 마케팅에 대해서도 부정적 반응이 나타났으며 심지어 '혐한'으로 반전되는 현상까지 발생했다.

그 결과 1990년대 중반 이후 미국을 줄곧 앞질러 왔던 한국인의 중국에 대한 우호적 정서도 급반전하였다. 한중관계에 민족주의 정서와 상호 부정적 인식이 표출되면서 상호 이해관계에서의 충돌도 나타났다. 예컨대 2000년대에 들어서 한중 간에는 2002년 월드컵 경기 논란을 비롯하여 조선족문제, 마늘분쟁, 역사왜곡 논쟁 등 갈등이 연이어 발생했다. 이러한 갈등은 양국의 국내정치 상황과 국민 정서가 투영된 것으로, 양국 관계가 기존의 밀월관계로부터 변화가 시작되고 있음을 알리는 일종의 경고 신호였다. 그럼에도 한중 양국은 경제협력을 중심으로 비약적인 발전이 이어지고 있었기 때문에 이러한 관계 발전의 대세 속에서 갈등은 서둘러 봉합되었고 근본적인 치유를 모색하지 않았다.

특히 2008년 세계 금융위기 이후 중국의 부상이 가파른 상승곡선을 그리면서 한국의 대중외교와 한중관계에서 우려했던 도전들이 예상보다 빠르게 전개되었다. 한중 양국이 양적 관계 발전에 부합하는 신뢰를 미처 형성하지 못한 상황에서 양국 간 힘의 변화가 예상보다 빠르게 진행되면서 새로운 다양한 도전에 직면하게 되었다. 중국의 부상이 예상보다 빠르게 동아시아 지역에서 선행적으로 이루어지면서 미중 간 갈등, 경쟁, 그리고 타협의 파장이 한반도에 미치는 영향이 커져 갔다. 중국의 한반도와 한국에 대한 정책 또한 중국의 대미외교와 미중관계에 영향을 받으며 유동적으로 변화했다. 2010년 천안함 및 연평도 사건이 북한의 도발로 야기되었지만 이후 신속하게 미중 간의 갈등으로 확대된 것은, 중국이 부상함에 따라 한반도를 중심으로 미중 경쟁과 대립이 고조될 가능성을 제시한 것이었으며 2016년 사드 갈등의 전조였다.

참고문헌

이동률, 2006, 「중국의 주변지역 외교전략 및 목표」, 『중국연구』 38권.
_____, 2010, 「중화민족주의, 중국 부상의 이데올로기인가?」, 『지식의 지평』 9호.
_____, 2011, 「중국의 초강대국화와 한반도의 미래」, 이동률 편, 『중국의 미래를 말하다』, 동아시아연구원.
이동률 외, 2010, 『중국인의 한국인식과 한국의 대 중국 공공외교 강화방안』, 경제인문사회연구회.
이상현, 2008, 「변화하는 한미관계와 중국변수」, 제4회 한·미·중 미래포럼 발표논문.
이욱연, 2007, 「한중관계의 미래를 위한 동아시아 정체성」, 제1차 한중미래대회 발표문.
이태환 편, 2010, 『한반도 평화와 한미중 협력』, 세종연구소.
이희옥, 2006, 「중국의 대북한정책 변화의 함의: 동북4성론 논란을 포함하여」, 『현대중국연구』 Vol. 8, No. 1.
정재호, 2011, 『중국의 부상과 한반도의 미래』, 서울대출판문화원.
정재호 편저, 2011, 『중국을 고민하다: 한중관계의 딜레마와 해법』, 삼성경제연구소.
한석희, 2003, 「중국의 경제적 부상에 대한 한국의 새로운 시각」, 『한국정치학회보』 37집 3호.

唐家璇, 「中国跨世紀外交的光輝歷程」, http://www.fmprc.gov.cn/chn/36007.html (검색일: 2002.11.23).
門洪華, 2003, 「國際機制與21世紀的中國外交戰略」, 『中國大戰略』 胡鞍鋼 主編, 杭州: 浙江人民出版社.
楊公素·張植榮, 2009, 『當代中國外交理論與實踐』, 北京: 北京大學出版社.
王逸舟 主編, 2008, 『中國對外關係轉型30年(1978-2008)』, 北京: 社會科學文獻出版社.
劉金質, 楊淮生 編, 1994, 『中國對朝鮮和韓國政策文件匯編 5 (1974-1994)』, 北京: 中國社會科學出版社.
劉金質·張敏秋·張小明, 1998, 『當代中韓關係』, 北京: 中國社會科學出版社.
李敦球, 2007, 「冷戰後中韓關係的發展與東北亞格局: 中韓建交15年來雙邊關係的回顧與展望」, 『當代韓國』 夏季號.
張玉山, 2007, 「中韓全面合作夥伴關係的回顧與展望」, 『亞非縱橫』 4期.

鄭繼永, 2011, 「中韓關係的挑戰及其評價」, 中國遼寧國際友好聯絡會 中韓大連國際研討會 (8月5日).

中華人民共和國外交部 政策硏究室, 1997, 『中國外交』1997年版, 北京: 世界知識出版社.

陳峰君·王傳劍, 1998, 『亞太國家與朝鮮半島』, 北京: 北京大學出版社.

蔡拓, 2008, 「全球化观念与中国对外战略的转型-改革开放30年的外交哲学审视」, 『世界经济与政治』11期.

戚保良, 2011, 「朝鮮半島形勢與中韓合作」, 中國遼寧國際友好聯絡會 中韓大連國際研討會 (8月5日).

崔志鷹, 2008, 「美朝關係改善對東北亞局勢的影響」, 上海社會科學院世界經濟與政治硏究院 編, 『中國與世界共通利益的互動』, 北京: 時事出版社.

Chung, Jae-Ho, 2001, "South Korea Between Eagle and Dragon," *Asian Survey*, Vol. 41, No. 5 (September-October).

_____, 2006, *Between Ally and Partner: Korea-China Relations and the United States*, New York: Columbia University Press.

Glaser, Bonnie, Scot Snyder and John S. Park, 2008, *Keeping an Eye on an Unruly Neighbor - Chinese Views of Economic Reform and Stability in North Korea*, USIP Working Paper, (January 3).

Kim, Jih-Un, 2010, "When Soft Power Meets Nationalism: An Analysis of China's Charm Offensive in South Korea," Dennis Hickey and Baogang Guo (eds.), *Dancing with the Dragon: China's Emergence in the Developing World*, Plymouth: Lexington Books.

Kull, Steven, 2007, "Dealing with Dragon: Asian Public Opinion on the Rise of China," 『평화연구』 제15권 2호 (가을).

Lee, Chae-Jin and Hsih, Stephanie, 2001, "China's Two-Korea Policy at Trial: the Hwang Chang Yop Crisis," *Pacific Affairs*, Vol. 74, No. 3 (fall).

Lee, Dong Ryul, 2010, "China's policy and influence on the North Korea nuclear issue: denuclearization and/or stabilization of the Korean peninsula?," *The Korean Journal of Defense Analysis*, Vol. 22, No. 2 (June).

Wang, Jianwei, 1999, "China's Multilateral Diplomacy in the New Millennium," Deng Yong and Fei-Ling Wang, (eds.), *In the Eyes of Dragon: China Views the World*, New York: Rowman & Littlefield Publishers, Inc.

「國務院關於公布第三批國家級非物質文化遺産名錄的通知」, http://www.gov.cn/zwgk/2011-06/09/content_1880635.htm (검색일: 2011. 9. 5).

「加快改革開放和现代化建设步伐夺取有中国特色社会主义事业的更大胜利-江泽民在中国共产党第十四次全国代表大会上的报告」(1992年10月12日) http://www.china.com.cn/ch-80years/lici/14/14-0/8.htm (검색일: 2007.4.20).

「高举邓小平理论伟大旗帜, 把建设有中国特色社会主义事业全面推向二十一世纪-江泽民在中国共产党第十五次全国代表大会上的报告」(1997年9月12日) http://www.china.com.cn/ch-80years/lici/15/15-0/8.htm (검색일: 2019.4.20).

「全面建设小康社会, 开创中国特色社会主义事业新局面-江泽民在中国共产党第十六次全国代表大会上的报告」(2002年11月17日) http://www.china.com.cn/zhuanti2005/txt/2002-11/17/content_5233867.htm (검색일: 2019.4.20).

『人民日報』.

5장
미중관계와 미국의 대중국 이미지

민병원 이화여자대학교 정치외교학과 교수

I. 머리말
II. 미국인들의 눈에 비친 중국: 외교정책과 이미지
III. 미국의 대중국 인식의 요인들: 구조와 국내정치
IV. 맺음말: 미국의 대중국 인식과 이미지의 정치적 함의

I. 머리말

이 글은 시진핑 시기의 중국이 처해 있는 국제정치 환경에서 첨예한 대립구도를 형성하고 있는 미중관계를 이해하기 위해 미국이 가지고 있는 대(對)중국 '이미지'와 그것의 역사적 맥락이라는 두 관점을 중심으로 논의를 전개한다. 오늘날 미중 간의 강대국 관계는 일반적으로 전략적 갈등과 대결로 해석되고 있지만, 그 기반을 형성하는 역사 인식과 서로에 대한 이미지 형성을 등한시할 수 없는 상황이기도 하다. 상대 국가를 어떻게 인식하는가가 외교정책의 실질적인 방향성을 규정하기 때문이다. 따라서 이 글은 대부분의 미중관계 연구가 전략적 측면에 치중해 온 경향을 넘어 역사적으로 어떻게 상대의 이미지를 구축했는가를 파헤침으로써 미중관계의 근원적 토대를 드러내는 것을 목표로 삼는다. 특히 미국인들이 중국을 어떻게 바라보고 있는지, 오늘날 '중국 위협'의 담론이 어떤 속성을 가지고 있는지는 심층 분석한다.

미국의 외교정책은 지난 100여 년 이상 해외 팽창과 제국주의의 물결 속에서 세계사의 흐름을 주도해 왔다. 이러한 추세는 미국의 상대적 국력이 약화된 오늘날에도 여전히 진행 중이지만, 중국이라는 새로운 초강대국의 부상으로 인한 도전에 직면해 있기도 하다. 특히 중국의 대외적 영향력을 견제하는 데 있어 미국은 마치 19세기와 20세기 초의 제국주의 국가들처럼 대단히 공격적이고 전략적인 관점을 강조하고 있다. 이러한 관점의 바탕에는 단순한 제국주의 논리를 넘어 복잡한 '적(敵)'의 이미지가 자리 잡고 있다. 부상하는 중국에 대하여 미국이 왜 이처럼 '적'의 이미지를 가지게 되었는가에 대해서는 국제정치의 구조적 측면과 미국의 국내정치적 측면이 동시에 영향을 미치고 있는데, 이 글에서는 이와 같은 역사적 배경을 짚어 본다.

중국의 부상이 미국의 헤게모니에 대하여 어느 정도로 심각한 도전을 제기할 것인지에 대한 논란은 오늘날 미중관계의 핵심적인 의제로 자리 잡고 있다. 비록 중국의 경제적, 군사적 역량이 아직 글로벌 강대국으로서 미국을 넘어서기에 미흡하기는 하지만, 적어도 미국이 주도하는 자유주의 세계질서를 흔들어 놓을 수 있는 '훼방꾼(spoiler)'의 역할을 수행할 수 있다는 점에 대해서는 이견이 없다고 할 수 있다. 이러한 관점은 중국이 미국 주도의 자유주의 질서에 적응하면서 적절한 책임을 질 것이라는 '지지자(supporter)'의 이미지와 더불어, 정반대로 이를 활용하여 국력을 극대화하면서도 국제사회에 대한 기여를 하지 않으려는 '기피자(shirker)'의 이미지 사이에 존재하는 중첩적인 모습이기도 하다.[1] 사실상 이와 같은 '지지자' 또는 '기피자'라는 표현은 중국을 규정짓는 하나의 상징 또는 이미지라고 할 수 있으며, 그 배경에는 중국을 바라보는 미국인들의 오랜 습관과 편향성이 자리 잡고 있기도 하다. 여기에서는 이와 같은 역사적 배경에 주안점을 두면서 미국이 중국을 바라보는 기준점으로서 여러 이미지들이 어떻게 형성되었고 그 의미는 무엇인지를 살펴보고자 한다.

이를 위해 다음 절에서는 전통적으로 미국인들이 외국을 어떻게 인식해 왔는가를 먼저 살펴본다. 미국 외교정책은 지난 100여 년 이상에 걸쳐 해외로 진출하는 것을 궁극적인 목표로 삼아 왔다. 여기에는 19세기 말에서 20세기에 걸친 제국주의의 역사가 포함되며, 특히 제2차 세계대

---

[1] Randall Schweller and Xiaopu Pu, 2011, "After Unipolarity: China's Visions of International Order in an Era of US Decline," *International Affairs*, Vol. 36, No. 1, pp. 42-43.

전 이후의 냉전 시기에 적극적인 헤게모니 지배전략을 통한 미국식 외교정책의 추구가 두드러지게 나타나고 있다. 또한 냉전기와 탈냉전기에 걸쳐 미국은 항상 특정한 국가 또는 행위자를 '적'으로 간주해 왔는데, 이는 다른 나라의 경우와 마찬가지로 자국의 외교정책을 수립하고 실행하는 데 있어 매우 효과적인 전략으로 간주되었다. 여기에서는 이와 같은 미국 외교정책의 인식론적 특징을 살펴보고 나서 중국에 대한 미국인들의 인식을 집중적으로 조망한다. 미국은 19세기 이래로 지구 반대편의 중국을 독특한 시각으로 바라보기 시작했는데, 이는 유럽의 식민지 모국이나 여타 국가들에 대한 인식과는 매우 다른 것이었다. 역사적으로 이와 같은 특이한 대중국 인식이 어떻게 형성되었고 어떤 변화를 겪어 왔는가를 더불어 살펴보고자 한다.

II. 미국인들의 눈에 비친 중국: 외교정책과 이미지

1. 미국의 해외 팽창과 외교정책의 적 이미지

오늘날 미국인들의 대중국 이미지가 부정적인 방식으로 형성된 배경을 이해하기 위해서는 미국의 역사와 더불어 외교정책의 흐름을 살펴볼 필요가 있다. 미국은 제2차 세계대전 당시 연합국의 일원으로서 독일과 일본 등 추축국 동맹을 '적(敵)'으로 삼아 대결하였다. 당시에는 소련과 국민당 정부하의 중국 모두 연합국의 일원이었다는 점에서 전쟁 직후 미국이 이들 국가들과 등을 돌리게 된 이유는 오늘날 미국 외교정책을 평가하는 데 중요한 실마리를 제공한다. 유럽의 대독일 전선에서 협력하기 위한 목적 아래 미국은 적극적으로 스탈린의 소련을 군사적, 경제적으로 지원했고, 그 결과 연합국은 확실한 승리를 거두게 되었다. 하지만 전쟁이 끝나갈 무렵부터 서유럽 국가들 및 미국은 소련에 대하여 서서히 경계심을 품기 시작했다. 역설적으로 독일과 일본은 전쟁 중의 '적'이자 패전국이었지만, 전후 빠른 시간 내에 친미 군사동맹의 구성원으로 자리를 잡았다. 이에 비해 전쟁 중의 우방이었던 소련과 1949년 이후 사회주의 중국은 냉전 초기를 거치면서 순식간에 미국의 적대국가로 간주되기 시작했다.

냉전 초기 소련에 대한 미국의 인식은 오늘날 중국에 대해 미국인들이 갖고 있는 이미지와 관련하여 많은 시사점을 던져주고 있는데, 소련에 대한 부정적인 이미지가 형성된 배경에는 케넌(George F. Kennan)과 같은 외교관들뿐 아니라 학자와 정책결정자 등 다양한 여론 주도층의 견해가 큰 영향을 미쳤다. 이들은 스탈린의 소련의 국가 이데올로기로 자리 잡고 있는 사회주의 이데올로기에 대한 극단적인 회의감과 더불어 러시아의 문화적, 민족적 특성까지 언급하면서 소련의 열등의식과 그로부터 비롯된 팽창욕구를 적극 강조하였다. 사회주의 이데올로기가 해외 프롤레타리아의 연대를 기반으로 동유럽권과 중국뿐 아니라 북한, 베트남 등 유라시아 대륙의 외곽으로 확산되는 소위 '도미노' 현상에 대하여 미국인들이 갖는 불안과 우려는 매우 컸다.[2] 전쟁 중에는 사회주의 소련을 이와 같이 인식하지 못했지만, 전쟁이 끝나가면서 스탈린의 영토 야

---

2   John Lewis Gaddis, 2005, *Strategies of Containment: A Critical Appraisal of American National Security Policy during the Cold War*, Oxford: Oxford University Press, 제2장.

욕과 해외 세력권을 둘러싼 갈등을 겪으면서 미국과 서유럽 국가들은 서서히 소련에 등을 돌리게 된 것이다.

케넌은 제2차 세계대전이 종결되던 즈음 소비에트 체제가 연합국의 기대와 달리 매우 불안정하고 위험하기 때문에 서방 측의 이익에 충돌될 수 있다는 경고를 하였다. 미국 국무부 외교관으로서 그의 견해는 1946년의 '장 전문(Long Telegram)'과 1947년의 'X 논문'에 잘 드러나 있는데, 러시아 전문가로서 그는 미국의 안보를 위해 당시 소련의 팽창정책에 대하여 '봉쇄(containment)'로써 대응해야 한다는 논거를 제시하였다.[3] 이와 같은 주장은 당시로서는 매우 파격적인 것으로 미국 외교정책결정자들이나 정치인들에게 쉽사리 받아들여지지 않았지만, 1940년대 후반 동유럽 지역이 소련의 사회주의 위성국가로 전락하고 중국내전에서 공산당 세력이 승리하면서 케넌의 주장에 힘이 실리기 시작했다. 이때부터 미국 트루먼(Harry Truman) 행정부는 유럽 지역에서 더 이상의 사회주의 혁명 시도를 용납하지 않겠다는 '트루먼 독트린(Truman Doctrine)'을 천명하였고, 공산주의 이데올로기의 위협에 놓여 있는 서유럽 지역을 지원하기 위한 대규모의 '마셜 플랜(Marshall Plan)'을 추진하였다. 이와 같이 사회주의 진영에 대한 미국 외교정책의 방향 전환은 1950년 초 미국 국가안보위원회 문서(NSC-68)를 통하여 공식적으로 채택되었다.

1950년의 NSC-68 직후 한국전쟁이 발발하고 중국 공산군이 대규모로 참전하면서 미국 내에서는 공산주의 국가에 대한 부정적인 인식이

---

3   George F. Kennan, 1947, "The Sources of Soviet Conduct," *Foreign Affairs*, Vol. 25, No. 4, pp. 566-582. 이 논문은 당시 외교관이던 케넌이 실명 대신 "X"라는 가명으로 기고한 것으로서 일명 'X 논문'이라고도 불리고 있다.

더욱 강해지기 시작했다. 사실 미국은 아시아-태평양 지역에서 제2차 세계대전에 참전하면서 중국내전에 깊숙하게 개입하였다. 1920년대부터 간헐적으로 지속되어 온 중국 국민당 정부와 공산당 세력 간의 내전은 일본이 패망하면서 더욱 격렬해졌는데, 미국은 장제스의 국민당 정부를 물심양면으로 지원했음에도 중국 본토를 사수하는 데 실패하고 말았다. 결국 1940년대 말부터 유럽과 아시아에서 시작된 미국의 반(反)공산주의 분위기는 미국 국내사회에서도 커다란 불안과 공포를 야기했는데, 미국인들 중에도 공산주의 이념을 신봉하는 사람들이 존재하며 이러한 반국가 세력을 색출해야 한다는 '매카시즘(MacCarthyism)' 돌풍이 1950년대 초부터 미국을 휩쓸었다.[4] 이것은 소련의 핵무기 개발과 더불어 중국의 공산화, 한국전쟁 등 연이은 사회주의의 팽창으로 초래된 집단적 광풍이었다. 매카시즘을 겪으면서 공산주의 이데올로기에 대한 부정적 인식은 미국 사회의 뿌리 속에 단단히 자리 잡게 되었고, 1950년대와 1960년대의 냉전기를 거치면서 미국 외교정책의 근간을 형성하였다.[5]

물론 과거의 미국 외교정책이 영토 확장이나 헤게모니 추구 등과 같은 노골적인 제국주의 양상을 보여 왔다는 사실을 무시할 수 없다. 19세기 말과 20세기 초에 걸쳐 미국-스페인 전쟁이나 중국에 대한 문호개방정책은 이러한 모습을 드러낸 대표적인 사례였다. 당시만 하더라도 미국의 대외적 인식은 기본적으로 제국주의적인 '힘의 논리'를 바탕에 깔고 있었기 때문에 상대방 또는 '타자(他者)'에 대한 근본적인 이해는 중요한 것이 아니었다. 이러한 행동 패턴이 서서히 바뀌기 시작한 것이

---

[4] John Lewis Gaddis, 2005, 앞의 책, 제4장.

[5] Albert Fried, 1997, *McCarthyism: The Great American Red Scare, A Documentary History*, Oxford: Oxford University Press, pp. 1-9.

1945년 미국의 일본 점령이었는데, 당시 일본을 효과적으로 점령하기 위하여 미국은 일본을 문화적으로 새롭게 이해해야 한다는 것을 깨닫게 되었다. 예를 들어 미국 정부의 지원으로 발간된 베네딕트(Ruth Benedict)의 『국화와 칼』은, 이러한 연구는 미국의 헤게모니적 지배가 힘의 논리에만 의존하는 단계를 넘어 상대방의 속성을 이해하려는 단계로 넘어가고 있었음을 보여 준다.[6] 마찬가지로 미국인들이 전혀 알지 못했던 중국공산당 세력에 대해서도 서서히 인식하기 시작했는데, 여기에 크게 기여한 것이 스노우(Edgar Snow)의 『중국의 붉은 별』이었다.[7] 이러한 저술은 국가들 간의 전략적 관계 대신 중국공산당의 내부 사정을 인간적이면서 문화적인 관점에서 소개함으로써 '적'에 대한 미국인들의 왜곡된 시선을 바로 잡을 수 있는 기회를 제공하기도 했다. 그럼에도 1960년대 후반까지의 양극화 기간 중에 미국은 소련이나 중국의 사회주의 정권에 대한 근본적인 불신과 경계심을 지니고 있었고, 이러한 대결구도는 핵무장과 더불어 진영논리를 바탕으로 한 극단의 갈등으로 치달았다.

한편 냉전 기간 중 일본이 안보 무임승차와 더불어 막대한 미국의 경제원조에 힘입어 경제발전을 이루게 되었는데, 1970년대 이후의 미국은 상대적으로 급속한 경기 위축으로 말미암아 경제적 헤게모니의 위상이

---

[6] Ruth Benedict, 1946, *The Chrysthemum and the Sword: Patterns of Japanese Culture*, Boston: Houghton Mifflin. 베네딕트의 『국화와 칼』 이후로 미국은 자신들에게 익숙하지 않은 지역에 진출할 때마다 해당 지역을 이해하기 위한 연구프로젝트를 추진했다. 9·11 테러 이후의 아프가니스탄이나 이라크 역시 미국이 군사적으로 확장하는 데 있어서 문명적, 문화적 이해가 선결조건으로 인식되었다.

[7] Edgar Snow, 1994, *Red Star over China: The Classic Account of the Birth of Chinese Communism*, New York: Grove Press. Originally published in 1937.

흔들리기 시작했다. 제2차 세계대전 당시의 적국이던 일본과 독일이 빠른 경제회복과 성장을 이룩한 것에 비해 미국은 냉전기의 봉쇄 전략과 한국전쟁, 베트남전쟁 등을 수행하면서 엄청난 재정적 부담을 지게 되었고 1970년대 초의 경기침체로 인하여 과거와 같은 초강대국의 역할에 부담을 느끼게 되었다. 이러한 상황은 특히 1980년대에 일본이 경제적 위상에 걸맞는 국제사회의 책임과 역할을 떠맡아야 한다는 미국의 요구로 이어졌고, 미국 내에서는 일본의 경제적 침략을 경계해야 한다는 목소리가 높아지기 시작했다.[8] 미국인들은 자국의 부동산과 채권을 매입하는 일본 자본에 대하여 두려움을 느끼기 시작했고, 주요 정책결정자들은 일본의 성장이 미국의 이해관계에 부정적인 영향을 미친다고 인식했다.[9] 이런 점에서 1940년대의 일본이 미국인들에게 문화적 탐구의 대상이자 '군사적 적'의 이미지를 지니고 있었다면, 1980년대의 일본은 '경제적 적'으로서 새로운 위협의 원천으로 인식되고 있었다. 하지만 1990년대에 들어와 일본 경제의 거품이 꺼지면서 이와 같은 미국인들의 대일본 인식과 두려움도 가라앉기 시작했다.

한편 2001년의 9·11사건은 국가가 아닌 행위자가 미국의 '적'으로 규정되는 새로운 양상으로 이어졌다. 미국인들은 눈에 보이지 않는 상대와 전쟁을 치러야 했고, 이는 곧 21세기의 새로운 국제정치를 보여 주는 상징이 되었다. 대체로 중동 지역의 국가들이 미국의 '글로벌 차원의

8　Ezra Vogel, 1979, *Japan as Number One: Lessons for America*, Boston: Harvard University Press.

9　I. M. Destler and Michael Nacht, 1990, "Beyond Mutual Recrimination: Building a Solid US-Japan Relationship in the 1990s," *International Security*, Vol. 15, No. 3, pp. 103-108.

테러와의 전쟁(Global War on Terror)'을 수행하는 장소로 지목되었고, 10여 년에 걸쳐 테러리스트 집단은 미국 외교가 맞서야 할 힘든 대상으로서 인식되기 시작했다. 부시 행정부는 '테러와의 전쟁'을 수행함으로써 미국의 안보를 위협하는 새로운 집단에 대한 공세를 취하기 시작했는데, 과거 베트남의 경우와 마찬가지로 오랜 시간과 비용, 인원을 투자했음에도 불구하고 원하는 목표를 달성했는지에 대해서는 논란이 지속되고 있다. 사실 9·11사건에 대한 미국의 반격이 과연 전통적인 '전쟁'의 범주에 부합하는가에 대하여 의문이 제기되고 있고, 더욱이 이것이 '글로벌' 차원에서 수행될 수 있는 행동인지에 대해서도 논란이 지속되고 있다.[10] 2003년 미국이 이라크 후세인 정부에 대하여 대량살상무기 보유를 명분으로 군사적 침략을 감행한 경우조차 국제연합(UN)의 승인을 얻지 못했다는 사실은 미국 외교정책이 21세기에 들어와서도 무리한 이미지 형성에 의존하고 있음을 잘 보여 준다.[11]

결국 2011년의 이라크 철군, 2021년의 아프가니스탄 철군에서 보여 준 바와 같이, 부시 행정부 이후 계속되어 온 미국의 대테러 전략은 미국 정부의 종전 선언에도 불구하고 사실상 실패한 것으로 판명되고 있다. 1960년대와 1970년대에 걸쳐 미국이 베트남에서 겪었던 세계경찰로서의 시행착오는 다시 2000년대에 아프가니스탄과 이라크에서 반복되었다. 미국은 10여 년 이상 막대한 인적 자원과 천문학적인 예산을 투입하고도 자신들이 설정한 목표를 달성하는 데 성공하지 못했던 것이다.

---

[10] Gilles Andréani, 2004, "The 'War on Terror': Good Cause, Wrong Concept," *Survival*, Vol. 46, No. 4, pp. 32-34.

[11] Louise Fawcett, 2013, "The Iraq Qsr Ten Years On: Assessing the Fallout," *International Affairs*, Vol. 89, No. 2, pp. 325-343.

이러한 맥락에서 2010년대에 들어와 중국의 성장을 바라보는 미국의 시선은 외교정책의 패러다임에 새로운 전기를 마련해 준 계기라고 할 수 있다. 10여 년 동안 테러와의 전쟁을 수행하기 위해 중동에 집중하던 미국은 오바마 행정부에 들어와 재균형정책을 통해 관심의 대상을 다시 중국으로 되돌렸고, 이는 트럼프 행정부와 바이든 행정부에 걸쳐 더욱 거친 프레임을 통해 중국을 미국의 이익을 위협하는 가장 주요한 적으로 간주하고 있는 상황이다.

이처럼 역사적 맥락 속에서 바라보면 미국은 지난 100여 년에 걸쳐 제국주의 전략과 외교정책을 수행하는 과정에서 항상 대외적으로 '적'을 상정하고 그러한 적국에 대한 대응 역량을 결집해 왔음을 알 수 있다. 다만 이러한 적의 이미지는 시대적 상황과 장소에 따라 일정한 주기로 바뀌어 왔는데, 지난 70여 년 동안 독일과 일본, 소련, 일본, 테러리즘, 그리고 중국에 이르기까지 미국 외교정책은 항상 '적'의 프레임을 형성하고 재생산해 왔다는 점이 중요하다. 이러한 '프레임'의 형성은 그것이 얼마나 객관적인가의 여부와 상관없이 정치적인 동기에서 시작하여 때로는 과장된 방식으로 상대국의 이미지를 고착화하는 결과로 이어졌다. 또한 이렇게 고착화된 이미지는 상황의 변화에 따라 부침을 거듭하면서 새로운 '적'의 이미지도 교체되곤 했다. 이렇게 볼 때 2010년대 초 이후 중국이 미국 외교정책의 견제와 봉쇄의 대상으로 자리 잡은 것은 그만큼 미국의 국내정치적 특성과 더불어 상황적 변화에 따라 변하는 외교정책의 흐름을 반영한 것이라고 할 수 있다.

2. 미중관계의 역사적 발전과 중국의 이미지

전통적으로 미국인들은 중국을 특정한 이미지 속에서 인식해 왔다. 미국이 중국의 존재를 인식하기 시작하던 19세기 초부터 미국인들은 유럽의 여타 제국주의 국가들과 마찬가지로 중국을 하나의 '기회(opportunity)'로 바라보았다. 건국의 주체였던 알렉산더 해밀턴(Alexander Hamilton)이 의회 연설에서 중국이 상업적으로 중요한 잠재력을 지니고 있다고 발언한 것은 이러한 초기의 인식을 잘 대변한다. 해밀턴은 미국이 로마제국 이래로 가장 강력한 국가로서 새로운 도전에 직면해 있다고 주장하면서 영국이 아메리카 대륙에 진출했던 것처럼 미국도 해군력을 강화하여 중국으로 진출해야 한다고 역설했다. 이러한 생각은 미국의 성장이 유럽과의 상호 인정 속에서 신사적으로 받아들여질 수 있다는 전제를 깔고 있었다.[12] 하지만 미국인들은 지구 반대편에 존재하는 중국에 대하여 충분한 정보와 올바른 지식을 얻지 못한 상황에서 막연한 인상과 낭만적이고 이국적인 이미지를 지니고 있었던 것도 사실이다. 이런 점에서 중국은 하나의 '상상(ideal)'으로서 존재하는 것이기도 했다.

미국인들이 중국을 하나의 '상상'으로 인식했다는 것은 오늘날 비(非)서구학계에서 널리 확산되고 있는 '탈(脫)식민주의'의 비판적 시각과도 밀접하게 연결된다. 미국과 유럽 강대국들은 20세기 초까지 근대의 이성과 과학, 기술에 뿌리를 둔 계몽주의(Enlightenment) 사고를 확산시켰고, 이는 물질적, 자본주의적 성장과 더불어 유럽의 제도와 문화, 그리

---

12 John lamberton Harper, 2004, *American Machiavelli: Alexander Hamilton and the Origins of U.S. Foreign Policy*, Cambridge: Cambridge University Press, p. 274.

고 사고방식을 '문명표준(Civilizational Standard)'으로서 다른 모든 지역과 인류가 따라야 할 모범이라고 간주하였다. 이러한 일방주의적 우월감은 19세기 후반부터 가속화된 제국주의의 물결에 맞추어 더욱 기승을 부리기 시작했다. 서유럽의 근대 계몽주의는 비록 모든 국가들이 자유민주주의가 아니라 할지라도 인류의 미래를 향해 나가가는 견인차로서 서유럽의 정치질서를 전면에 내세우면서 후발 주자들을 근대화로 이끌어 갈 수 있는 가능성을 확신하였다.[13]

20세기 후반에 들어와 냉전체제가 붕괴되면서 이러한 계몽주의적 인식은 후쿠야마(Francis Fukuyama)의 '역사의 종언(End of History)' 테제로 절정에 달하게 된다. 후쿠야마는 헤겔 철학을 바탕으로 '인정(recognition)'을 추구하려는 인간의 본성이 궁극적으로 자유주의와 시장경제라는 역사의 종착점으로 인도할 것이라는 확신을 체계적으로 내세웠다. 그는 20세기 후반 공산주의가 소멸하고 권위주의 정치체제가 민주화될 수밖에 없는 철학적 논거를 강력하게 제시했고, 이는 곧 자유주의와 시장경제를 대표하는 미국의 승리라는 점을 강조했다.[14] 그동안 중국을 포함하는 여러 도전 국가들이 미국인들의 눈에 문명표준을 거부

---

[13] Fred Halliday, 1999, "The Potentials of Enlightenment," *Review of International Studies*, Vol. 25, pp. 124-125. 계몽의 프로젝트는 칸트(Kant)를 출발점으로 한다. 인간을 미몽의 상태로부터 해방시켜야 한다는 칸트의 계몽주의적 요구는 서유럽 정치질서의 전통 안에서 진보를 향한 문명표준을 발견하는 작업으로 이어졌다. 국제정치에서는 이와 같은 전통이 '민주평화론(Democratic Peace Theory)'으로 발전해 나갔다. Michael W. Doyle, 1983, "Kant, Liberal Legacies, and Foreign Affairs," *Philosophy and Public Affairs*, Vol. 12, No. 3, pp. 205-235.

[14] Francis Fukuyama, 1992, *The End of History and the Last Man*, New York: Free Press, pp. 11-12.

하는 야만적이고도 위협적인 존재로 간주된 데에는 이와 같이 승자-패자 사이의 관계를 전제로 한 '정형화된 이미지(stereotyped image)'가 자리 잡고 있다. 물론 이와 같은 후쿠야마의 주장은 21세기에 들어와 완전히 잘못된 진단으로 밝혀졌다. 미국은 더이상 문명표준으로 인식되지 않고 있으며, 오히려 탈근대적 대안을 추구하려는 노력들이 세계 곳곳에서 이루어지고 있다. 서유럽 국가들조차도 미국과 대립각을 세우면서 각자의 노선을 내세우고 있는 상황에서 후쿠야마가 주장했던 '역사의 종언'이 결코 도래하지 않을 것 같은 상황이 지속되고 있기 때문이다. 이뿐만 아니라 후쿠야마의 논의는 여전히 근대국가의 틀 안에서 이루어지고 있다는 점에서 오늘날 세계가 처한 많은 문제들을 해결할 진정한 글로벌 거버넌스를 지향하지 않고 있다는 심각한 문제를 안고 있기도 하다.[15] 다시 말해 후쿠야마의 '역사의 종언' 테제 역시 미국 자신의 이미지와 대립되는 공산주의와 권위주의라는 '적'을 상정함으로써 전통적으로 미국 외교정책에서 나타나고 있는 '정형화된 이미지'의 덫을 벗어나지 못하고 있는 것이다.

19세기의 중국은 이러한 미국 예외주의에서 바라볼 때 전혀 대등한 상대라고 할 수 없었다. 근대 세계에 편입되기 전의 중국은 '야만적이고 비(非)문명화된 장소'라고 인식되었고, 점차 서구의 안내에 따라 문명세계로 편입되어야 할 계몽의 대상에 불과한 것으로 간주되었다. 이와 같이 왜곡된 대중국관은 서유럽과 미국에서 오랫동안 사회적 모순을 양산했던 인종주의(racism)와도 뿌리를 같이 하는 것이었다. 19세기를 거치

---

[15] Jan Nederveen Pieterse, 1993, "Fukuyama and Liberal Democracy: The Ends of History," *Economy and Society*, Vol. 22, No. 2, pp. 218-232.

면서 서유럽 제국주의 세력이 중국을 유린하는 과정에 미국도 뒤늦게 뛰어들면서 중국의 근대는 외부 세력에 의해 개방되고 문명화되어야 할 '비문명'의 대표적인 사례였던 것이다. 과거 유럽에 소개된 중국은 환상과 신비의 나라 정도로 간주되었지만, 19세기에 자유무역이 세계로 확산되면서 아시아 전역은 유럽이 요구하는 진귀한 물품을 공급하는 전진 기지의 역할을 떠맡기 시작했다. 인도에 이어 중국이 무한한 교역의 가능성을 상징하게 됨으로써 동서양의 교류가 본격화되었다. 하지만 중국은 오랫동안 서양과의 교역을 제한적으로만 허용하고 있었고 그로 인하여 유럽 제국주의 국가들과의 갈등이 점차 고조되고 있었다.[16]

1840년 아편전쟁 이후 중국이 대외적으로 개방되면서 미국과의 직접적인 교류가 늘어나기 시작했는데, 특히 1852년 이후 미국 광산업에 중국 노동자들이 대거 유입되면서 미국의 대중국 인식은 한 차례 전기를 맞이하게 된다. 당시 미국의 부족한 노동력을 채우기 위해 20여 년간 10만여 명의 중국인들이 미국으로 건너갔는데, 이때부터 서서히 인종차별적인 태도와 왜곡된 중국 이미지가 구축되기 시작했다. 비단 중국인들에게만 이러한 차별이 이루어진 것은 아니었지만, 미국의 제국주의적 팽창과 맞물리면서 중국을 바라보는 미국인들의 인식은 과거 흑인노예를 대했던 것과 마찬가지로 점차 적대적인 양상을 띠기 시작했다. 이와 같은 태도는 순전히 미국의 국내경제적인 이유에 기인하는 것이었지만, 동시에 인종차별적인 태도, 즉 문화적 우월감도 여기에 작용하고 있었다. 경제적으로나 문화적으로 열등하다고 간주했던 중국인들이 낮은 임금

---

[16] Klaus Mühlhahn, 2019, *Making China Modern: From the Great Qing to Xi Jinping*, Cambridge: The Belknap Press, pp. 86-87.

을 무기로 하여 미국인들의 일자리를 위협한다는 생각이 서서히 확산되기 시작한 것이다. 이러한 대중국 이미지는 분명 중국의 실제적인 위협을 반영한 것이 아니라 다분히 문화적이면서 인종차별적 선입견을 반영하고 있었다.

19세기 후반에 들어와 점증하는 서양 각국의 대중 압력은 공식적인 외교관계 수립과 더불어 본격적인 무역의 개시로 이어졌다. 1868년 벌링게임(Burlingame) 조약을 통해 미국과 중국 사이의 공식 관계가 수립되면서 경제적인 관계가 시작되었다. 그중에서도 중국인들의 대미 이민이 개방되었다는 점에 주목할 필요가 있는데, 이는 미국인들이 직접 중국인들을 대면하는 계기를 만들었기 때문이다. 물론 중국 내에서 미국의 경제적 이해관계도 보장되었고, 미국의 기업들은 앞다투어 중국으로 진출하였다. 하지만 중국의 대미 이민이 증가하면서 미국 내에서는 1870년대에 들어 반중정서가 고조되었으며, 이러한 추세는 1880년 중국에 대한 이민 규제, 1882년 중국인에 대한 자유이민 조항 적용 제외 등의 조치를 통해 법제화되었다. 이처럼 중국과 중국인을 겨냥한 지속적인 차별대우는 1943년이 되어서야 철회되었고, 이후 미국의 이민법이 개정됨으로써 중국 이민자들이 다시 증가하기 시작한 것은 1952년, 그리고 해외 출신지역에 대한 미국의 이민 규제가 사라진 것은 1965년이 되어서였다.[17]

이와 같이 19세기 후반에 이르는 동안 미국인들의 부정적인 대중국 이미지가 강화된 것은 이전의 '기회의 중국'과 '상상의 중국'이라는 이미

---

17 Steven Koven and Frank Götzke, 2010, *American Immigration Policy: Confronting the Nation's Challenges*, New York: Springer, pp. 9-10.

지에 내재된 허상이 붕괴되면서 서서히 미국인들이 가지게 된 두려움에 기인하는 것이었다. 물론 당시의 불안정한 중국 정세를 고려할 때 중국이 미국에 대하여 실질적인 위협을 제기했다고 보기는 어렵지만 미국인들이 중국의 잠재력에 서서히 우려를 표명하기 시작했다는 점은 분명하다. 다시 말해 서양의 오리엔탈리즘(Orientalism)적인 우월감과 더불어 역사적 문명대결에서 승리했다는 자아도취감, 그리고 타 인종에 대한 인종차별주의적 경향 등이 맞물리면서 미국 국내에서는 반중 정서가 점차 커지게 되었다. 그리하여 중국의 '야만성'을 전면에 내세운 '중국위협(China Threat)'의 이미지가 사회적 담론으로 자리 잡았다.[18] 이와 같이 19세기 말까지 미국의 대중국 이미지는 '기회'와 '상상' 그리고 '위협'이라는 키워드를 통해 형성된 정형화된 상징으로서 존재했고 이는 중국과의 정치, 경제, 사회적 관계에서 그대로 투영되었다.

1900년 중국에서 일어난 외세 배격운동인 '의화단의 난'을 겪으면서 서유럽 국가들과 미국의 부정적인 중국 인식은 한층 더 강화되었다. 서유럽 국가들은 군대를 동원하여 의화단의 난을 진압하는 데 성공했지만, 이를 통해 중국의 '야만성'을 새삼스럽게 인식하면서 유색인종의 '문화적 공포'를 한층 부각시켰다. 서유럽 국가들은 중국을 중심으로 하는 아시아의 황인종들이 궁극적으로 백인들의 세계를 위협할 것이라는 불안감을 '황화(黃禍, Yellow Peril)'라고 불렀는데, 이러한 왜곡된 이미지는 영국, 독일, 러시아뿐 아니라 미국에서도 널리 퍼져 있었다. 이와 더불어 미국에서 널리 읽혔던 소설 속의 가상 인물인 푸만추(傅滿洲)는 다양한

---

[18] Oliver Turner, 2014, *American Images of China: Identity, Power, Policy*, London: Routledge, pp. 57-58.

매체에 등장하는 악당의 대명사로서 미국 내에서 중국에 대한 부정적 이미지를 제고하는 데 크게 기여했다. 이처럼 20세기 초반 제국주의가 절정에 달하면서 중국을 포함한 비유럽 식민지에 대한 편향된 시각은 지속적으로 확대되고 있었다. 중국은 서유럽 국가들과 미국이 보기에 착취의 대상으로서 '기회'의 땅이었지만 동시에 서양의 문명 기준에서는 여전히 미개한 나라이자 낭만적 관점에서 해석해야 할 '상상'의 공간이었다. 이런 와중에 본격적인 중국과의 교류를 통해 미국인들은 산발적으로 중국을 '위협'의 원천으로 간주하기 시작했던 것이다.

이 시기에 미국의 대중국 정책은 1899년에 천명된 '문호개방(Open Door)'이라는 제국주의적 구호로 대표되고 있었는데, 이는 미국의 대중국 담론이 '기회'와 '위협'이라는 두 가지 요소를 모두 지니고 있었음을 뜻한다. 그럼으로써 중국은 무역의 기회를 제공하는 장소, 또는 야만적인 외세 배격운동의 진원지로서 단지 수동적인 대상으로만 인식되고 있었다. 따라서 '문호개방'이라는 표현은 그것이 원래 지니고 있는 '상호성(reciprocity)'이라는 레토릭 대신에 제국주의 국가들 간의 공정한 규칙을 의미하는 제국주의적 표어에 불과했다. 이후 1912년 중화민국이 건국된 이후에도 오랫동안 중국은 내전과 중일전쟁으로 신음하게 되는데, 이 기간 동안 미국은 일본과 대결하면서 중국 국민당의 장제스 정부를 지원함으로써 아시아에 친미적인 교두보를 마련하고자 노력했지만 끝내 마오쩌둥의 공산주의 세력에 밀리면서 대륙을 장악하는 데 실패했다. 이러한 역사적 경험은 전통적으로 미국이 지닌 부정적인 대중국 이미지를 더욱 강화하는 데 일조하게 된다.[19]

---

19 Oliver Turner, 2014, 위의 책, pp. 87-88.

1949년의 중화인민공화국 출범은 그동안 장제스 정부를 지원해 온 미국으로서 뼈아픈 상실감을 초래했는데, 이로써 중국을 더 이상 '기회'의 땅으로 간주할 수 없게 되었다. 오히려 중국은 미국의 안보를 위협하는 '적'으로 간주되기 시작했는데, 이는 제2차 세계대전 당시의 주적(主敵)이던 일본을 전후 동맹국으로 탈바꿈시키면서 막대한 지원을 제공했다는 사실과 극명하게 대비된다. 미국은 제2차 세계대전 종전에 즈음하여 스탈린의 소련과 거리를 두게 되고, 서유럽에 대한 전후복구 지원에 나서면서 동유럽의 공산주의 세력권을 키우는 결과를 초래하고 말았다. 특히 중국내전에서 국민당군이 밀려나고 공산당 정부가 대륙을 장악하게 되면서 미국은 공산주의 이데올로기에 대한 강한 적대감을 지니게 된다. 1950년 NSC-68 문서를 통해 미국은 공산권의 세력 확장을 견제하기 위한 '봉쇄(containment)' 정책을 공식적인 외교정책의 기조로 삼기 시작했고, 곧이어 발생한 한국전쟁은 이와 같은 미국의 대중국 이미지를 고착화시키는 데 결정적인 계기가 되었다.[20]

1970년대 초반 미중관계가 실용적인 방향으로 전환되는 '화해(rapprochement)' 정책이 본격화될 때까지 미중관계는 20여 년 이상 사실상 단절된 상태였는데, 이는 동서 냉전과 양극화라는 구조적 환경하에서 불가피한 현상으로 간주되었다. 하지만 1960년대 말에 이르면서 미국의 위상이 한계에 달하기 시작했는데, 특히 베트남에서의 무리한 개입은 미국의 헤게모니적 역량을 판단하는 데 중요한 시금석이 되었다. 또한 중국의 마오쩌둥 역시 소련의 스탈린과의 사회주의 노선 갈등으로 말미암아 대외적으로 고립되기 시작했는데, 이로써 미국과 중국이 현실

---

[20] John Lewis Gaddis, 2005, 앞의 책, pp. 87-88.

적인 계산하에 서로 손을 잡는 기회가 만들어지게 되었다. 당시 미국의 닉슨(Richard Nixon) 행정부는 '데탕트(détente)'로 불리는 전략적 화해의 분위기 속에서 중국에 대한 기존의 외교정책 노선을 뒤집고 적극적인 관계 개선에 나섰다. 이어 카터(Jimmy Carter) 행정부는 실용적 관점에서 1979년 미중 간의 외교관계를 복귀하기에 이르렀다. 이러한 관계 정상화는 미국 대사관이 타이페이에서 베이징으로 옮겨 간다는 것을 의미했고, 미국 국내적으로 많은 반발이 있었던 터라 미국 의회는 같은 해 대만관계법(Taiwan Relations Act)을 통과시켜 대만에 대한 안보 공약을 제공하기도 했다. 이는 곧 중국과 대만에 대한 미국의 '두개의 중국' 정책이 상당한 '모호성'을 지니고 있었음을 뜻하는 것이기도 했다.[21]

1979년 이후의 미중관계는 오늘날까지 대체로 무난한 수준에서 지속되어 왔다. 1980년대부터 경제성장이 가속화되면서 중국은 미국의 중요한 무역 파트너로 간주되기 시작했고, 중국이 시장경제를 부분적으로 받아들이면서 미국과 서유럽 국가들이 중국에 대하여 지니고 있던 우려도 상당히 해소되기 시작했다. 바야흐로 중국이 국제사회의 '책임 있는 당사자'로 발돋움할 수 있을 것이라는 자유주의적인 기대도 커졌다. 이러한 변화는 1980년대 이후 '기회'로서의 중국 담론이 다시 부활했다는 것을 의미한다. 이 시기의 유일한 예외가 있다면 1989년의 톈안먼 6·4 항쟁인데, 당시 서유럽 국가들은 자유와 개혁을 요구하는 시위대에 대한 덩샤오핑 정권의 진압을 문제 삼으면서 '비(非)문명' 담론과 '위협' 담론을 다시 꺼내 들기 시작했다.[22] 그럼에도 1990년대의 중국은 비약적인

21　Oliver Turner, 2014, 앞의 책, pp. 112-114; Henry Kissinger, 2011, *On China*, New York: Penguin Books, pp. 381-382.

22　Harry Harding, 2015, "Has U.S. China Policy Failed?," *Washington Quarterly*,

경제발전을 통해 대외적 존재감을 키우고 있었는데, 이는 곧 미국인들이 중국에 대하여 막연하게 지니고 있던 '위협' 인식을 더 이상 과장된 것으로만 간주할 수 없음을 뜻하기도 했다.[23]

2000년대에 들어와 9·11사건으로 인해 국제정치 상황이 급변하면서 미국의 관심은 대거 중동 지역으로 편향되기 시작했다. 부시 행정부 기간 내내, 그리고 오바마 행정부 전반기에 걸쳐 미국은 중동 지역에서 안정적인 질서를 확보하는 데 외교적 역량을 결집했다. 그만큼 부상하는 중국에 대한 관심이 상대적으로 줄어들었음을 의미하는 것이기도 했는데, 이러한 대중국 관심이 다시 불거진 것은 2010년대 초반 오바마 행정부 2기의 '재균형(rebalancing)' 정책을 통해서였다.[24] 이는 중동 지역의 정세가 어느 정도 안정화되었다는 판단하에 10여 년간 등한시했던 대중국 관계에 더 많은 관심을 기울이겠다는 미국 정부의 의지를 반영한 것이었다.[25] 미국은 '아시아·태평양 시대'라는 구호 아래 미중 간에 전략경제대화(Strategic and Economic Dialogue)를 출범시켰고 해양안보 및 사이버안보 문제를 논의하기 위한 전략안보대화(Strategic Security Dialogue)

Vol. 38, No. 3, pp. 95-122.

[23] Oliver Turner, 2014, 앞의 책, pp. 141-142.

[24] Bruce Cumings, 2016, "The Obama 'Pivot' to Asia in a Historical Context of American Hegemony," in David W. F. Huang (ed.), *Asia Pacific Countries and the US Rebalancing Strategy*, New York: Palgrave, pp. 11-30; Wei Ling, 2013, "Rebalancing or De-Balancing: U.S. Pivot and East Asian Order," *American Foreign Policy Interests*, Vol. 35, pp. 148-154; Ely Ratner, 2013, "Rebalancing to Asia with an Insecure China," *Washington Quarterly*, Vol. 36, No. 2, pp. 21-38.

[25] Meena Bose, 2019, "Appraising the Foreign Policy Legacy of the Obama Presidency," in Wilbur C. Rich (ed.), *Looking Back on President Barack Obama's Legacy: Hope and Change*, New York: Palgrave, pp. 93-114.

도 유지하고자 노력했다.[26] 하지만 이때부터 미국은 빠르게 성장하는 중국을 견제하기 위하여 한국과 일본, 아시아-태평양 지역과 동남아시아의 우방국들을 동원하여 대중국 견제를 강화하는 방향으로 선회하였다.

오바마 행정부의 재균형 또는 '아시아 회귀(Pivot)' 정책은 이전의 부시 행정부에 비해 획기적인 전환점을 이룬 것으로서, 중국과의 건설적 관계, 아시아 동맹국들과의 공조와 다자주의를 전면에 내세웠다. 하지만 오바마 행정부는 이러한 목표를 달성하는 데 실패했다는 평가를 받고 있다.[27] 오바마 대통령은 자신의 재균형정책에 대한 정당성을 국제사회에 내세우고 다자주의적 접근방식을 존중했음에도 아시아 국가들의 적극적인 지지를 받지 못했을 뿐 아니라, 동남아시아의 여러 국가들을 중국의 위협으로부터 보호하지도 못했다. 결국 오바마 행정부의 대중국 정책은 재균형 확보에 초점을 맞추고 있었지만, 임기 내내 일관성을 결여했고 성과도 미미했다. 중국에 대한 오바마 행정부의 정책은 '억지(deterrence)'와 '봉쇄'를 중심으로 이루어졌지만 경우에 따라 미국의 입장이 애매모호한 경우도 다반사였다. 예를 들어 남중국해를 둘러싼 중국과 동남아시아 국가들 간의 갈등에 대하여 오바마 행정부는 명확하지 않은 태도를 취하곤 했다.[28] 오히려 '재균형'이라는 외교정책 기조와는 달리 그의 임기 중 아시아 정책은 미국의 개입을 '축소(retrenchment)'

---

26 Hillary Clinton, 2011, "America's Pacific Century," *Foreign Policy* (November 2011), pp. 59-60.

27 Michal Kolmas and Sarka Kolmasova, 2019, "A 'Pivot' That Never Existed: America's Asian Strategy under Obama and Trump," *Cambridge Review of International Affairs*, Vol. 32, No. 1, pp. 65-66.

28 Colin Dueck, 2015, *The Obama Doctrine: American Grand Strategy Today*, Oxford: Oxford University Press, pp. 74-75.

하는 방향으로 기울어졌는데, 이는 과거에 미국이 이 지역에서 수행하던 '역외 균형자(offshore balancer)'의 역할로 돌아가는 것으로 비칠 수 있는 것이었다.[29]

한편 트럼프 행정부의 경우 거칠게 전임 오바마 행정부의 정책을 비판했지만 사실상 전임 행정부와 다르지 않은 대중국 정책을 추구했다. 트럼프 행정부는 집권 초기부터 미국을 이용한다는 이유로 여러 국가들을 비판하면서 일본과 중국을 포함한 아시아 국가들을 싸잡아 매도하였고, 다자간 합의의 결실이던 '환태평양 파트너십(TPP)' 서명을 철회하기도 했다.[30] 트럼프 대통령은 '미국 우선주의(America First)'의 입장을 내세우면서 동맹국이나 적대국가 여부에 상관없이 압박을 통한 외교정책을 추구하였다. 전통적인 서유럽의 동맹국들에 대해서도 NATO(North Atlantic Treaty Organization, 북대서양조약기구) 분담금 문제를 둘러싸고 갈등을 빚었는데, 이러한 불편한 관계는 한국에서도 예외가 아니었다. 또한 북미 지역의 NAFTA(North American Free Trade Agreement, 북미자유무역협정)를 둘러싸고도 트럼프 대통령은 지속적인 불만을 표출하기도 했다. 또한 트럼프는 중국에 대하여 불공정한 무역관행, 남중국해를 둘러싼 안보 위협, 대만 문제, 핵무기 개발을 추진하는 김정은 북한 정권에 대한 지원, 코로나19(COVID-19) 기원 등을 빌미로 공세적인 입장을 취해 왔다. 2021년 새롭게 취임한 바이든 행정부 역시 중국에 대한 강경한 입장을 유지한다는 점에서는 이전 행정부와 차이를 보이지 않고 있으며, 앞으로도 미중 간에는 지속적인 대결 양상이 전망되고 있다.

---

29 Colin Dueck, 2015, 위의 책, pp. 100-101.
30 Michal Kolmas and Sarka Kolmasova, 2019, 앞의 글, pp. 67-68.

III. 미국의 대중국 인식의 요인들: 구조와 국내정치

1. 국제정치의 구조와 미중관계

앞서 중국에 대한 미국의 역사적 인식을 살펴보았다. 이처럼 미중관계 속에서 미국인들이 만들어 내는 중국의 이미지에는 몇 가지 특징이 있는데, 가장 두드러진 것 중의 하나는 이것이 국제정치의 '구조'와 밀접한 연관성을 갖는다는 점이다. 우선 중국에게 부여된 '적'의 이미지가 과거의 소련에 대해 미국이 가졌던 이미지와는 성격이 다른 점에 주목할 필요가 있다. 소련에 대한 냉전 초기의 인식이 사회주의 이데올로기의 위협과 러시아의 야만성에 초점을 맞추었다면, 오늘날 중국에 대한 이미지는 미국의 경제적·기술적 헤게모니에 대한 중국의 위협에 초점을 맞추고 있다는 점에서 차이를 보인다. 과거의 소련은 팽창적인 사회주의 이데올로기 확산으로 미국과 우방의 영토적 기반을 위협했던 반면, 중국은 비록 사회주의 국가이지만 이데올로기 자체보다는 중국의 경제와 기술적 추격에 대한 미국인들의 불안감을 높인다는 점에서 차이를 보이고 있는 것이다. 이런 점은 강대국 간의 대결구도 역사에서도 매우 드문 현상이라고 할 수 있다.

또한 미국인들이 중국에 대한 봉쇄와 견제를 주장하는 논거 중의 하나로 글로벌 차원의 '문명표준'으로서 민주주의와 시장경제, 인권 등 제도적 차원의 이질성을 꼽을 수 있는데, 이는 전후 독일이나 일본이 미국의 입장에서 심각한 '위협의 원천'으로 간주되지 않았다는 사실에서도 확인할 수 있다. 즉 국가 간 권력 규모의 격차에서 위협이 발생하는 것이 아니라, 의도 또는 가치관의 차이에서 그 위협이 증폭된다는 점에 주목할 필요가 있다. 특히 중국은 사회주의 이데올로기 자체보다는 권위주의 정치를 지속하면서 인권이나 법치 등 서구에서 확립된 가치체계를 존중하지 않으려 한다는 인식이 미국인들에게 강하게 남아 있다. 이러한 인식은 사실상 가치체계의 차이에 대한 정서적 반감에 더 가깝다고 해석할 수 있다.[31] 이런 점에서 미국인들이 왜 특정한 나라에 대해서는 위협을 느끼지 않는지, 그리고 중국이나 몇몇 다른 나라에 대해서는 왜 더 많은 위협을 느끼는지를 구분해서 살펴볼 필요가 있다.

이론적으로 이러한 위협의 편차에 대한 설명은 전통적인 세력균형이론(balance of power theory)에 의해 이루어져 왔으나, 최근에는 국력 자체보다도 위협의 정도가 중요하다는 '위협균형(balance of threat)' 담론이 주목을 받고 있다. 이러한 위협균형 논의는 국가들 간의 대결이 '힘'에만 의해 결정되는 것이 아니라 상대방에 제기하는 의도, 즉 위협의 정도에 영향을 받는다는 주장이다. 힘이 강하다고 해서 반드시 적이 될 필요는 없으며, 오히려 상대 국가의 적대적 의도가 부정적인 이미지로 구축된다는 의미를 담고 있다.[32] 또한 국가들이 자신들의 안보를 확보하

---

31 Jonathan Mercer, 2010, "Emotional Beliefs," *International Organization*, Vol. 64, pp. 1-31; Yohan Ariffin, Jean-Marc Coicaud and Vesselin Popovski (eds.), 2016, *Emotions in International Politics: Beyond Mainstream International Relations*, Cambridge: Cambridge University Press; Maéva Clément and Eric Sangar (eds.), 2018, *Researching Emotions in International Relations: Methodological Perspectives on the Emotional Turn*, New York: Palgrave.

32 Stephen Walt, 1987, *The Origins of Alliances*, Ithaca: Cornell University Press, pp. 21-26. 월트는 전통적인 국제정치이론의 세력균형 개념이 국가들의 '권력' 측면에만 관심을 갖고 있다는 점을 비판한다. 그에 따르면 국가들은 상대방의 힘과 더불어 자신에 대한 의도를 동시에 고려한다는 점에서 '균형'을 이루어야 할 대

려는 목표만 가진 것이 아니라, 경우에 따라 국력을 상대적으로 증가시키려는 '권력 극대화(power-maximizing)' 성향을 가지고 있다는 점에 주목한다. 이와 같은 국가들은 안정과 균형을 도모하는 '현상 유지(status quo)' 국가들에 비하여 국제정치의 권력 구도를 변경하려는 '수정주의(resivionist) 국가'라고 분류된다. 수정주의 국가들이 제기하는 위험성과 위협에 초점을 맞춘 이론으로는 미어샤이머(John Mearsheimer)의 공격 현실주의(offensive realism)를 꼽을 수 있다.[33]

미어샤이머의 공격 현실주의 이론이 중국의 부상에 따른 미중 간의 충돌을 예견해 왔고, 나아가 앨리슨(Graham Allison)의 실증적 연구에 기반을 둔 '투키디데스 함정(Thucydides's Trap)' 개념에 비추어 볼 때 미국이 중국의 부상을 '권력 대결'의 관점에서 바라보고 있다는 점은 분명하다.[34] 또한 이러한 비유는 강대국이 어느 나라인지의 여부와 상관없이 힘 대결에 빠질 수밖에 없다는 논리를 함축하고 있다는 점에서 국제정치 '구조'의 결정적인 영향을 강조하고 있다. 월츠(Kenneth Waltz)의 신현실주의 역시 이와 같은 강대국 간의 세력균형과 대결구조를 체계적

상이 '세력'이 아니라 '위협'이라고 강조하면서 '위협균형'의 개념을 새로 제안하고 있다.

33 John Mearsheimer, 2001, *The Tragedy of Great Power Politics*, New York: W. W. Norton, pp. 372-377. 미어샤이머의 공격현실주의는 국가들의 궁극적인 목표가 단순한 생존과 안보(security)에 그치는 것이 아니라 자신의 권력을 더욱 확장시키려는 데에 있다고 본다. 즉 국가는 '안보 극대화(security maximization)'의 목표보다도 '권력 극대화(power maximization)'의 목표를 더욱 중시한다는 것이다. 특히 강대국은 자신의 권력을 극대화함으로써 스스로의 생존을 더욱 보장할 수 있기 때문에 방어적인 태도보다 공격적인 성향을 띨 수밖에 없다는 것이 그의 논리이다.

34 Graham Allision, 2017, *Destined for War: Can America and China Escape Thucydides's Trap?*, Boston: Houghton Mifflin Harcourt.

으로 이론화하고 하고 있다는 점에서 구조 결정론의 입장을 보이고 있다. 그의 이론 역시 국제정치에서 강대국들이 서로의 힘을 균형상태로 유지하려 한다는 점에서 동맹 등을 활용한 세력균형 정책이 일반화되는 경향이 있음을 추론하고 있다.[35] 이처럼 현실주의 시각에서는 미시적 수준의 행위자가 누구인가에 상관없이 거시적 차원의 변수, 즉 구조의 속성으로 인해 강대국들 간에 힘을 겨루는 적대적 관계가 만들어질 수밖에 없다는 점을 중시한다.[36]

하지만 역사적 맥락에서 볼 때 미국이 단순히 권력과 이익의 맥락에서만 자신의 '적'을 규정하는 것은 아니며, 제도적, 문화적, 이데올로기적 차이를 고려한 외교정책을 수립해 왔다는 점을 감안해야 할 필요가 있다. 사실 '투키디데스 함정'이라는 은유의 이면에는 한층 복잡한 국제정치적 논리가 자리 잡고 있다. 이 개념은 강대국 간의 갈등이 빚어낼 수 있는 대규모 분쟁과 위험성에 대한 경고와 상징으로서, 새롭게 부상하는 강대국의 도전이 권력 다툼의 위기를 촉발시킬 것이기 때문에 기존의 헤게모니 국가에서는 이를 견제 또는 봉쇄해야 할 필요성이 있다는 결론으로 이어진다. 이러한 은유가 특히 미국의 정계와 학계를 중심으로 활발하게 사용되고 있다는 점은 미국이 중국의 부상에 대하여 얼마나 큰 관심을 가지고 있는지를 잘 대변한다. 특히 투키디데스 함정의 논리는 미국과 중국 사이에서 작동하는 힘의 구조적 관계가 두 나라 사이의 노력만으로 결코 풀어나가기 쉽지 않다는 암울한 인식을 그 배경

---

35 Kenneth N. Waltz, 1979, *Theory of International Politics*, Reading, MA: Addison-Wesley, pp. 102-128.

36 Jack Donnelly, 2012, "The Elements of the Structures of International Systems," *International Organization*, Vol. 66, pp. 609-643.

에 깔고 있다.

투키디데스 함정 비유는 힘의 논리를 바탕에 깔고 있다는 점에서 현실주의 국제정치이론의 핵심 전제를 공유한다. 그리하여 이러한 비유는 경합하는 두 강대국 사이에 헤게모니를 위한 다툼이 일어날 수밖에 없으며, 어느 한쪽은 그러한 다툼에서 이기고 다른 쪽은 질 수밖에 없는 운명에 처해 있다는 구조적 한계를 드러낸다. 이는 현실주의 또는 신현실주의에서 내세우고 있는 세력균형이론 및 세력전이이론(power transition theory)과 맥을 같이 한다. 세력균형이론에 따르면 국제정치는 무정부 상태(anarchy)로서 국내정치와 다르게 끊임없는 경쟁을 통해 세력균형 패턴을 형성한다. 월츠는 기능적으로 유사 단위체(like-units)인 국가들이 자국의 이익만을 추구함으로써 국제체제 차원에서 '죄수의 딜레마'와 같은 원치 않는 결과를 빚어낸다고 보았다.[37] 그만큼 기존의 국제정치질서를 지배하고 있는 미국과 이에 도전하는 중국 사이에 개별 국가 차원에서 제어할 수 없는 구조적인 힘의 역학이 중국을 '적'으로 간주하려는 미국인들의 경향을 부추기고 있는 것이다.

세력균형이론이 강대국들 사이의 수평적인 관계를 전제로 한 것이라면, 세력전이이론은 헤게모니 국가와 이에 도전하는 강대국들 사이의 경합 관계를 설명해 준다는 점에서 투키디데스 함정의 작동방식을 보다 선명하게 드러낸다. 쿠글러(Jacek Kugler)와 오건스키(A. F. K. Organski)에 따르면, 국제정치는 단순한 무정부 상태가 아니라 가장 강력한 지배국가와 그에 도전하는 강대국들 사이의 경쟁관계이다. 이들은 모두 잠재적인 이익을 위해 경합하며, 세력균형 차원을 넘어서 상대적 이익을

---

[37] Kenneth N. Waltz, 1979, 앞의 책, pp. 117-123.

극대화하기 위해 투쟁한다. 기존의 질서에 순응하는 국가는 지배국가 중심의 동맹체제에 가입하지만, 체제불만국가의 경우에는 이에 도전함으로써 세력전이를 야기한다.[38] 길핀(Robert Gilpin)의 헤게모니 전쟁이론도 나라마다 국력 성장의 정도에 차이가 생기면서 국제체제의 권력분포에 변화가 일어나고, 이로 인한 권력 재분배가 체제의 불안정성을 증가시킴으로써 헤게모니 전쟁으로 이어지는 일련의 과정을 설명한다.[39] 세력균형이론이 균형을 유지하려는 강대국 질서의 안정성에 초점을 맞추고 있다면, 세력전이이론은 동역학적 변화의 메커니즘을 잘 설명하고 있다.

결국 강대국 관계가 구조적 요인에 의해 결정된다는 것은 개별 국가 차원의 의도와 정책이 주어진 운명을 바꾸기 어렵다는 의미를 함축한다. 미국과 중국이 서로 간에 협력을 위한 노력을 아무리 기울인다고 하더라도 궁극적으로 서로를 경쟁자로 간주할 수밖에 없기 때문이다. 일찍이 투키디데스는 이러한 감정적 인과관계를 잘 표현한 바 있는데, 그에 따르면 아테네의 국력이 성장하면서 스파르타가 느낄 수밖에 없는 공포는 전쟁을 불가피하게 만드는 주된 요인이었다.[40] 투키디데스가 설명하

---

[38] Jack Levy, 2008, "Power Transition Theory and the Rise of China," in Robert Ross and Zhu Feng (eds.), *China's Ascent: Power, Security, and the Future of International Politics*, Ithaca: Cornell University Press, pp. 11-33.

[39] Robert Gilpin, 1981, *War and Change in World Politics*, Cambridge: Cambridge University Press, pp. 197-198

[40] Thucydides, 2009, *The Peloponnesian War*, Translated by Martin Hammond, Oxford: Oxford University Press; Hunter R. Rawlings III, 1981, *The Structure of Thucydides' History*, Princeton: Princeton University Press; Jonathan Monten, 2006, "Thucydides and Modern Realism," *International Studies Quarterly*, Vol. 56, pp. 3-25.

고 있는 분쟁의 불가피성은 그 이면에 감정적 요인이 자리 잡고 있다는 점으로부터 기인한다. 따라서 미국인들이 중국의 부상에 대하여 가지고 있는 공포심은, 비록 그것이 과장된 면이 있다고 하더라도 강대국들 간에 불가피하게 경쟁할 수밖에 없는 구조의 결과라고 볼 수 있는 것이다. 그만큼 외교정책의 기조를 형성하는 인식과 이미지의 이면에 이와 같은 국제정치의 냉혹한 구조적 특성이 반영되어 있다는 점은 분명하다. 100년이 넘는 기간 동안 미국인들이 중국에 대하여 가지게 된 이미지 역시 이와 같은 구조적 변화와 밀접하게 연관되어 있는 것이다.

2. 미국 국내정치의 차원과 중국위협 담론

2010년에 실시된 한 여론조사 결과에 따르면, 부상하는 중국에 대한 미국인들의 이미지는 응답자들의 배경과 성향에 따라서 편차를 보이고 있었다. 미국인들은 젊은층일수록, 교육을 많이 받을수록, 중국을 여행한 경험이 많을수록, 그리고 민주당을 지지하거나 자유주의적 성향을 지닌 사람일수록 중국에 대하여 긍정적인 이미지를 가지고 있는 것으로 드러났다. 이에 비해 간접적으로만 중국을 경험한 사람들은 상대적으로 부정적인 이미지를 보였는데, 이들 대부분은 TV나 라디오 등 매체를 통해 중국을 접한 경우가 많았다. 이 설문조사를 기반으로 한 연구에 따르면, 중국에 대한 미국인들의 인식에 결정적인 영향을 미치는 변수는 중국의 민주주의 전망과 대중문화에 대한 평가인 것으로 나타났다.[41] 따

---

41 John Aldrich, Jie Lu and Liu Kang, 2014, "How Do Americans View the Rising China?," *Journal of Contemporary China*, Vol. 24, No. 92, pp. 17-18.

라서 중국에 대한 미국인들의 인식이 단기간에 쉽사리 바뀔 수 있을 것으로 기대하기는 어렵다. 미국인들이 가지고 있는 정당 지지 성향과 이데올로기, 가치체계 등이 이러한 인식을 형성하는 데 크게 기여하고 있기 때문이다.

이와 같은 설문조사의 결과는, 미국이 자신의 헤게모니 리더십을 어떻게 구현하고 외교정책의 방향을 어떻게 설정하는가에 따라 외부의 이미지가 결정된다는 점을 잘 드러낸다. 즉 미국인들은 자신들의 국내정치적 필요성에서 항상 '타자(Other)'를 필요로 하며, 이러한 타자는 긍정적인 차원뿐 아니라 부정적인 차원에서 '적'으로서 만들어진다.[42] 그럼으로써 미국은 외교정책에 대한 국내정치적 지지를 확보하고 국가적 정체성을 공고하게 수립하고 대내적 통합을 추구해 왔다. 이러한 현상은 비단 미국에만 해당하는 것은 아니다. 다수의 강대국들이 국가적 통합성과 외교정책의 효율적 수행을 위해 외부의 '타자'를 설정하고 이를 다시 '우방'과 '적'으로 나누려는 경향을 보인다. 결국 정치의 본질이 '적'과 '우방'의 구별에 있다는 슈미트(Carl Schmitt)의 언명과 마찬가지로, 국제정치와 외교정책에서도 이러한 구분은 자신의 정체성과 타자의 정체성을 구분하려는 속성이 본질을 이룬다. 이 과정에서 타자라는 존재는 자신에게 도움이 되거나 또는 해악을 미치는 존재 중의 하나로 부각되는데,

---

[42] Emanuele Castano, Simona Sacchi and Peter Hays Gries, 2003, "The Perception of the Other in International Relations: Evidence for the Polarizing Effect of Entitativity," *Political Psychology*, Vol. 24, No. 3, pp. 449-468; Iver B. Neumann, 1996, "Self and Other in International Relations," *European Journal of International Relations*, Vol. 2, No. 2, pp. 139-174; Vassilios Paipais, 2011, "Self and Other in Critical International Theory: Assimilation, Incommensurability and the Paradox of Critique," *Review of International Studies*, Vol. 37, pp. 121-140.

어떤 나라가 우방과 적으로 구분되는가는 시대와 상황에 따라서 변화하게 마련이다. 이처럼 적과 우방의 구분이 국내정치 차원에서 수시로 사회적 합의와 정치적 목표하에 바뀌어 가는 모습은 일종의 '사회적 구성(social construction)'이라고 할 수 있다. 미국도 국내정치적 요구와 대외적 필요성에 따라 '타자'의 이미지를 수시로 '구성' 또는 '재구성(reconstruction)'하는 것을 반복해왔다.[43] 타자의 이미지가 사회적으로 구성된다는 것은 시대와 상황에 따라 미국의 우방과 적의 설정이 수시로 변한다는 것을 뜻한다. 여기에는 합리적이고 전략적인 이유뿐 아니라 감정적이고 민족주의적인 이유가 복잡하게 작용한다.

미국 외교정책의 흐름을 되짚어 보면, 19세기 말 이후 제국주의 추세에 동참한 이래 미국은 본격적으로 20세기 초에 들어와 외교정책에서 '자유주의적 국제주의(liberal internationalism)'의 기조를 유지해 왔다.[44] 이러한 자유주의적 국제주의는 해외의 문제에 적극적으로 개입하려는 경향으로 이어졌고, 미국은 제1차 세계대전과 제2차 세계대전 이후에도 자유주의 세계질서를 위한 대외적 개입에 망설임이 없었다. 이러한 전통은 윌슨, 루즈벨트, 트루먼, 클린턴에 이어 부시 행정부에서도 지속되었고, 부시 대통령은 9·11사건 이후 미국이 국제사회에서 수행해야 할 역

---

[43] Chengxin Pan, 2004, "The 'China Power' in American Self-Imagination: The Discursive Construction of Other as Power Politics," *Alternatives*, Vol. 29, p. 310.

[44] G. John Ikenberry, 2018, "The End of Liberal International Order?," *International Affairs*, Vol. 94, No. 1, pp. 7-8; Stephen Chaudoin, Helen V. Milner and Dustin H. Tingley, 2010, "The Center Still Holds: Liberal Internationalism Survives," *International Security*, Vol. 35, No. 1, pp. 75-94; Beate Jahn, 2013, *Liberal Internationalism: Theory, History, Practice*, New York: Palgrave.

할을 스스로 '십자군(crusade)'으로 규정하면서 이러한 자유주의적 사명을 수행하고자 했다.[45] 하지만 이러한 선택은 부득불 막대한 비용을 초래할 수밖에 없었다. 특히 1960년대의 베트남전쟁은 이러한 자유주의 프로젝트가 더이상 손쉬운 선택이 아니라는 점을 분명하게 보여 주었고, 2001년부터 시작된 미국의 일방주의적 대테러전쟁 역시 성공적인 결말로 이어지지는 못했다. 2021년 바이든 행정부의 아프가니스탄 철수는 이러한 자유주의 외교정책 기조가 다시금 한계에 다다랐음을 말해 준다. 이런 점에서 20세기 이후 미국 외교정책과 국가대전략은 '탐탁치 않은 십자군(reluctant crusader)'의 역할을 더이상 수행하기 어려운 상황으로 치달았다고 평가할 수 있다.[46]

한편 미국 외교정책의 흐름 속에서 '잭슨주의(Jasonianism)'와 '윌슨주의(Wilsonianism)'가 교차하여 나타나는 모습이 반복되어 왔다는 점에 주목할 필요가 있다. 이는 외교정책은 물질적 이해관계나 규범적 요구로 구분하거나 국제주의와 고립주의로 구분하는 방식을 넘어 미국 국내정치의 특성을 한층 고려할 필요가 있다는 점을 강조한다. 잭슨주의나 윌슨주의 모두 미국의 국가이익을 극대화하려는 목표에서는 크게 다르지 않지만, 잭슨주의의 경우 미국이 선호하는 가치체계를 다른 나라에 부과하려 하지 않는다는 특징을 지니고 있다. 따라서 잭슨주의 사조에

---

[45] Stanley Hoffmann, 1995, "The Crisis of Liberal Internationalism," *Foreign Policy*, No. 98, pp. 159-177; Charles A. Kupchan and Peter L. Trubowitz, 2010, "The Illusion of Liberal Internationalism's Revival," *International Security*, Vol. 35, No. 1, pp. 95-109; Tim Dunne and Matt McDonald, 2013, "The Politics of Liberal Internationalism," *International Politics*, Vol. 50, No. 1, pp. 1-17.

[46] Colin Dueck, 2006, *Reluctant Crusaders: Power, Culture, and Change in American Foreign Strategy*, Princeton: Princeton University Press, pp. 2-3.

서는 세계질서나 글로벌 거버넌스에 대한 관심이 상대적으로 적은 편이다. 이에 비해 '윌슨주의'는 세계시민주의(cosmopolitanism)의 전통을 중시하면서 미국이 중시하는 시장경제와 민주주의, 인권의 가치를 적극적으로 전파하려는 경향이 있다. 후쿠야마의 '역사의 종언' 테제에서 나타나듯이 이러한 태도는 사회주의와의 대결에서 미국식 정치경제체제가 승리했다는 자신감을 그 기저에 깔고 있다. 한편 외교정책의 기저를 이루는 국내정치적 이데올로기의 측면에서 윌슨주의는 국제사회에서 '다자주의(multilateralism)'의 가치를 중시하는 반면, 잭슨주의는 미국의 힘을 기반으로 하는 '일방주의(unilateralism)'의 방식을 선호한다는 점에서 큰 차이를 보인다.[47]

트럼프 행정부는 이전의 정부들과 달리 잭슨주의 전통을 부활시켰는데, 이는 곧 중국의 국가적 통일성을 인정하면서 중국의 개방과 국제사회 편입을 지원하기 위한 적극적 개입정책을 추구해 온 윌슨주의 전통을 포기한다는 것을 의미했다.[48] 전통적으로 미국의 윌슨주의적 외교정책은 중국의 다원주의와 법치, 그리고 민주주의를 기대하면서 대만에 대

---

[47] Dean P. Chen, 2017, "Liberal Internationalism, Jacksonian Nationalism, and the US One China Policy," *Asian Survey*, Vol. 57, No. 5, pp. 888-889; Michael Clarke and Anthony Ricketts, 2007, "Understanding the Return of the Jacksonian Tradition," *Orbis* (Winter 2007), pp. 13-26.

[48] Walter Russell Mead, 2017, "The Jacksonian Revolt: American Populism and the Liberal Order," *Foreign Affairs* (March/April 2017), pp. 2-7; Taesuh Cha, 2016, "The Return of Jacksonianism: The International Implications of the Trump Phenomenon," *Washington Quarterly*, Vol. 39, No. 4, pp. 83-97; Jack Holland and Ben Fermor, 2020, "The Discursive Hegemony of Trump's Jacksonian Populism: Race, Class, and Gender in Constructions and Contestations of US National Identity, 2016-2018," *Political Studies*, Vol. 41, No. 1, pp. 64-79.

한 중국의 주권을 인정하려는 입장에 기울어져 있었다. 이러한 윌슨주의적 태도는 미국이 대만 문제에 대하여 경직된 태도를 취할수록 중국의 민족주의를 자극하고 중국공산당의 대내적 위상을 제고함으로써 궁극적으로 반미(反美)정서를 드높일 뿐이라는 판단에 기반을 둔다. 따라서 미국은 중국이 국제사회의 '책임 있는 당사자(responsible stakeholder)'가 될 수 있도록 지원하는 것이 미국의 이익에 도움이 된다는 게 윌슨주의자들의 생각이다.[49] 하지만 1970년대 이후 미국이 '하나의 중국(One China)'과 관련하여 취해 온 입장은 정권의 변화에 따라 일관성을 결여하고 있었고, 특히 트럼프 행정부에 들어와서는 국내정치적 배외주의를 근간으로 잭슨주의 전통을 되살렸다는 점에서 미중관계가 더욱 불안한 상태로 치달았다.[50]

미국의 외교정책 기조가 국내정치의 변화에 따라 기복을 보인다는 사실은 외부에 대한 이미지 구축이 일관성 없이 바뀌거나 경우에 따라 타당성을 결여한 결과로 이어질 수 있다. 이와 같은 특징은 대부분 미국의 '예외주의(exceptionalism)'에 근거하는데, 이러한 사고는 미국만이 '올바른 국가(righteous state)'라는 생각, 그리고 미국은 인류의 자존감을 지켜 낼 수 있는 유일한 국가로서 민주주의, 자유, 평등의 가치를 수호해야 한다는 '미국적 신조(American Creed)'를 지니고 있다는 생각을

---

49 Amitai Etzioni, 2011, "Is China a Responsible Stakeholder?," *International Affairs*, Vol. 87, No. 3, pp. 539-553.
50 Dean P. Chen, 2017, 앞의 글, pp. 885-909; Peter C. Y. Chow (ed.), 2008, *The 'One China' Dilemma*, New York: Palgrave; Taesuh Cha, 2015, "American Exceptionalism at the Crossroads: Three Responses," *Political Studies Review*, Vol. 13, pp. 351-362; David Hughes, 2015, "Unmaking an Exception: A Critical Genealogy of US Exceptionalism," *Review of International Studies*, Vol. 41, pp. 527-551.

가리킨다. 따라서 다른 모든 나라들은 이러한 미국의 모델을 따를 것이며, 또 그래야만 한다고 생각하는 경향이 존재한다.[51] 만약 이러한 미국의 모델을 따르지 않거나 미국의 가치체계에 위협을 제기한다는 국내정치적 담론이 형성될 경우 해당 국가는 미국에 맞서는 '적'으로 규정되어 왔다. 결국 미국 예외주의의 역사적 유산은 미국의 외교정책의 흐름 속에서 제국주의와 전쟁, 그리고 일방주의와 개입주의 전통을 통하여 면면하게 유지되어 온 것이다.

이처럼 미국의 대중국 이미지 형성이 대체로 미국의 예외주의적 성향과 윌슨주의 및 잭슨주의 전통의 영향을 받아 온 것은, 정책결정자들이 여론의 영향을 많이 받을 수밖에 없는 미국의 정치제도적 속성과도 연관이 있다고 할 수 있다. 1940년대 후반 이후 냉전기에는 중국에 대한 적대적 이미지가 매우 강했다. 이는 트루먼, 아이젠하워, 케네디, 존슨 행정부를 거치는 동안 크게 바뀌지 않았고, 핵 대결을 근간으로 하는 초강대국 간의 양극화 체제로 말미암아 이러한 부정적 이미지를 수정할 수 있는 기회는 거의 전무했다. 1970년대 초의 데탕트 시기에는 전략적 목적에서 미중 외교관계 정상화가 이루어졌으나 1989년 이후 다시 부정적인 기류로 바뀌었는데, 이는 중국 정부의 권위주의적인 모습에 대한 미국의 국내여론이 다시 악화된 데에 따른 결과였다.[52] 이후 2000년대에

---

51 Radha Sinha, 2003, *Sino-American Relations: Mutual Paranois*, New York: Palgrave Macmillan, pp. 25-26.
52 Michael Kulma, 1999, "The Evolution of U.S Images of China," *World Affairs*, Vol. 162, No. 2, pp. 76-77; Jeff Hay, 2010, *Perspectives on Modern World History: The Tiananmen Square Protests of 1989*, Detroit: Gale; Philip J. Cunningham, 2009, *Tiananmen Moon: Inside the Chinese Student Uprising of 1989*, Lanham: Rowman & Littlefield.

들어와 미국의 관심이 중동에 몰려 있는 동안에는 미중관계에 대한 관심이 상대적으로 덜했지만, 오바마 행정부 2기와 트럼프 행정부를 거치면서 중국에 대한 여론은 다시금 악화되기 시작했는데, 이는 정책결정자들의 전략적 선택과 더불어 그것을 떠받치기 위한 국내정치적 담론, 즉 경제적 맥락에서 형성된 '중국위협' 담론에 큰 영향을 받았다.[53]

중국위협 담론은 주로 중국의 경제력과 군사력 팽창에 그 뿌리를 두고 있지만, 중국의 자아중심적 세계관, 그리고 중국의 현실정치적 전략에 대한 우려에도 기인한다. 이러한 우려는 중국의 권위주의적 세계관이 국제사회에서 통용되기 어렵다는 관념과 더불어 사회주의 중국이 채택해 온 '준전시(para-bellum)' 패러다임에 대한 두려움과도 연결되어 있다. 중국의 실용주의적인 준전시 패러다임은 오랜 역사 속에서 자리 잡아 온 하나의 전략문화로서, "평화를 원하면 전쟁을 준비하라"는 가르침에 근거한다. 이는 곧 국제관계에서 언제든지 전쟁이 일어날 수 있기 때문에 상시적 준비태세를 갖추어야 하며, 기본적으로 적과의 갈등은 제로섬 게임일 수밖에 없으므로 강압과 위협, 무력사용도 불사할 수 있다는 적극적 공세 전략이라고 할 수 있다.[54] 이와 같이 미국인들은 중국의 급격한 성장에서 다양한 측면의 위협을 느끼기 시작했으며, 과거와 같이 중국을 피상적으로만 이해하는 단계를 넘어 복잡한 시선으로 바라보고 있다.

---

53 Nicola Nymalm, 2020, *From 'Japan Problem' to 'China Threat'?: Rising Powers in US Economic Discourse*, New york: Palgrave.

54 Alastair Iain Johnston, 1995, *Cultural Realism: Strategic Culture and Grand Strategy in Chinese History*, Princeton: Princeton University Press, p. 107; Chengxin Pan, 2004, 앞의 글, pp. 305-331; Robert S. Ross, 2005, "Assessing the China Threat," *National Interest* (Fall 2005), pp. 81-87.

지난 30여 년간 중국의 부상이 외교정책의 공격성으로 나타나고 있다는 점은 이미 헌팅턴(Samuel Huntington)과 여러 현실주의 학자들의 연구에서도 언급된 바 있다.[55] 최근에 들어와서는 남중국해 영유권을 둘러싸고 중국과 동남아시아 국가들, 그리고 미국 등 서방 세계와의 갈등을 기화로 중국위협론의 초점이 군사적 측면으로 옮겨지고 있다. 남중국해를 둘러싼 중국과 주변 국가들의 갈등은 중국의 외교정책이 '공세적(assertive)'이라는 이미지를 구축하는 데 크게 기여하고 있다. 이는 과거에 다른 강대국들이 취했던 사례와도 유사한 패턴으로 볼 수 있는데, 미국은 1823년의 먼로 독트린(Monroe Doctrine)과 1904년의 루즈벨트 추론(Roosevelt Corollary)을 통해 남미 지역을 미국의 '세력권(sphere of influence)'으로 삼으면서 유럽 국가들이 이곳에 개입하는 것을 견제한 바 있다.[56] 또한 제2차 세계대전 전의 일본 제국주의는 동아시아를 팽창정책의 '배후지(hinterland)'로 삼아 식민정책과 꼭두각시 정부를 추진하기도 했다.[57] 19세기의 러시아와 제2차 세계대전 이후의 소련도 지정학적 맥락에서 주변 영토와 동구권 지역을 완충지대로 삼아 정치적, 경제적 세력권을 설정한 바 있다.[58] 최근 중국이 남중국해에

---

[55] Samuel Huntington, 1996, *The Clash of Civilizations and the Remaking of World Order*, New York: Simon and Schuster, p. 32.

[56] John Lewis Gaddis, 1987, *The Long Peace: Inquiries into the History of the Cold War*, Oxford: Oxford University Press, pp. 48-71; Paul Keal, 1983, "Contemporary Understanding about Spheres of Influence," *Review of International Relations*, Vol. 9, No. 3, pp. 155-172; Susanna Hast, 2014, *Spheres of Influence in International Relations: History, Theory and Politics*, Surrey: Ashgate.

[57] Denny Roy, 2019, "Assertive China: Irredentism or Expansionism?," *Survival*, Vol. 61, No. 1, pp. 56-57.

[58] Dmitri Trenin, 2009, "Russia's Spheres of Interest, not Influence,"

대한 적극적인 확장정책을 추구하는 것도 이러한 맥락에서 해석될 수 있다.[59]

중국과 중국에 호의적인 학자들은 중국이 '영토회복주의(irredentism)'에 기반을 둔 온건한 입장을 취하는 것이라는 견해를 취하고 있지만, 중국에 부정적인 입장을 가진 쪽에서는 중국의 주장과 상관없이 성장하는 강대국들이 선택해 왔던 '세력권' 형성의 적나라한 사례라고 보고 있다. 이러한 입장은 한국과 일본, 그리고 남중국해를 둘러싸고 갈등을 빚는 동남아시아 국가들에서 특히 두드러지게 나타나고 있다.[60] 이러한 관점은 성장하는 중국이 지역질서를 유리하게 재구성하려는 '수정주의 국가'로 간주될 수 있음을 의미한다.[61] 중국이 수정주의 국가로 인식된다는 것은 곧 현재의 질서에 대한 '위협의 원천'으로 간주된다는 것을 의미하며, 미국 외교정책의 맥락에서 이는 견제와 봉쇄의 대상이 될 수 있음을 함축한다.

중국위협 담론은 제2차 세계대전 당시 나치 독일과 군국주의 일본에

Washington Quarterly, Vol. 32, No. 4, pp. 3-22; Geoffrey Roberts, 1999, "Ideology, Calculation, and Improvisation: Spheres of Influence and Soviet Foreign Policy 1939-1945," *Review of International Studies*, Vol. 25, pp. 655-673.

59 Andrew Chubb, 2020, "PRC Assertiveness in the South China Sea: Measuring Continuity and Change, 1970-2015," *International Security*, Vol. 45, No. 3, pp. 79-121; Richard Q. Turcsányi, 2018, *Chinese Assertiveness in the South China Sea: Power Sources, Domestic Politics, and Reactive Foreign Policy*, Cham: Springer; Stephen F. Burgess, 2016, "Rising Bipolarity in the South China Sea: The American Rebalance to Asia and China's Expansion," *Contemporary Security Policy*, Vol. 37, No. 1, pp. 111-143.

60 Denny Roy, 2019, 앞의 글, p. 63.

61 Randall Schweller, 1994, "Bandwagoning for Profit: Bringing the Revisited State Back In," *International Security*, Vol. 19, No. 1, pp. 72-107.

버금갈 만큼 중국의 부상이 가져올 위협을 강조한다. 냉전기에 소련에 대한 미국의 인식도 '적'이라는 프레임 안에 갇혀 있었고, 미국인들은 끊임없이 소련과의 핵전쟁이라는 극단적인 위험성에 시달리고 있었다. 그런 이유로 인하여 당시 미국과 소련 사이에는 '공포의 균형(balance of terror)'이 존재하고 있었고, 이는 냉전기 양극화의 아슬아슬한 균형을 유지할 수 있었던 감정적 경계선이었다. 한편 오늘날 미국인들이 보이고 있는 '위협'의 이미지는 과거 소련과 차이를 보이는데, 핵전쟁의 가능성이나 이데올로기적 차이보다는 중국의 경제력 성장과 지역 헤게모니 추구에 대한 우려가 더 크게 나타나고 있다는 점에서 그러하다. 물론 중국과의 군비대결이 비대칭 전력으로 말미암아 오히려 중국에 더 불안감을 초래하고 이것이 핵무장을 강화하는 방향으로 작동할 가능성이 있다. 그럴 경우 미중 간에 여전히 무력분쟁의 가능성을 완전하게 배제할 수는 없을 것이다.[62] 그럼에도 불구하고 오늘날 미국인들이 갖는 대중국 이미지는 군사적 측면보다는 경제적 측면에서 부각되는 '위협'의 이미지가 훨씬 더 크다고 할 수 있다.

물론 이러한 미국인들의 대중국 이미지 구축에 대하여 비판적인 입장을 취하는 견해도 존재하는데, 샴바우(David Shambaugh)와 같은 온건파 학자들은 미국 내에서 위협의 원천으로서 중국이라는 이미지가 일종의 '환상(illusion)'이라고 비판하면서 좀 더 현실적인 인식을 요구하고 있기도 하다. 중국이 부상하고 있다는 점에 대해서는 이견의 여지가 없지만 그 '정도(degree)'에 있어서는 의문을 제기할 필요가 있으며, 특히 총체적인 역량이 아닌 개별 분야에서 중국의 역량이 미국을 위협할 정도

---

62 Chengxin Pan, 2004, 앞의 글, p. 325.

에 미치지 못한다고 보는 것이다. 이런 점에서 그는 중국의 힘이 단지 '부분적 권력(partial power)'에 불과하다는 점을 강조한다. 따라서 중국이 세계질서를 지배하거나 글로벌 헤게모니로서 미국의 지위를 위협한다고 볼 필요가 없다고 주장하고 있기도 하다.[63]

이러한 긍정적인 시각과는 별도로, 미국이 중국에 대하여 가지고 있는 '위협'의 이미지가 상당한 정도로 미국인들의 오해에 기인하고 있다는 견해도 존재한다. 이에 따르면 전통적으로 미국인들은 다원주의적 민주주의와 경제 성장을 이룩한 서구 국가들과 달리, 중국은 공산당의 지배라는 독특한 역사적 경험을 지니고 있기 때문에 정치와 경제 차원에서 동일한 목표를 추구하지 않는다는 점을 간과한다. 오히려 경제성장과 근대국가 건설의 후발주자로서 중국은 강력한 지도력을 필요로 하며, 권위주의적인 공산당 지도체제의 업적과 정당성이 여전히 인정을 받고 있는 상황이다. 예를 들어 COVID-19를 극복하는 과정에서 이러한 중국 정치체제의 특징이 긍정적으로 작용한다는 점에서 미국의 위협 담론에 내재된 일방적인 인식에 대한 재고가 필요하다고 할 수 있다. 이처럼 중국의 기존 정치체제를 지지하는 많은 중국인들은 현대사의 굴곡을 거치면서 매우 불확실한 현실을 자각하고, 장기적인 목표의 가치를 평가절하하는 대신 단기적이면서도 확실한 목표를 추구하는 실용주의적 태도를 견지해 왔는데, 이러한 점은 미국인들이 중국을 인식하는 데 있어서 추가로 고려해야 할 사항일 것이다.[64]

---

63 David Shambaugh, 2014, "The Illusion of Chinese Power," *National Interest*, No. 132, pp. 39-48.

64 Rana Mitter and Elsbeth Johnson, 2021, "What the West Gets Wrong About China," *Harvard Business Review* (May-June, 2021).

IV. 맺음말: 미국의 대중국 인식과 이미지의 정치적 함의

2021년 2월 갤럽 조사에 따르면, 미국 최대의 '적'으로 중국을 꼽은 미국인들은 응답자의 45%에 달했다. 중국에 이어 러시아(26%), 북한(9%), 이란(4%), 이라크(2%) 등이 뒤를 이었는데, 눈에 띄는 변화는 전년 대비 중국과 러시아에 대한 적대적 인식이 대폭 상승했다는 점이다. 중국의 경우 2020년에 비해 무려 23%, 러시아의 경우 3% 증가했는데, 북한과 이란, 이라크에 대한 적대적 인식이 상대적으로 감소한 것에 비하여 이들 강대국에 대한 부정적 인식이 급상승한 것은 주목할 만하다. 한편 중국에 대하여 긍정적인 인식을 가지고 있는 응답자는 단지 20%에 불과하였다. 이와 같이 중국에 대한 부정적 인식이 증가한 데에는 중국의 경제성장에 대한 미국인들의 우려가 깔려 있다. 설문조사에서 응답자의 50%는 중국이 세계경제를 주도한다고 보았는데, 이는 미국(37%)에 비해 높은 수치였다. 특히 응답자의 63%는 중국의 경제력이 향후 10년에 걸쳐 미국의 핵심이익에 치명적인 위협을 가할 것이라고 보았다.[65] 이러한 결과는 중국에 대한 부정적 인식의 뿌리가 국제정치의 구조적 특성뿐 아니라 중국의 경제성장에 대한 미국인들의 우려에서 비롯되고 있음을 잘 말해 준다.

중국의 성장이 글로벌 헤게모니로서 미국에 어떤 결과를 가져올 것인가. 미국인들은 크게 다음과 같은 세 가지의 시나리오를 상정하고 있다.

---

65 Mohamed Younis, 2021, "New High in Perceptions of China as U.S.'s Greatest Enemy," *Gallup* (March 16, 2021).

첫째는 '갈등(conflict)' 모델인데, 이에 따르면 중국이 미국의 헤게모니를 위협할 것이므로 미국은 불가피하게 중국과의 대결을 준비해야 하며, 중국의 팽창을 봉쇄해야 한다는 주장으로 이어진다. 예를 들어 미어샤이머는 중국의 성장이 가져올 강대국 간의 불편한 관계가 불가피하게 헤게모니 분쟁으로 이어질 것이라고 예측한 바 있는데, 이는 중국 정권의 성격과 상관없이 양대 강대국이 공존하기 어려운 국제정치의 구조적 특징을 기반으로 한 것이었다. 다시 말해 무정부 상태에서 생존을 위한 강대국들의 전략은 공세적 입장을 취할 것이라는 주장이다. 여기에 더하여 중국 정부의 권위주의적 성격을 고려할 때 중국은 '현상 유지(status quo)' 국가가 아니라 기존 질서의 개편을 요구하는 '수정주의' 국가로 간주될 것이며 이는 곧 미국의 대중국 정책이 과거의 '개입(engagement)' 정책에서 한층 더 강화된 형태의 '봉쇄' 정책으로 전환될 것이라고 보았다.[66]

두 번째 시나리오는 중국이 미국 주도의 자유주의 세계질서에 참여하는 '순응(co-optation)' 모델로서, 중국이 스스로의 이익을 도모하기 위해 국제사회의 규범을 받아들이면서 점진적으로 중국의 국가주의 접근방식을 포기할 것이라는 기대를 반영한다. 이러한 시나리오는 중국이 자유주의 국제질서에 편입됨으로써 보다 많은 번영과 정당성을 얻을 것이라는 전제 위에 가능하다.[67]

한편 세 번째 시나리오는 '공존(coexistence)' 모델인데, 중국이 스스로의 정치, 경제 시스템을 유지하면서 미국과 공생하는 경우를 상정

---

66 John Mearsheimer, 2001, 앞의 책, pp. 401-402.
67 G. John Ikenberry, 2008, "The Rise of China and the Future of the West: Can the Liberal System Survive?," *Foreign Affairs*, Vol. 87, No. 1, pp. 36-37.

한다.[68] 물론 중국은 자본주의 및 기존의 국제사회와 호환되는 방식으로 자신의 자율성을 유지하면서 미국과 'G2' 체제를 구축할 것으로 기대되는데, 시진핑 주석이 언급했던 '신형대국관계(新型大國關係)' 역시 이러한 공존을 전제로 하고 있다.[69]

오늘날 미국 외교정책 담론에서 가장 중요한 문제 중의 하나는 중국이 평화적으로 부상할 것인가에 관한 것이다. 흥미롭게도 과거 미국의 경우에 비해 중국이 평화적으로 부상할 가능성이 더 크다는 견해에 힘이 실리고 있다. 왜냐하면 오늘날 강대국 간의 전쟁이 사실상 불가능해졌고 국제사회의 제도적 질서가 훨씬 더 발전해 있기 때문이다. 따라서 과거의 제국주의적 행태가 지배적이던 시절에 비해 평화적 부상이 이루어질 가능성이 크다는 논리인 것이다. 다만 중국은 여전히 미국에 비하여 상대적인 역량이 미흡하며 지정학적 안보도 더 취약한 상황에 처해 있다는 점에 유의할 필요가 있다. 즉 중국이 국제사회의 헤게모니를 전도시킬 수 있는 대규모의 전쟁을 수행하기는 쉽지 않으며, 다른 강대국과 함께 '집단 헤게모니(collective hegemony)' 형태의 질서를 추구할 가능성이 크다. 이런 점에서 향후 강대국들은 그들의 역량에 부합하는 책임과 의무를 수행하려 할 것이다. 그렇지 않을 경우 19세기 말에서 20세기 초의 헤게모니 전환기에 걸쳐서 국제질서가 붕괴된 역사적 과오를

---

68 Jessica Weiss and Jeremy Wallace, 2021, "Domestic Politics, China's Rise, and the Future of the Liberal International Order," *International Organization*, Vol. 75, pp. 657-659.

69 Jinghan Zeng and Shaun Breslin, 2016, "China's 'New Type of Great Power Relations': A G2 with Chinese Characteristics?," *International Affairs*, Vol. 92, No. 4, p. 774.

반복할 수 있기 때문이다.[70]

이와 같은 현실적인 강대국 관계 진단에도 불구하고, 미중관계는 당분간 미국의 대중국 이미지에 의해 영향을 받을 가능성이 크다. 지금까지의 역사적 추세를 고려할 때 당분간 중국이 미국 외교정책의 최대의 '적'이라는 이미지를 유지할 것이라는 전망이 우세하다고 전망할 수 있다. 앞서 살펴본 바와 같이, 여기에는 구조적 원인과 더불어 미국의 국내정치적 요인도 크게 영향을 미치고 있다. 물론 이러한 편향성이 비단 미국에서만 고유하게 나타나는 것이라고 볼 수 없으며, 무정부 상태의 국제정치에서는 일정한 정도로 반복되어 나타나는 패턴이기도 하다는 점에서 강대국 국제정치의 '비극'이라는 미어샤이머의 표현에는 타당한 점이 있다. 이와 더불어 우리는 국제정치가 물질적 이해관계뿐 아니라 서로에 대한 인식과 이미지에 의해 좌우되는 경향이 강하다는 점을 기억할 필요가 있다. 지난 30여 년간 중국의 성장은 미국인들에게 의도하지 않았던 두려움을 초래했고, 이는 미국인들의 전략적 사고뿐 아니라 정서적 차원의 변화를 초래함으로써 오늘날의 불안한 국제정세로 이어지고 있기 때문이다.

---

70 Barry Buzan and Michael Cox, 2013, "China and the US: Comparable Cases of 'Peaceful Rise'?," *Chinese Journal of International Politics*, Vol. 6, pp. 129-131.

참고문헌

Aldrich, John, Jie Lu and Liu Kang, 2014, "How Do Americans View the Rising China?," *Journal of Contemporary China*, Vol. 24, No. 92.

Allision, Graham, 2017, *Destined for War: Can America and China Escape Thucydides's Trap?*, Boston: Houghton Mifflin Harcourt.

Andréani, Gilles, 2004, "The 'War on Terror': Good Cause, Wrong Concept," *Survival*, Vol. 46, No. 4.

Ariffin, Yohan, Jean-Marc Coicaud and Vesselin Popovski (eds.), 2016, *Emotions in International Politics: Beyond Mainstream International Relations*, Cambridge: Cambridge University Press.

Benedict, Ruth, 1946, *The Chrysthemum and the Sword: Patterns of Japanese Culture*, Boston: Houghton Mifflin.

Bose, Meena, 2019, "Appraising the Foreign Policy Legacy of the Obama Presidency," in Wilbur C. Rich (ed.), *Looking Back on President Barack Obama's Legacy: Hope and Change*, New York: Palgrave.

Burgess, Stephen F., 2016, "Rising Bipolarity in the South China Sea: The American Rebalance to Asia and China's Expansion," *Contemporary Security Policy*, Vol. 37, No. 1.

Buzan, Barry and Michael Cox, 2013, "China and the US: Comparable Cases of 'Peaceful Rise'?," *Chinese Journal of International Politics*, Vol. 6.

Castano, Emanuele, Simona Sacchi and Peter Hays Gries, 2003, "The Perception of the Other in International Relations: Evidence for the Polarizing Effect of Entitativity," *Political Psychology*, Vol. 24, No. 3.

Cha, Taesuh, 2015, "American Exceptionalism at the Crossroads: Three Responses," *Political Studies Review*, Vol. 13.

_____, 2016, "The Return of Jacksonianism: The International Implications of the Trump Phenomenon," *Washington Quarterly*, Vol. 39, No. 4.

Chaudoin, Stephen, Helen V. Milner and Dustin H. Tingley, 2010, "The Center Still Holds: Liberal Internationalism Survives," *International Security*, Vol.

35, No. 1.

Chen, Dean P., 2017, "Liberal Internationalism, Jacksonian Nationalism, and the US One China Policy," *Asian Survey*, Vol. 57, No. 5.

Chow, Peter C. Y. (ed.), 2008, *The 'One China' Dilemma*, New York: Palgrave.

Chubb, Andrew, 2020, "PRC Assertiveness in the South China Sea: Measuring Continuity and Change, 1970-2015," *International Security*, Vol. 45, No. 3.

Clarke, Michael and Anthony Ricketts, 2007, "Understanding the Return of the Jacksonian Tradition," *Orbis* (Winter 2007).

Clément, Maéva and Eric Sangar (eds.), 2018, *Researching Emotions in International Relations: Methodological Perspectives on the Emotional Turn*, New York: Palgrave.

Clinton, Hillary, 2011, "America's Pacific Century," *Foreign Policy* (November 2011).

Cumings, Bruceb, 2016, "The Obama 'Pivot' to Asia in a Historical Context of American Hegemony," in David W. F. Huang (ed.), *Asia Pacific Countries and the US Rebalancing Strategy*, New York: Palgrave.

Cunningham, Philip J., 2009, *Tiananmen Moon: Inside the Chinese Student Uprising of 1989*, Lanham: Rowman & Littlefield.

Destler, I. M. and Michael Nacht, 1990, "Beyond Mutual Recrimination: Building a Solid US-Japan Relationship in the 1990s," *International Security*, Vol. 15, No. 3.

Donnelly, Jack, 2012, "The Elements of the Structures of International Systems," *International Organization*, Vol. 66.

Doyle, Michael W., 1983, "Kant, Liberal Legacies, and Foreign Affairs," *Philosophy and Public Affairs*, Vol. 12, No. 3.

Dueck, Colin, 2006, *Reluctant Crusaders: Power, Culture, and Change in American Foreign Strategy*, Princeton: Princeton University Press.

_____, 2015, *The Obama Doctrine: American Grand Strategy Today*, Oxford: Oxford University Press.

Dunne, Tim and Matt McDonald, 2013, "The Politics of Liberal Internationalism," *International Politics*, Vol. 50, No. 1.

Etzioni, Amitai, 2011, "Is China a Responsible Stakeholder?," *International*

Affairs, Vol. 87, No. 3.

Fawcett, Louise, 2013, "The Iraq Qsr Ten Years On: Assessing the Fallout," *International Affairs*, Vol. 89, No. 2.

Fried, Albert, 1997, *McCarthyism: The Great American Red Scare, A Documentary History*, Oxford: Oxford University Press.

Fukuyama, Francis, 1992, *The End of History and the Last Man*, New York: Free Press.

Gaddis, John Lewis, 1987, *The Long Peace: Inquiries into the History of the Cold War*, Oxford: oxford University Press.

_____, 2005, *Strategies of Containment: A Critical Appraisal of American National Security Policy during the Cold War*, Oxford: Oxford University Press.

Gilpin, Robert, 1981, *War and Change in World Politics*, Cambridge: Cambridge University Press.

Halliday, Fred, 1999, "The Potentials of Enlightenment," *Review of International Studies*, Vol. 25.

Harding, Harry, 2015, "Has U.S. China Policy Failed?," *Washington Quarterly*, Vol. 38, No. 3.

Harper, John lamberton, 2004, *American Machiavelli: Alexander Hamilton and the Origins of U.S. Foreign Policy*, Cambridge: Cambridge University Press.

Hast, Susanna, 2014, *Spheres of Influence in International Relations: History, Theory and Politics*, Surrey: Ashgate.

Hay, Jeff, 2010, *Perspectives on Modern World History: The Tiananmen Square Protests of 1989*, Detroit: Gale.

Hoffmann, Stanley, 1995, "The Crisis of Liberal Internationalism," *Foreign Policy*, No. 98.

Holland, Jack and Ben Fermor, 2020, "The Discursive Hegemony of Trump's Jacksonian Populism: Race, Class, and Gender in Constructions and Contestations of US National Identity, 2016-2018," *Political Studies*, Vol. 41, No. 1.

Hughes, David, 2015, "Unmaking an Exception: A Critical Genealogy of US Exceptionalism," *Review of International Studies*, Vol. 41.

Huntington, Samuel, 1996, *The Clash of Civilizations and the Remaking of World Order*, New York: Simon and Schuster.

Ikenberry, G. John, 2008, "The Rise of China and the Future of the West: Can the Liberal System Survive?," *Foreign Affairs*, Vol. 87, No. 1.

_____, 2018, "The End of Liberal International Order?," *International Affairs*, Vol. 94, No. 1.

Jahn, Beate, 2013, *Liberal Internationalism: Theory, History, Practice*, New York: Palgrave.

Johnston, Alastair Iain, 1995, *Cultural Realism: Strategic Culture and Grand Strategy in Chinese History*, Princeton: Princeton University Press.

Keal, Paul, 1983, "Contemporary Understanding about Spheres of Influence," *Review of International Relations*, Vol. 9, No. 3.

Kennan, George F., 1947, "The Sources of Soviet Conduct," *Foreign Affairs*, Vol. 25, No. 4.

Kissinger, Henry, 2011, *On China*, New York: Penguin Books.

Kolmas, Michal and Sarka Kolmasova, 2019, "A 'Pivot' That Never Existed: America's Asian Strategy under Obama and Trump," *Cambridge Review of International Affairs*, Vol. 32, No. 1.

Koven, Steven and Frank Götzke, 2010, *American Immigration Policy: Confronting the Nation's Challenges*, New York: Springer.

Kulma, Michael, 1999, "The Evolution of U.S Images of China," *World Affairs*, Vol. 162, No. 2.

Kupchan, Charles A. and Peter L. Trubowitz, 2010, "The Illusion of Liberal Internationalism's Revival," *International Security*, Vol. 35, No. 1.

Levy, Jack, 2008, "Power Transition Theory and the Rise of China," in Robert Ross and Zhu Feng, (eds.), *China's Ascent: Power, Security, and the Future of International Politics*, Ithaca: Cornell University Press.

Ling, Wei, 2013, "Rebalancing or De-Balancing: U.S. Pivot and East Asian Order," *American Foreign Policy Interests*, Vol. 35.

Mead, Walter Russell, 2017, "The Jacksonian Revolt: American Populism and the Liberal Order," *Foreign Affairs* (March/April 2017).

Mearsheimer, John, 2001, *The Tragedy of Great Power Politics*, New York: W.

W. Norton.

Mercer, Jonathan, 2010, "Emotional Beliefs," *International Organization*, Vol. 64.

Mitter, Rana and Elsbeth Johnson, 2021, "What the West Gets Wrong About China," *Harvard Business Review* (May-June, 2021).

Monten, Jonathan, 2006, "Thucydides and Modern Realism," *International Studies Quarterly*, Vol. 56.

Mühlhahn, Klaus, 2019, *Making China Modern: From the Great Qing to Xi Jinping*, Cambridge: The Belknap Press.

Nederveen Pieterse, Jan, 1993, "Fukuyama and Liberal Democracy: The Ends of History," *Economy and Society*, Vol. 22, No. 2.

Neumann, Iver B., 1996, "Self and Other in International Relations," *European Journal of International Relations*, Vol. 2, No. 2.

Nymalm, Nicola, 2020, *From 'Japan Problem' to 'China Threat'?: Rising Powers in US Economic Discourse*, New york: Palgrave.

Paipais, Vassilios, 2011, "Self and Other in Critical International Theory: Assimilation, Incommensurability and the Paradox of Critique," *Review of International Studies*, Vol. 37.

Pan, Chengxin, 2004, "The 'China Power' in American Self-Imagination: The Discursive Construction of Other as Power Politics," *Alternatives*, Vol. 29.

Ratner, Ely, 2013, "Rebalancing to Asia with an Insecure China," *Washington Quarterly*, Vol. 36, No. 2.

Rawlings III, Hunter R., 1981, *The Structure of Thucydides' History*, Princeton: Princeton University Press.

Roberts, Geoffrey, 1999, "Ideology, Calculation, and Improvisation: Spheres of Influence and Soviet Foreign Policy 1939-1945," *Review of International Studies*, Vol. 25.

Ross, Robert S., 2005, "Assessing the China Threat," *National Interest* (Fall 2005).

Roy, Denny, 2019, "Assertive China: Irredentism or Expansionism?," *Survival*, Vol. 61, No. 1.

Schweller, Randall, 1994, "Bandwagoning for Profit: Bringing the Revisited State Back In," *International Security*, Vol. 19, No. 1.

Schweller, Randall and Xiaopu Pu, 2011, "After Unipolarity: China's Visions of International Order in an Era of US Decline," *International Affairs*, Vol. 36, No. 1.

Shambaugh, David, 2014, "The Illusion of Chinese Power," *National Interest*, No. 132.

Sinha, Radha, 2003, *Sino-American Relations: Mutual Paranois*, New York: Palgrave Macmillan.

Snow, Edgar, 1994, *Red Star over China: The Classic Account of the Birth of Chinese Communism*, New York: Grove Press.

Thucydides, 2009, *The Peloponnesian War*, Translated by Martin Hammond, Oxford: Oxford University Press.

Trenin, Dmitri, 2009, "Russia's Spheres of Interest, not Influence," *Washington Quarterly*, Vol. 32, No. 4.

Turcsányi, Richard Q., 2018, *Chinese Assertiveness in the South China Sea: Power Sources, Domestic Politics, and Reactive Foreign Policy*, Cham: Springer.

Turner, Oliver, 2014, *American Images of China: Identity, Power, Policy*, London: Routledge.

Vogel, Ezra, 1979, *Japan as Number One: Lessons for America*, Boston: Harvard University Press.

Walt, Stephen, 1987, *The Origins of Alliances*, Ithaca: Cornell University Press.

Waltz, Kenneth N., 1979, *Theory of International Politics*, Reading, MA: Addison-Wesley.

Weiss, Jessica and Jeremy Wallace, 2021, "Domestic Politics, China's Rise, and the Future of the Liberal International Order," *International Organization*, Vol. 75.

Younis, Mohamed, 2021, "New High in Perceptions of China as U.S.'s Greatest Enemy," *Gallup* (March 16, 2021).

Zeng, Jinghan and Shaun Breslin, 2016, "China's 'New Type of Great Power Relations': A G2 with Chinese Characteristics?," *International Affairs*, Vol. 92, No. 4.

6장

중국의 대국화
– 타이완을 둘러싼 미·중 전략 경쟁 및 한반도에 대한 시사점

저우자천(周嘉辰) 국립타이완대학국가발전연구소 부교수

I. 머리말
II. 양안 간 정치관계 현황
III. 양안 간 경제관계 현황
IV. 1950년 한국전쟁과 현 양안관계에 대한 시사점: 미국의 전략적 사고
V. 1950년 한국전쟁과 현 양안관계에 대한 시사점: 중국 지도부의 태도
VI. 중국 정부의 대타이완 정책: 압박과 회유
VII. 맺음말: 동아시아 안보에 대한 양안관계의 시사점

I. 머리말

이 글은 현재의 양안관계 및 중국 정부의 대타이완 정책을 분석하였다. 구체적으로 1950년 한국전쟁이 양안관계에 주는 시사점에 착안하여, 미국의 전략적 사고와 중국 지도부의 자아인식이라는 두 가지 측면에서 정치관계, 경제관계, 군사관계 등 양안 간 상호작용에 대하여 심층적으로 살펴보고자 한다. 또한 요인 분석 측면에서 국제 요인(미·중 경쟁과 바이든 정부의 대타이완 정책 등), 타이완 내부 요인(타이완 민심과 선거 정치 등), 중국 국내 요인(시진핑 3연임, 민족주의 및 권위주의 체제 공고화 등)이 양안관계에 미치는 영향을 분석하였다.

이 글의 구성은 다음과 같다. I절은 머리말이며, II절과 III절에서는 양안 간 정치관계와 경제관계를 정리하였다. IV절에서는 미국의 전략적 사고로부터 1950년에 발발한 한국전쟁에 대한 역사적 분석을 토대로 현재 양안관계에서의 미국의 역할을 탐문한다. V절에서는 1950년 한국전쟁의 경험을 바탕으로 중국 내에서 날로 증가하는 민족주의와 이것이 양안관계에 미치는 영향을 분석하고, VI절에서는 중국 정부의 현행 대타이완 정책 기조인 압박과 회유의 방식을 살펴보았다. 마지막 VII절 맺음말 부분은 중국의 민족주의가 주변국에 미치는 영향, 양안관계가 한반도에 미치는 영향 및 시사점을 서술하였다.

II. 양안 간 정치관계 현황

1990년 타이완에서 재단법인 해협교류기금회(海峽交流基金會)가 설립되고, 1991년 중국에서 해협양안관계협회(海峽兩岸關係協會)가 출범한 이후, 양안 간 왕래는 날로 증가하였다. 비록 1995년 미사일 위기가 있었으나 경제, 문화 교류는 계속 이어져 왔다. 2020년 민진당은 선거에서 압승을 거두면서 차이잉원(蔡英文)의 연임, 입법원의 과반수 의석을 확보하는 데 성공하였다. 이러한 결과는 타이완 내 정치뿐만 아니라 양안관계에도 막대한 영향을 끼쳤다. 이 절에서는 '중화민국' 국호에 대한 중국 정부의 입장, 타이완 민진당 정부에 대한 중국 정부의 태도, 타이완 내 여론에 따른 양안의 정치관계 현황을 분석하고자 한다.

1. '중화민국' 국호에 대한 중국 정부의 입장

선거 과정에서 타이완 독립이 아닌 '현상 유지'를 강조한 차이잉원 총통은 재당선된 후에도 민진당 내부의 즉각적, 법리적 독립을 외치는 목소리를 피해 가며 첫 번째 임기 때의 '현상 유지'를 계속 이어 가고 있다. 타이완 해협 양안의 현상 유지가 미국의 이익에 부합하기에, 양안관계에 대한 차이잉원의 이와 같은 태도는 미국의 높은 지지와 신뢰를 받고 있다. 이는 중국 정부가 2020년 차이잉원의 압승 소식을 듣고도 격한 반응을 보이지 않았던 이유이기도 하다. 그러나 중국 정부는 당분간 양안 정부 간 교류에 대해 냉담한 태도를 유지할 것으로 보인다. 현재 양안 간에는 중앙정부 차원에서 공식적인 교류 활동이 전혀 없으며, 심지어 준정부기구인 타이완 '해협교류기금회'와 중국 '해협양안관계협회'도 별다른 접촉이 없는 실정이다.

차이잉원 정부가 출범하기 전, 양안관계는 해빙기를 맞이하고 정치적으로도 큰 돌파구를 마련한 적이 있었다. 특히 마잉주(馬英九) 집권 2기

때인 2012~2014년에 중화인민공화국의 일부 석상에서 중화민국의 공식적인 지위를 받아들이는 기류가 형성되기 시작했다. 2013년 10월, 당시 중화민국 대륙사무위원회 왕위치(王郁琦) 주석이 인도네시아에서 열린 아시아태평양경제협력체(APEC) 정상회의에서 중화인민공화국 국무원타이완사무판공실 장즈쥔(張志軍) 주임을 만났을 때, 양측 인사는 처음으로 상대방의 공식 직함을 불렀다. 또한 2014년 2월 11일, 중국을 공식 방문한 왕위치가 난징에서 장즈쥔과 재회하였을 때, 장즈쥔은 APEC 회의 때처럼 왕위치를 '왕 주임위원'이라고 불렀고, 왕위치도 장즈쥔을 '장 주임'이라고 불렀다. 당시 방문은 1949년 이후 첫 양안 정부의 고위급 접촉으로 상징적 의미를 갖고 있다. 뒤이은 2015년에는 중화민국 마잉주 총통과 시진핑 주석이 싱가포르에서 역사적인 만남을 갖기도 하였다.

정치적 관계에서 이와 같은 진전이 있었음에도 중국이 대등한 방식으로 타이완과 교류할지에 대하여 타이완 사회는 여전히 의구심을 갖고 있다. 중국은 '하나의 중국 원칙(One China Principle)'을 주장하며, '중화인민공화국'만이 전 중국을 대표하는 유일한 합법 정부라는 뜻을 고수하고 있다. 이러한 의미에서 중화인민공화국은 중화민국의 존재를 인정하지 않은 채 타이완을 중국의 일개 성(省)으로 간주하며, '일국양제(一國兩制)'를 통일 방안으로 제시한 것이다. 이 방안대로라면 통일 후 타이완은 홍콩과 유사한 '특별행정구'로 남게 된다. 이처럼 중국 정부는 타이완과 대등한 위치에서 교류할 생각이 없으며, '두 개의 중국' 또는 '하나의 중국, 하나의 타이완'을 인정할 마음도 없다.

게다가 중국 정부는 지금껏 타이펑진마[台澎金馬: 타이완 섬, 펑후(澎湖)제도, 진먼(金門) 섬, 마쭈(馬祖)열도] 영토에 대한 중화민국의 합법적 관할권을 인정한 적이 없다. 2014년, 왕위치와 장즈쥔은 난징에서 서로의 공식 직함을 사용했으나 중국 관영매체들은 왕위치의 직함을 언급하지 않았다. CCTV와 신화통신은 왕위치의 직함을 타이완 대륙사무위원회의 '책임자'로 보도했으며, 중화인민공화국 국무원타이완사무판공실의 언론브리핑에서도 타이완 대륙사무위원회를 언급할 때 '행정원(行政院)'이라는 용어 사용을 가급적 피했다. 중화인민공화국은 중화민국 정부를 인정할 준비가 되어 있지 않았고, 중국 내 싱크탱크와 타이완 연구기관들조차 중화민국의 지위나 국호 지정에 대하여 담론을 형성한 적이 없다. 비록 최근 몇 년 동안 공식적인 자리에서 강조한 적은 드물지만, 중국 정부는 여전히 타이완을 '중국을 배신한 성', 중화민국을 흘러간 역사로 간주하면서 현재의 중국은 중화인민공화국이라고 주장하고 있다.

게다가 중국 정부는 타이완에 대한 무력 사용 가능성도 배제하지 않고 있다. 타이완이 중국이 설정한 레드라인을 넘는 순간 무력 충돌이 발생할 가능성은 충분하다. 레드라인의 범위에 대하여 중국 정부가 구체적으로 밝힌 바는 없으나, 외신들은 타이완의 법리적 독립 선언, 국민투표 실시, 국호 변경, 새로운 헌법 제정 등으로 추측하고 있다. 이러한 추측은 모두 법리적인 독립 선언과 연관되어 있기 때문에 차이잉원 정부도 '현상 유지'를 통해 중국 정부에 구실을 제공하지 않음으로써 양안 간 무력 충돌을 피하고자 한 것이다.

2. 양안관계에 대한 타이완인의 태도

타이완의 중화민국은 '하나의 중국'에 대해 중화인민공화국과 다르게 해석하고 있다. 국민당은 '하나의 중국'이란 1911년에 성립된 중화민국이며, 여전히 전 중국의 법률상 주권을 소유하고 있다고 주장하지만, 중화민국은 현재 타이완, 펑후(澎湖), 진먼(金門), 마쭈(馬祖)에 대한 관할권만 갖고 있다. 타이완은 중국의 일부이고, 중국 대륙도 중국의 일부분이다. 다시 말해, 타이완의 국민당과 중국의 공산당 모두 '하나의 중국'을 주장하고 있지만, 전자는 중화민국을, 후자는 중화인민공화국을 지칭하고 있다는 점에서 입장 차가 판이하다. 현재 타이완 집권당인 민진당의 경우, 당 강령에 타이완 독립에 관한 조항이 있으나 차이잉원 정부가 추진하는 양안 정책의 기조는 중화민국 헌법과 '타이완과 대륙 지역 국민관계조례(臺灣地區與大陸地區人民關係條例)'에 바탕을 두고 있다.

이에 따라 타이펑진마 영토에 대한 중화민국 정부의 합법적 관할권을 인정하지 않는 중국 정부와 달리, 중화민국 정부는 대륙 영토에 대한 중화인민공화국 정부의 실효적 지배를 일찌감치 인정했다. 1980년대 이전까지 중화민국 정부는 3불 정책(불접촉, 불협상, 불타협)을 견지하였으나, 1991년 '동원감란시기임시조관(動員戡亂時期臨時條款)'을 폐지한 후 중국 대륙에 대한 중국공산당과 중화인민공화국 정부의 실효적 지배, 즉 중국을 관할권을 가진 합법적인 정부로 인정하고 있다. 또한 중화민국 헌법의 증수조문(增修條文)에는 '자유지역'과 '대륙지역'이 함께 사용되는데, 여기서 '자유지역'은 현재 중화민국의 유효한 관할 범위 내의 모든 지역, 즉 타이펑진마를 가리킨다. 증수조문은 국가 통일 이전까지 타이완 내 정세에 대응하기 위해 제정한 부칙조항으로, 통일 후 효력이 자동으로 상실된다.

마잉주 총통은 헌법 증수조문에 대한 해석을 여러 차례 공개적으로 언급하면서, 중화민국은 '서로 주권을 인정하지 않고, 서로 통치권을 부인하지 않는' 양안관계 처리 원칙을 시사하였다. 비록 차이잉원은 이 '두 가지 상호 불가(兩個互不)'를 이어 가지 않았지만, 현재 대부분의 타이완 사람들은 '현상 유지'가 가장 좋은 양안관계 모델이라고 말하고 있다. 타이완정치대학교 선거연구센터는 통일과 독립에 대한 타이완 내 국민 여론을 오랫동안 조사해 왔는데, 그 결과 '현상 유지 후 재결정'과 '영구히 현상 유지'를 지지하는 여론이 50%가 넘는다(〈표 1〉). 현상 유지란 당장 통일을 추구하지도, 독립하지도 않는 상황을 말한다. 비록 타이완의 법리적 독립을 추구하는 목소리가 있지만, 대다수의 타이완인은 오랫

〈표 1〉 통일과 독립에 대한 타이완 국민의 인식 분석(1994년~2021년 6월)

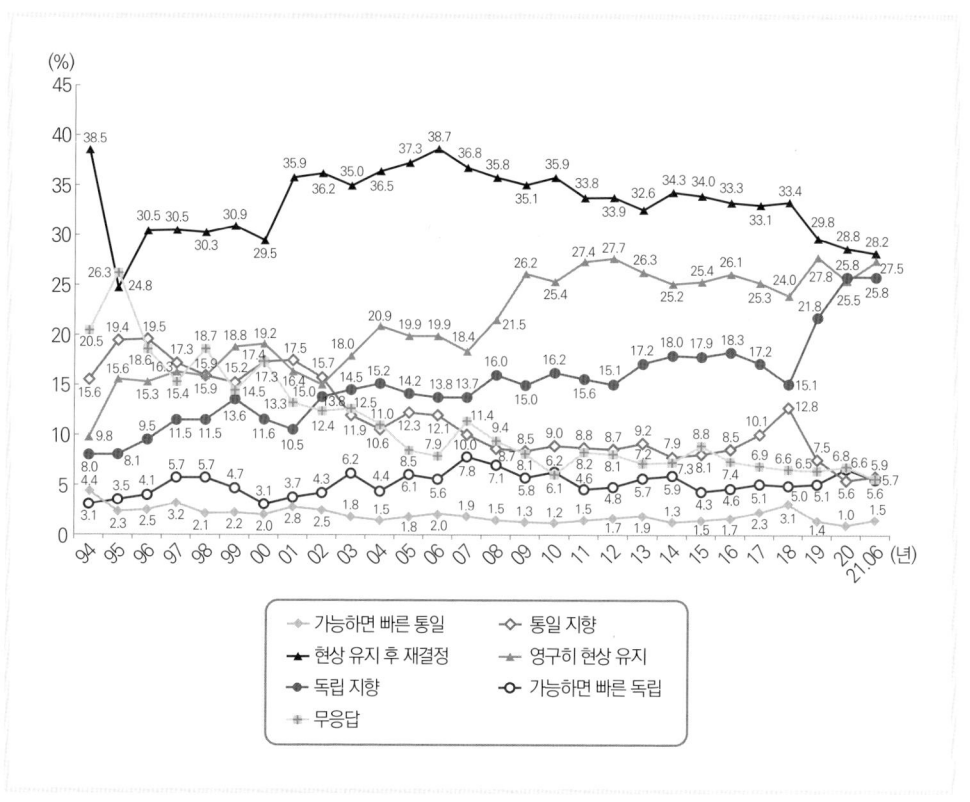

출처: 타이완정치대학교 선거연구센터

동안 중화민국 지위에 대한 공감대를 형성해 왔고, 자신을 중화민국 국민이라 여기므로 굳이 타이완의 국호를 바꿀 필요성을 느끼지 못하고 있다. 다시 말해, 타이완인이 체감하는 국가 정체성 위기는 외부의 연구 결과와는 차이가 있다.

천수이볜(陳水扁) 전 타이완 총통은 집권 2기 때부터 타이완 독립을 위해 적극적인 행보를 펼쳤고, 이에 대한 미국의 불만은 적지 않았다. 이 사실을 잘 알고 있던 차이잉원 정부는 미국의 지지를 얻기 위해 공개적인 담화에서 '현상 유지'를 수차례 강조하였다. 그러나 중국 정부는 오랫동안 민진당의 '현상 유지'에 대한 진정성을 의심해 왔다. 2000년 민진당이 처음으로 집권했을 때 중국 정부는 타이완이 독립의 길로 나갈 것을 우려해 2005년 '반분열국가법'을 발표, 독립 세력을 저지하려 했다. 지난 2020년 5월, '반분열국가법' 공표 15주년을 기념하는 행사를 개최한 중국 정부는 정작 10주년인 2015년에는 어떠한 기념행사도 추진하지 않았다. 이는 중국 정부가 이 법으로 차이잉원 정부를 압박하면서, '92컨센서스(九二共識)'와 '하나의 중국'을 인정하지 않는 민진당을 비난하는 것으로 풀이된다. 일부 정치 평론가들은 향후 중국 정부가 '국가통일법'을 더 강하게 추진하리라 전망하고 있으나 아직 관련된 구체적 징후는 보이지 않고 있다.

타이완에 대한 중국 정부의 위협은 정부뿐만 아니라 타이완 사회에 대한 메시지도 담고 있다. 2014년 타이완에서는 학생을 중심으로 한 해바라기 운동이 일어났는데, 중국 정부는 이 사건을 계기로 타이완의 젊은 세대들이 중국 정부에 상당한 반감을 갖고 있을 뿐만 아니라 국가 통일에 대해서도 별다른 호감을 갖고 있지 않다는 사실을 인식하게 되었다. 이에 중국 정부는 '하나의 중국' 원칙으로 마잉주 정부와 정치적 협상 진행, 양안 정치관계 발전을 도모하려던 계획을 수정하기에 이른다. 실제로 2014년 중화인민공화국은 경제협력을 기반으로 양안 간 정치적 대화를 시작할 계획이었으나 3월 18일 해바라기 운동이 일어나는 바람에 중단되었다. 또한 해바라기 운동의 영향으로 2016년 국민당은 총선에서 패배하였고, 2020년 민진당은 또다시 대승을 거두었다. 지난 2020년 총통 선거 결과는 세대 간 차이가 승패에 영향을 주었음을 잘 보여 주고 있다. 2014년 해바라기 운동 이후 청년층(18~35세)과 중장년층(36세 이상)은 정치 성향에서 세대 차이를 드러내고 있다. 과거 35세 이하의 젊은 세대들은 업무 스트레스로 인해 정치에 무심한 편이었으나 현재는 타이완의 정치적 변화를 이끄는 주력으로 자리매김하였다. 다시 말하면, 젊은 세대들의 지지를 얻는 정당이나 정치인들이 선거에서 이길 확률도 높다는 의미이다.

한편, 커뮤니티가 타이완 선거에 미치는 영향력도 갈수록 커지고 있다. 청년층과 중장년층 간 세대 차이는 커뮤니티 이용 방식에 따라 더욱 심해졌고, 세대 간 장벽도 견고해지고 있다. 커뮤니티는 같은 세대 간의 소통을 더욱 끈끈하게 하지만, 다른 세대와는 소통의 물꼬조차 트기 어려운 실정이다. 커뮤니티 이용자들은 자기 친구를 결정하여 서로 선별된 정보를 주고받는데, 이는 타이완 사회에서 세대 간 정치 성향의 차이를 더욱 벌어지게 했다. 서로 다른 세대가 동일한 커뮤니티 플랫폼을 사용하더라도 완전히 다른 유형의 정보를 접할 수 있기 때문에 서로 간의 접합점을 찾기는 여전히 쉽지 않다.

타이완에서 세대 간 격차는 생각보다 훨씬 근본적인 원인으로부터 비롯된 것이며, 이러한 격차는 특정 정책뿐만 아니라 가치와 신념과도 연관이 있다. 가치에 따른 격차는 경제발전, 사회적 재분배, 소득불균형이 타이완의 독립 의지에 영향을 미치는 것을 의미한다. 타이완의 젊은 세대들은 어릴 때부터 타이완을 독립국가로 여기며 자랐다는 의미로 '텐란두(天然獨)'라고 불리는데, 이들은 국가 통일을 염두에 두지 않는 데다 중국과의 경제무역을 발전시키고자 국가의 자주성을 희생할 마음도 없다. 이러한 성향 때문에 중국 정부의 경제적 회유 전략은 제대로 된 힘을 발휘하지 못하고 있으며, 특히 타이완의 젊은이들에게는 그 효과가 더욱 미미하다.

이번 선거 결과를 통해 2014년 이후 타이완 젊은 세대의 표심이 민진당에 쏠려 있음을 확인한 중국 정부는 양안 협력을 지지하는 국민당의 향후 집권 가능성을 낮게 점치고 있다. 당연하게도 중국 정부가 이러한 상황을 좌시할 리 없기에 이 또한 타이완에 대한 압박 수위를 높이는 이유 중 하나로 해석된다. 2014년 시진핑은 '타이완이 선택한 사회제도와 생활방식을 존중해야 한다'고 언급한 적이 있지만, 이후에 더는 이 같은 발언을 하지 않았고, 코로나19(COVID-19) 팬데믹 이후 국무원타이완사무판공실은 타이완을 향한 비난의 목소리를 높이고 있다. 중국 정부는 차이잉원 개인을 겨냥하여 비난하진 않지만, 현재 타이완 집권당인 민진당이 '독립을 추구'한다고 여기고 있다. 중국 정부는 타이완사무판공실 정례브리핑에서 타이완이 '코로나를 핑계로 독립을 꾀하고 있다'고 비난한 적도 있다. 민진당 정부에 대한 중국의 불신이 커지면서 현재 양안 간에 접촉은 거의 이루어지지 않고 있으니 정치적 대화는 더 말할 필요도 없다. 미국 바이든 정부도 현재까지는 타이완과 중국 간 대화에 대해 압박하고 있지 않지만, 향후 양안 간 대화 개시를 촉구할지는 지켜볼 필요가 있다.

III. 양안 간 경제관계 현황

양안은 정치 및 군사적으로 여전히 긴장의 끈을 놓지 않고 있으나 경제 및 인적 교류에 있어서는 코로나19 사태가 아니었다면 여전히 활발하게 이어가고 있었을 것이다. 양안 간 경제 및 인문 교류의 강화는 중국 정부의 장기 플랜으로, 중국에 대한 타이완의 의존도를 높이고 경제적 연계를 통해 정치적 관계를 수립하는 데 목적을 두고 있다. 이른바 '유경입정(由經入政)'으로 경제 교류를 통한 정치적 통합을 실현코자 하는 것이다. 이에 타이완 정부도 양안 간 활발한 무역 왕래를 권장하면서도 중국 자본 유입 시 경제부처 산하 투자심의위원회의 심의를 거치도록 규정하고 있다. 타이완 정부의 이 같은 조치는 중국에 대한 지나친 의존도를 경계하기 위함이다.

1. 양안 경제무역 교류 및 여론

국가 간 경제활동과 교류가 일국의 정치 및 군사행동에 미치는 영향은 국제정치경제학의 오랜 연구 주제였다. 국제관계에 관한 연구에 따르면, 국제무역과 자본의 이동, 대외 개방형 시장이 국가 간 군사적 적대 행위를 억제하고 정치적 협력을 촉진한다. 이처럼 중국 정부의 계획에도 양안 간 경제 교류를 통한 국민적 상호 이해 증진과 공감대 형성이라는 목적이 기저에 깔려 있다. 경제 교류는 상품 교환, 투자 협력, 민간 교류 증대를 비롯하여 이민도 성사시킬 수 있기 때문이다. 다국적 비즈니스 환경 또한 양안 간 통상적인 대화의 필요성을 높이고 있다. 통상적인 대화 메커니즘을 구축하면, 양안 간 정기적인 교류의 장이 마련되어 문제 해결, 국민 간 상호 신뢰를 증대하는 데 도움이 된다.

그러나 2008년부터 양안 간 경제 교류가 강화되었으나 이러한 메커니즘 수립은 여전히 요원한 상태다. 마잉주 정부 당시 양안의 양회('해협교류기금회', '해협양안관계협회')는 열한 차례의 고위급회담을 개최하였고, 해협양안서비스무역협정, 해협양안의료보건협정 등 여러 협정을 체결하였으나 대부분은 아직도 타이완 입법원 심사를 통과하지 못한 채 계류 중이며, 심지어 타이완 내부에서도 반대의 목소리가 높다.[1] 이는 대다수의 경제 협정이 소득재분배와 관련되어 있어 사회적으로 새로운 승자와 패자를 양산할 가능성이 있기 때문이다. 이를테면, 양안 간 긴밀한 경제 교류가 집값 상승, 제조업 일자리 축소 등을 야기하여 타이완 사회의 소득 불평등을 가속화할 수 있어 타이완 국민 전체가 양안의 경제통합을 지지한다고 볼 수 없다.

2008년 이후 강화된 양안 간 경제 교류도 국민 간의 상호 공감대를 높이지 못했다. 2013년부터 타이완대륙위원회는 통상적인 소통 창구를 마련하기 위해 양회에 사무처 설립을 협의하도록 권한을 부여했으나 그 과정이 지지부진하다가 결국 성사되지 못했다. 주된 원인은 중국 정부가 공식적인 성격을 띤 통상기관 설립에 대해 여전히 의구심을 가지고 있기 때문으로 보인다. 또한 경제 교류가 확대되었음에도 정치적 합의를 이끌어 내지 못한 점도 사무처 설립에 회의적 요소로 작용했다. 중국의 양안 교류에 관한 정책 기조는 경제협력을 통한 정치적 협상을 목표로

---

[1] 물론 이러한 협의가 양안 간 상호작용에 전혀 도움이 되지 않는 것은 아니다. 특히 소득재분배와 무관한 비경제 분야에서는 더욱 그러하다. 예를 들면, 2020년 1월 15일, 타이완 질병관리서에서는 중국 질병억제센터로부터 코로나19 발병에 관한 통보를 받자마자 전염병예방의료네트워크 관리자 좡인칭(莊銀清)과 의사인 훙민난(洪敏南)을 우한으로 파견해 코로나 관련 정보를 수집했다.

두었고, 마잉주 정부 2기 때 어느 정도는 실현될 조짐이 보이기도 했다. 그러나 중국 정부가 중화민국의 존재를 외면하고 타이완과 대등하게 소통하지 않아 타이완인들은 양안 간 정치협상 재개를 지지하지 않고 있다.

2. 중국의 경제체제 개혁 및 타이완 자본 기업

최근 몇 년 동안 중국이 경제체제 개혁에 힘을 쏟으면서 중국 시장 내 타이완 자본 기업(또는 '타이완 기업')의 입지가 점차 좁아지고 있다. 중국 정부는 미·중 무역전쟁을 겪으면서 외향적 경제발전 모델에 대한 의구심이 커졌다. 글로벌 무역의 발전은 중국의 경제적 도약과 국력 신장에 일조하였으나, 외국시장에 대한 과도한 의존 등 심각한 병폐를 초래하기도 하였다. 실제로 중국은 2012년부터 경제 구조의 전환, 이른바 '구조조정'을 통해 외국시장에 의존하는 경제 구조를 내수 소비 위주로 바꿔 나가기 시작했다. 수출, 내수 소비, 정부투자는 국민경제를 견인하는 '삼두마차'지만, 중국은 여전히 정부투자가 가장 중요한 성장 동력이고, 내수 소비의 증대를 가장 중요한 추진 목표로 삼고 있다.

중국은 내수 소비가 중간재 수요를 창출하고, 이를 토대로 복잡한 생산체인과 규모를 형성하여 경제성장에 큰 도움이 될 거라 예상하였다. 그러나 이러한 판단은 코로나19 사태로 역풍을 맞게 되었다. 중국공산당은 코로나19 상황 속에서 경제성장을 위한 부양정책을 추진하고 있는데, 여기에는 인프라 건설과 국유기업의 경영재개 등을 포함하고 있다. 즉, 코로나 상황 속에서 경제 부양정책 중 일부를 투자 방향으로 선회했다는 의미다. 이와 대조적으로 오랫동안 수출주도형 모델을 고수해 온 타이완 기업들은 중국이 경제성장을 추진하는 과정에서 입지가 좁아지기 시작했고, 양안관계에서 타이완 기업인들의 역할도 예전만 못하게 되었다.

IV. 1950년 한국전쟁과 현 양안관계에 대한 시사점: 미국의 전략적 사고

1950년 한반도 위기는 중국과 미국 사이에 발생한 중요하고도 직접적인 충돌이었다. 이 사건은 미국의 후속 조치인 강압적 외교전략에 큰 영향을 끼친 만큼 동아시아에 위치한 타이완 해협 충돌에도 시사하는 바가 크다. 이 절에서는 미국의 전략적 사고를 분석하고, 다음 절에서는 중국 지도부의 전략적 인식에 초점을 맞춰 살펴보고자 한다.

1. 한국전쟁과 미국의 위협

한국전쟁 발발 후, 1950년 10월 7일 미군이 북위 38도선을 넘었고, 11월 하순에는 중국이 연합군을 공격하기 시작하였다. 중공군의 참전은 미군의 철수 원인 중 하나로 꼽힌다. 현재 한국전쟁을 둘러싼 학계 내 주요 논쟁 중 하나는 미군이 중공군의 참전을 차단하여 마오쩌둥의 한반도 진입을 저지(deter)할 기회가 있었느냐는 것이다. 미국이 저지할 수 있었다고 주장하는 학자들은 중공군을 파병해도 미국이 중국을 공격하지 않으리라 판단했기 때문에 마오쩌둥이 한국전쟁 개입을 결정한 것이라고 분석한다. 즉, 중공군 참전은 미국이 한국을 위해 반격하지 않으리라 판단한 마오쩌둥의 '자발적 출격'인 것이다. 이러한 관점에서 보면, 미국은 중국의 한국전쟁 개입을 막을 기회가 있었다. 만약 미국이 믿을 만한 억제력(credible deterrence)을 드러내 중국에 대한 공격 가능성을 내비쳤다면, 마오쩌둥도 한국전쟁 개입을 선택하지 않았을 것이란 해석이다. 그러나 미국은 중국에 위협이 될 만한 공습을 하지 않았고, 이에 마오쩌둥은 미군이 참전하지 않으리라 오판하였다.

한편, 일각에서는 마오쩌둥의 한국전쟁 개입에 대해 자발적 출격이 아닌 '자기방어(self-defense)'적 차원으로 해석하고 있다. 11월 하순 미군이 북진하여 압록강 유역을 위협하자 마오쩌둥은 심각한 위협을 느끼고 선제적(preemptive) 출병을 감행했다. 이러한 시각에서 보면, 미국의 군사행동은 오히려 마오쩌둥의 항전 의지를 자극한 것이 된다.

이 두 가지 주장의 주요 쟁점은 미국이 마오쩌둥의 참전을 저지할 수 있었느냐는 것이다. 토머스 크리스텐센(Thomas J. Christensen)의 1992년 연구에 따르면, 한국전쟁 기간 마오쩌둥이 스탈린, 저우언라이(周恩來), 펑더화이(彭德懷)에게 보낸 전보를 보면 그가 북한에 진입한 시기는 1950년 10월 7일 미군이 북위 38도선을 넘었을 때이다. 다시 말해, 마오쩌둥은 미군이 38선을 넘을 때 중국에 대한 폭격 가능성에 위협을 느껴 참전을 결심했다는 것이다. 마오쩌둥의 위기의식은 11월 미군이 북진해 압록강까지 진입한 후에 생긴 것이 아니기 때문에 38선을 넘은 미국이 어떤 위협을 가해도 마오쩌둥의 한국전쟁 개입을 막을 수 없었을 것이다. 마오쩌둥은 미국이 중국을 침공하고 자신의 정권에 영향을 미칠 것이라 판단한 이상, 미군이 38선을 넘은 후에는 미·중 간 충돌을 사실상 피할 수 없게 되었다.

1950년 한반도에서 벌어진 교전은 향후 중국 등 외국의 군사행동에 따른 미국의 대응책에 큰 영향을 미쳤다. 크리스텐센은 베트남전쟁 당시 미국이 한국전쟁의 경험을 살려 지속적인 폭격을 감행했다고 지적한 바 있다. 또한, 당시 존슨 미국 대통령은 한국전쟁에 대한 트루먼 전 미국 대통령의 조언을 듣고는 중국의 국경을 위협하지 않도록 북베트남 폭격을 엄격히 통제하였다. 이는 한국전쟁 때처럼 위기감을 느낀 중국이 베트남전쟁에 개입하지 않도록 안심시키기 위함이다.

2. 미국의 위협과 양안관계

미국은 오랫동안 '하나의 중국 정책(one China policy)'의 일환으로 대타이완 정책을 펼쳐왔다. 2016년 이전까지 이러한 입장을 고수해 왔으며, 때로는 양안관계와 관련된 의제를 처리하기 위해 베이징과 더 많이 소통하기도 했다. 이 같은 상황은 천수이볜 총통 재임 기간인 2004~2008년 사이에 더욱 두드러졌다. 미국이 이런 입장을 취하게 된 원인은 당시 타이완이 현상 변화를 모색한다고 여겼고, 심지어 양안관계에서 문제를 일으키는 쪽이 타이완이라는 분석도 제기되었기 때문이다. 그러나 2016년 트럼프 대통령 집권 시기에는 미국의 대중국 입장이 크게 바뀌면서 타이완에 대한 태도도 달라졌다. 미국은 여전히 러시아와 대립각을 세우는 상황에서 중국을 가장 중요한 경쟁자로 삼고 있으며, 대타이완 정책은 중국에 대항하기 위한 지렛대로 간주된다.

2020년 조 바이든이 미국 대통령에 당선되자 중국 정부는 트럼프 정부 때 악화된 관계를 호전시키고, 오바마 정부 시기의 모델로 돌아가 '전략적 경제 대화'로 미·중관계를 새롭게 시작할 것으로 기대했다. 바이든 대통령 당선 직후인 2021년 1월 중국 관영매체는 미·중 양자관계 회복을 위한 상세한 청사진을 제시하기도 했다. 그러나 바이든 대통령은 중국의 기대와는 달리 트럼프 정부 때의 정책을 뒤집지 않았다. 현재 바이든 정부는 트럼프 정부가 제시한 '인도·태평양' 정책을 계승하고 있으며, 중국에 대한 입장 역시 바이든이 오바마 정부 시절 부통령으로 재직했을 때와 크게 달라졌다. 또한, 중국이 미국의 최대 경쟁자로 부상하면서 동아시아에 대한 미국의 관심은 갈수록 뜨거워지고 있다. 이는 미국이 타이완에 대한 군사 및 안보 보장을 강화하는 데에서도 드러난다. 요컨대, 현재 미국이 짠 전략적 프레임에서 중국이 양안관계의 현상 변화를 모색하려 한다면, 미국은 이를 타이완에 대한 도전이자 지역 안보, 나아가 미국이 주도하는 국제질서에 대한 도전으로 간주할 것이다.

이처럼 양안관계와 타이완 해협의 안보는 미국의 중요한 글로벌 의제가 되었을 뿐만 아니라 미·중 경쟁의 최전선을 대표할 정도로 타이완의 전략적 중요성도 크게 상승하였다. 영국『이코노미스트(The Economist)』지는 2021년 5월 1일 타이완을 세계에서 가장 위험한 곳으로 선정하기도 하였다. 이러한 상황에서 미국 정부는 여러 외교 장소에서 상징적인 돌발행동을 감행함으로써 타이완 지지를 공공연히 표명해 왔다. 예를 들어, 트럼프 정부 당시 미 국무부는 양측 정부 관리 간 접촉 규제를 완화하는 새로운 가이드라인을 발표하였고, 바이든 정부도 이 가이드라인을 그대로 사용하고 있다. 가이드라인에 따르면, 미국 관리들이 주미 타이완대표처가 소재한 트윈오크스(Twin Oaks)에서 회의할 수 있도록 허용하고 있으나 중화민국 국경일인 10월 10일에는 사용할 수 없게 한 지침을 여전히 유지하고 있다. 이는 매우 상징적인 조치로 미국이 타이완을 지지한다는 증거로 해석해도 무방하다.

바이든 정부 또한 2021년 1월 20일 취임식 때 타이완 주미 대표 샤오메이친(蕭美琴)을 초청하였고, 2021년 4월에는 크리스 도드(Chris Dodd) 전 국회 상원의원을 단장으로 한 고위급 대표단을 타이완에 파견했다. 특히 고위급 대표단의 파견은 미국이 타이완의 자국 방어에 협조하겠다는 약속으로 볼 수 있다. 크리스 도드는 차이잉원 총통에게 미국은 타이베이가 '믿고 의지할 수 있는 친구'가 될 것이며, 미국과 타이베이의 안보 동반자 관계를 심화하기 위해 노력할 것이라고 발언했다. 미국은 천수이볜 총통 집권 때처럼 타이완 정부가 양안 간 대화 부재의 원인이라고 비난하지 않고, 오히려 베이징을 향해 '타이완에 대한 군사, 외교, 경제적 압박을 중단하고 타이완 민선 대표들과 의미 있는 대화를 해야 한다'고 공개적으로 촉구하고 있다. 즉, 미국의 시각에서 타이완 해협의 현 상황을 바꿀 수 있는 것은 타이완이 아니라 중국 정부인 것이다.

타이완에 대한 미국의 지지는 중국 정부의 거센 반발을 불러일으켰다. 중국은 2022년 1월 23일 전투기 13대를 투입해 타이완 방공식별구역에서 무력시위를 펼쳤다. 실제로 미국의 고위 관리가 타이완을 방문할 때마다 중국 전투기가 타이완 방공식별구역으로 날아들었다. 2022년 8월, 낸시 펠로시(Nancy Pelosi) 미 하원의장이 타이완을 방문하자 중국은 타이완 주변 6개 지역에서 강도 높은 군사훈련을 실시하였고, 외신들은 이를 '제4차 타이완 해협 위기'라고 불렀다. 1995년 제3차 타이완 해협 위기 때와 비교가 안 될 정도로 강해진 중국의 군사력을 감안하면, 이런 강도 높은 군사작전은 타이완과 미국에 보내는 일종의 경고라고 볼 수 있다. 필자가 일전에 인터뷰한 상하이의 모 싱크탱크 연구원은 이러한 경고가 타이완 내부의 극단적 독립 추구의 목소리를 막는 데 일조할 것이라고 분석했다.[2] 하지만 실상은 다르다. 중국의 이 같은 경고는 어떠한 저지 역할도 발휘하지 못하고 있으며, 타이완에 대한 미국의 지지도 아무런 영향을 받지 않고 있기 때문이다. 중국의 군사적 경고는 군용기로 타이완 주변을 돌며 비행 정보를 수집하는 것보다는 자국민에게 보여 주기 위한 조치로 보이지만, 중국학자들이 이와 같은 분석을 내놓기는 다소 어려운 부분이 있다. 즉, 민족주의 정서가 고조된 상황에서 중국 정부는 타이완에 대한 미국의 지지에 강경하게 대응할 수밖에 없고, 당내 엘리트와 일반 대중을 비롯한 국내 여러 세력에게 미국의 행동을 용인할 수 없음을 보여 주기 위함이라는 것이다.

이러한 상황은 미·중 경쟁을 둘러싸고 양안관계가 미국의 대중 정책의 성공 여부를 가늠하는 중요한 지표가 되었음을 보여 주고 있다. 즉, 미국의 입장에서 타이완을 향한 중국의 군사도발을 효과적으로 저지하지 못한다면 외교적 위상에 큰 타격을 받을 수 있다. 그러므로 현재 미국 정부의 양안 정책은 중국을 최대한 압박해 군사도발 가능성을 억제하는 것이 핵심이다. 특히 미 국방부는 이러한 관점에 적극적으로 호응하고 있다. 필립 데이비드슨(Philip S. Davidson) 미 인도태평양사령관은 2021년 3월 하원 군사위원회 청문회에서 "중국은 2050년까지 미국을 제치고 국제 질서의 리더가 되고자 하며, 이를 달성하기 전까지 타이완은 중국의 타깃이 될 것"이라고 언급하면서 "앞으로 10년, 빠르면 6년 이내에 타이완 문제를 해결하려고 할 것"이라고 단언했다. 필립 데이비드슨의 이 같은 발언은 타이완 안보를 미국에 대한 중국의 위협과 연결 지은 것으로 볼 수 있다. 미국 정부가 고수하는 양안 정책의 기조는 여전히 '전략적 모호성(strategic ambiguity)'에 있지만, 최근 미군이 공개한

---

2 인터뷰한 학자는 중국의 모 싱크탱크 연구원으로 2021년 8월 23일에 인터뷰를 진행했다.

담화를 보면 정책 일부가 '전략적 명확성(strategic clarity)'으로 전환되고 있음을 말해 주고 있다.³ 이는 또한 미군이 타이완을 겨냥한 중공의 군사적 위협을 견제하고 있음을 시사하기도 한다.

바이든 정부는 상징성을 띤 외교적 지지뿐만 아니라 위협의 신뢰도를 유지하고자 양자 간 또는 다자간 외교 무대에서 타이완 해협의 평화 유지의 중요성을 강조하고 있다. 일례로 지난 2021년 4월 바이든 대통령은 스가 요시히데(菅義偉) 일본 총리와 정상회담을 가진 후 타이완 해협의 평화와 안정을 위한 공조 내용이 담긴 미·일 공동성명을 발표하였다. 미·일 공동성명에서 타이완이 언급되기 시작한 것은 50년 전으로, 1969년 사토 에이사쿠(佐藤榮作) 일본 총리와 닉슨 대통령이 회담을 가진 후 발표한 성명에서였다. 1972년 일본이 중국과 수교를 맺은 후, 2021년에 발표한 미·일 공동성명에서도 타이완이 명시되었고, 이외에 한·미 정상회담과 G7 정상회의 이후 발표된 공동성명에도 타이완의 평화와 안정을 촉구하고 평화적 방법으로 분쟁을 해결해야 한다는 문구가 적시되어 있다.

비록 미군이 압박 전략을 고수하고 있고, 바이든 행정부도 타이완 문제를 공론화하여 글로벌 외교 행사에서 양안 평화의 중요성을 강조하고 있지만, 워싱턴 정치권은 조금 다른 목소리를 내고 있다. 특히 보니 글레이저(Bonnie S. Glaser),⁴ 리처드 부시(Richard C. Bush)⁵ 등 일부 싱크탱

---

3   '전략적 명확성'에 대한 호소는 리처드 하스(Richard Haass)와 데이비드 삭스(David Sacks)가 제시하였다. R. Haass and D. Sacks, 2020, "American Support for Taiwan Must Be Unambiguous: To Keep the Peace, Make Clear to China That Force Won't Stand," *Foreign Affairs*, 2.

4   B. S. Glaser, M. J. Mazarr, M. J. Glennon, R. Haass and D. Sacks, 2020, "Dire Straits: Should American Support for Taiwan Be Ambiguous?," *Foreign*

크게 학자들은 미국의 공개적인 대만 지지 표명에 대하여 회의적인 입장을 보이고 있다. 이들 대부분은 오랫동안 양안관계를 연구한 터라 중국의 내정, 특히 지도부의 의도를 잘 파악하고 있다. 중국은 타이완 수복에 대한 의지가 굳건하며, 이는 중국의 지정학적 전략을 기반으로 민족정서와도 밀접하게 연관되어 있으므로, 미국이 타이완 자국 방어에 동참할 의사를 표명하는 데 대하여 우려의 목소리를 내고 있다. 중국이 어떤 대가를 치르더라도 양안통일을 추구할 가능성이 높은 상황에서 중국이 실제로 타이완을 침공한다면, 타이완 방어를 보장한 미국으로서는 개입하지 않을 수 없게 된다. 바꿔 말하면, 타이완 방어에 동참하지 않을 시 미국은 동맹국을 배신했다는 이유로 국제사회의 비난을 면치 못할 것이다. 따라서 미국이 모호한 입장을 고수하면 직접적인 군사 개입 여부에서 자유로울 수 있으니, 미국에 더 유리하다는 평가다.

필자는 미군의 '전략적 명확성' 기조가 중국의 타이완 침공을 효과적으로 억제할 수 있다고 보지만, 오랫동안 중국을 연구한 학자들은 대부분 유보적인 태도를 취한다. 양안관계를 둘러싼 미국 정부의 내부 논쟁은 1950년 한국전쟁 당시 미국 맥아더 장군과 트루먼 정부 간의 논쟁을 방불케 한다. 미 국방부의 입장에서 중국에 대한 군사안보 전략의 목표는 효과적이고 안정적인 억지력을 제시하는 것으로, '전략적 명확성' 기조에 가깝다. 반면에 바이든 정부는 비록 수차례 공개적으로 타이

Affairs, 24, https://www.foreignaffairs.com/articles/united-states/2020-09-24/dire-straits.

5   "Opinion: Don't Help China By Hyping Risk Of War Over Taiwan," *NPR*, Apr. 8. 2021, https://www.npr.org/2021/04/08/984524521/opinion-dont-help-china-by-hyping-risk-of-war-over-taiwan.

완 지지 의사를 표명했으나 여전히 대타이완 정책에서 '전략적 모호성'을 주요 원칙으로 삼고 있다. 이런 이유로 중국과 타이완은 양안 간 전쟁 발발 시 미군의 군사 개입 여부를 예측하는 데 어려움을 겪고 있다.

V. 1950년 한국전쟁과 현 양안관계에 대한 시사점: 중국 지도부의 태도

미·중 경쟁이라는 국제정세 외에도 민족주의와 정권 유지에 대한 중국 지도부의 계산도 양안관계에 영향을 미치는 주요한 요인이다. 마오쩌둥의 민족주의는 한국전쟁 개입을 이끌었으나 시진핑의 민족주의는 권력의 공고화와 관련이 있다.

1. 한국전쟁과 마오쩌둥의 민족주의

상술한 바와 같이 마오쩌둥이 한국전쟁에 참전하게 된 것은 미군의 북진으로 인해 심각한 위협을 느꼈기 때문으로, 일종의 예방적 방어 조치였다. 마오쩌둥의 결정은 동아시아 지역에 대한 국제관계를 고려한 것일 뿐만 아니라 그의 뿌리 깊은 민족주의 신념에 기반한 것이기도 하다. 즉, 1950년 11월 마오쩌둥의 한반도 진격은 지정학적 위협에 대한 위기의식만으로 완벽하게 설명되지 않는다. 역사학자 천젠(陳兼)에 따르면,[6]

---

6   J. Chen, 1992, "China's Changing Aims during the Korean War, 1950-1951," *Journal of American-East Asian Relations*, 1(1).

마오쩌둥은 당시 중국의 혁명 엘리트들과 마찬가지로 혁명적 민족주의(revolutionary nationalism) 정서가 강했다. 그에게 있어 신중국의 정권 안정과 중화민족의 부흥은 한국전쟁 참전의 또 다른 이유다. 천젠의 지적처럼 한국전쟁 이전까지 마오쩌둥은 동아시아 지역에서 공산당이 발전하는 데 미국이 개의치 않는다고 판단하여 1950년 여름부터 '타이완 해방'을 선전하기 시작했다. 공산당 정권 수립 초기, 그는 타이완 문제를 해결할 능력이 없었고 무엇보다 미국이 타이완의 국민당 정권을 비호할 것이라 생각하지 않았다. 하지만 미국이 한국전쟁에 개입하면서 마오쩌둥은 미국이 아태 지역 내 공산당의 영향력 확대를 용인하지 않으리라는 것과 새로 출범한 중화인민공화국에 대해 반감을 가졌다는 것을 깨닫기 시작했다. 그는 '타이완 해방' 계획이 지연되더라도 동아시아에서의 미국 세력이 신중국 정권 안정에 직접적인 영향을 미치리라 판단해 이를 저지하고자 한국전쟁 개입을 결정하였다.

정권 안정 외에도 당시 중국 지도층의 민족주의 정서는 '제국주의 침략에 맞서는' 군사행동을 뒷받침하였다. 2020년 시진핑 주석은 '중국 인민지원군 항미원조(抗美援朝) 참전 70주년 기념' 행사에서 "위대한 항미원조 전쟁은 제국주의 침략 확장을 막아 내고 신중국의 안전을 지켜 냈으며… 아시아와 세계평화를 수호했다"고 언급하였다. 이는 중국 정부가 한국전쟁 개입을 민족주의의 승리로 간주하고 있음을 보여 준다. 또한 해당 연설에서 시진핑은 "침략자를 대할 때 그들이 이해하는 언어로 대화해야 하는데, 그것은 전쟁으로 전쟁을 멈추고 무력으로 창을 막고(以戰止戰, 以武止戈), 승리로 평화와 존중을 얻는 것"[7]이라고 말했다. 무력 사용

---

7 "在紀念中國人民志願軍抗美援朝出國作戰70週年大會上的講話", 『新華網』,

의 가능성을 열어둔 이 발언은 강력한 민족주의 정서를 잘 보여 주고 있다. 또한, 한국전쟁 참전 기념식 때 발언이지만, 중국에 대한 외부 세력의 위협에 어떻게 대처할 것인가에 초점을 맞추고 있다. 시진핑은 연설에서 국가의 주권과 이익이 훼손된다면 "중국은 반드시 정면 돌파할 것"이라고 경고한 것처럼 민족주의에 대한 호소, 외부 세력에 대한 저항, 국가 영토 보전 등 의제를 통해 항미원조의 역사를 재해석하고 있다.

2. 정권 유지와 시진핑의 민족주의

이처럼 민족주의를 전면에 내세운 발언은 권위주의 체제 유지와 시진핑 집권 3기라는 중국의 국내 상황과도 밀접하게 관련되어 있다. 권위주의 체제는 정권에 위협이 될 만한 잠재 세력에 대해 선제적으로 대처하고 예방한다. 잠재적 위협은 엘리트 내부의 파벌 싸움, 사회 내부의 반체제 인사 및 반대파로 크게 나뉜다. 민족주의 이데올로기는 최고 통치자의 당내 정당성 강화에 도움이 되는 한편, 사회적 지지를 결집하는 데 유리하기 때문에 권위주의 통치자들이 자주 사용하는 수단이다. 시진핑은 강한 중국과 외부 세력에 대한 정면 돌파를 운운하면서 2022년 하반기에 치러질 제20차 중국공산당 전국대표대회에서 3연임 확정을 꾀하고 있다.

민족주의가 현재 중국 정권을 공고히 하는 주된 이데올로기이긴 하나, 중국 정부나 시진핑 주석이 타이완 문제를 시급히 해결해야 한다

202.10.23, http://www.xinhuanet.com/politics/2020-10/23/c_1126647316.htm.

는 뜻은 아니다. 일각에서는 타이완 문제의 해결과 국가 통일이 시진핑의 권력을 공고히 하고 3연임 성공에 도움이 된다고 주장하지만, 사실상 '빈곤퇴치'와 '전면적 소강사회 건설'을 통해 당내 입지를 확고히 한 시진핑으로서는 굳이 타이완 문제까지 건드릴 필요는 없어 보인다. 현재로선 적어도 2022년까지 타이완을 무력으로 통일하는 것은 위험부담이 크다. 군사행동이 실패하면 정권 안정을 위태롭게 할 뿐만 아니라 중국의 평화적 부상과 발전에 대한 국제적 신뢰를 무너뜨릴 수 있기 때문이다.

구체적으로 보면, 당내에서 시진핑 권력의 주요 기반은 중국의 국내 문제 해결이며 특히 '빈곤퇴치' 성과를 통해 다져졌다. 중국 정부의 빈곤구제사업은 그 역사가 오래되었다. 1986년 국무원은 빈곤구제개발영도소조(扶貧開發領導小組)를 발족하여 빈곤구제표준을 제정, 중점 지원지역을 선정하기 시작했다. 시진핑이 집권하기 전 빈곤구제 정책지원 문건에는 '국가87빈곤구제퇴치계획(國家八七扶貧攻堅計劃)(1994~2000년)', '중국농촌빈곤구제개발강령(中國農村扶貧開發綱要)(2001~2010년)' 등이 포함되어 있었다. 이후 시진핑 시대에는 '빈곤과의 전쟁'을 선포, 이를 시정 핵심으로 삼았다. 2015년 11월 27일에서 28일까지 열린 중공중앙빈곤구제개발업무회의(中共中央扶貧開發工作會議)는 '역사상 최고 수준'의 빈곤퇴치사업 회의로, 중앙정치국 상무위원, 지방 당정의 수장들까지 모두 참석하였다. 이날 2020년까지 빈곤층이 없는 전면적 소강사회 실현을 주장한 시진핑 주석의 발언대로라면 2020년은 빈곤퇴치사업을 마무리하는 해일 것이다.

이 목표는 코로나19 발생 이후 외부로부터 의심을 받고 있으나 중국 정부는 공식 자료를 통해 목표를 달성했다고 주장하고 있다. 2020년

5월 18일 국무원빈곤구제판공실 류융푸(劉永富) 주임은 "빈곤퇴치에 미친 코로나의 영향을 점차 극복하고 있으며 탈빈곤 공격전에서 긍정적인 진전을 거두고 있다"고 언급했다. 10월 17일, 제7차 '국가 빈곤 구제의 날'에 국무원은 전국 빈곤 현(縣)이 2012년 832개에서 52개로 줄었고 빈곤 인구도 2012년 약 9,899만 명에서 2019년 551만 명으로 감소하였으며, 빈곤 발생률도 0.6%까지 하락했다고 발표하였다. 이러한 실적은 최근 몇 년 동안 인적 및 재정적으로 막대한 자원을 투입한 결과이다. 빈곤퇴치운동은 빈곤층 구제를 위한 것이기도 하지만, 사실상 사회적 기층을 통제하기 위한 수단으로 풀이된다.

정치적 의미로 보면, 빈곤퇴치의 완성은 시진핑 개인의 정치권력과 밀접한 관련이 있다. 시진핑의 업적을 부각하는 주요 지표는 빈곤과의 전쟁에서 승리하는 것과 전면적 소강사회를 실현하는 것이다. 이에 중국 공산당 관영매체들은 탈빈곤 성과에 대해 '천년의 난제를 해결하고 빈곤 거버넌스에 기여했다'고 치켜세우면서, 사실상 빈곤퇴치의 성과를 과거의 정치지도자, 특히 덩샤오핑의 업적과 동일시하고 있다. 빈곤퇴치의 완성은 중국의 대외관계와 양안관계가 부진한 가운데 시진핑의 권력을 견고하게 하고 후계 문제를 해결하는 데 큰 도움을 주었다.

시진핑의 지위가 확고한 상황에서 중국 정부의 가장 좋은 전략은 평화적 통일이다. 2021년 7월 1일 중국공산당 창당 100주년 경축 행사에서 시진핑 주석은 "타이완 문제를 해결하고 조국의 완전한 통일을 실현하는 것은 중국공산당의 변함없는 역사적 임무"이며 "하나의 중국 원칙과 92컨센서스를 견지하고 조국의 평화 통일을 추진해야 한다"는 과거 대타이완 정책의 기본 원칙을 재천명했다. 또한 2021년 10월 9일 신해혁명 110주년 기념대회에서는 "타이완 문제는 완전히 중국 내정으로 어떠한 외부의 간섭도 용납할 수 없으며, 자국의 주권과 영토를 지키겠다는 중국 인민의 군건한 결심을 누구도 과소평가해서는 안 된다"고 경고하면서, "평화적 방식의 조국 통일은 타이완을 포함한 중화민족 전체의 이익에 가장 부합한다"고 재차 언급했다. 이러한 발언은 모두 외부의 간섭을 비판하고 중국공산당의 통일 의지를 표명한 후 평화 통일 기조를 강조하는 수순을 밟고 있다.

VI. 중국 정부의 대타이완 정책: 압박과 회유

이상의 분석을 통해 알 수 있듯이, 시진핑 3차 연임 전까지 '평화 통일' 원칙의 고수는 중국 정부가 취할 수 있는 가장 적합한 양안 정책이다. 중국 정부는 타이완에 대한 정치적, 군사적 압박보다는 경제적 교류를 통한 통일을 주장하는 한편, 다양한 '타이완 우대정책'을 발표하여 '융합촉진' 목표의 달성을 기대하고 있다. 지난 2020년 5월, 중국 정부는 '코로나19 대응 및 타이완 자본 기업의 발전과 타이완 자본 프로젝트의 추진 관련 업무 지원에 관한 통지(關於應對疫情統籌做好支持台資企業發展和推進台資項目有關工作的通知)'를 발표하였다. 2021년 3월, 전국양회(兩會)는 '국민경제 및 사회발전 제14차 5개년 계획과 2035년 전망목표 요강(國民經濟和社會發展第十四個五年規劃和2035年遠景目標綱要)'을 통과시켰다. 양안관계에 관한 조문을 보면, '타이완 우대' 정책을 지속적으로 추진하여 타이완 국민들과 발전 기회를 공유하고, 중국의 경제사회 발전과정에 참여하도록 명시하고 있다. 또한 중국은 타이완 기업의 '일대일로' 건설 참여를 지원하겠다고 밝혔다.

2021년 3월의 중국 양회(兩會) 이후, 타이완사무판공실은 '농림22조 타이완 우대 조치(農林22條惠台措施)'를 발표, 중국의 '농촌진흥전략계획 (鄕村振興戰略規劃)'을 연결 지어 타이완 농업협회와 어업협회가 중국 농촌 발전에 동참해 줄 것을 요청하였다. 2021년 3월 25일, 시진핑은 푸젠성을 시찰하면서 "소통, 혜택, 감성을 통한 융합으로 해협양안의 융합 발전의 새 길을 모색해야 한다"[8]고 언급했다.

중국 정부는 '92컨센서스' 또는 그 핵심인 '해협양안은 하나의 중국' 이라는 원칙에 동의하면, 중국과의 교류에 장애물이 있을 수 없다고 거듭 강조하고 있다. 이는 곧 경제적 교류를 통한 융합을 의미한다. 그러나 이러한 정책의 주요 목표는 타이완 국민을 대륙으로 흡수하는 것이며, '타이완 동포와 발전 기회를 공유하는 것' 또한 '타이완 인재를 유출' 하기 위한 전략에 지나지 않는다. 무엇보다 중국 정부는 경제적 통합을 강조하면서도 징벌적 조치의 시행을 배제하지 않고 있다. 일례로 2021년 2월 중국 정부는 사전 예고 없이 타이완 파인애플의 수입을 중단했고, 뒤이은 2021년 9월에는 슈가애플과 왁스애플의 수입도 중단했다. 이처럼 중국 정부는 융합을 강조하는 동시에 언제든 경제 제재 카드를 꺼낼 수 있음을 보여 주고 있다. 그러나 경제 제재로 피해를 입은 타이완 농민들은 중국 정부가 겨냥하는 타이완 독립 추구 세력이 아닌 오히려 중국 정부가 끌어안고자 하는 타이완 중남부 유권자들이다. 따라서 이러한 경제 제재는 오히려 타이완 우대정책의 신뢰도를 떨어뜨리고 경제적 융합과 통일 실현을 더욱 요원하게 만든다.

---

8 "國台辦介紹如何推動海峽兩岸以通促融, 以惠促融, 以情促融", 『人民網』臺灣頻道, 2021.3.31, http://tw.people.com.cn/BIG5/n1/2021/0331/c14657-32066054.html.

이처럼 중국은 타이완 문제를 군사적으로 대응할 수 없는 상황에서 융합을 내세워 대타이완 정책을 추진하는 동시에 군사적 압박과 간헐적 경제 제재도 함께 사용하고 있다. 그러나 앞서 언급한 것처럼 과거와 달리 시진핑의 당내 권력은 이미 견고한 상태다. 게다가 그는 여러 공식 석상에서 중국은 이미 대국이며, 중국공산당은 세계에서 가장 큰 정당이므로 '커진 만큼 커진 면모를 보여야 한다'고 강조하였는데, 『인민일보』의 논평처럼 '큰 포부, 큰 형세, 큰 경지, 큰 책임'[9]이 있어야 한다는 뜻이다. 이러한 대국적 시각은 시진핑이 국가 통일과 민족주의를 더욱 중시하게 만들었다. 2014년 2월, 시진핑은 타이완의 롄잔(連戰) 국민당 명예주석과 만난 자리에서 위대한 중국몽을 함께 실현하자고 제안하면서, "양안 동포는 한 가족으로, 누구도 우리의 혈육을 끊을 수 없다", "양안 동포는 운명공동체로서 서로 풀리지 않는 응어리가 없다", "양안 동포는 양안관계의 평화 발전을 추진해야 한다", "한마음, 한뜻으로 중화민족의 위대한 부흥인 중국몽을 실현하자"고 말했다. 이러한 시진핑의 민족주의에 대한 호소는 양안관계의 기반이다. 『인민망』은 시진핑의 창당 100주년 경축 연설을 해석하면서, '타이완을 장씨 부자에게 넘길지언정 미국의 손에 들어가게 해서는 안 된다'고 말한 마오쩌둥의 발언을 인용한 동시에 '양안의 오랜 정치적 이견은 점진적으로 해결할 문제이며, 이를 대대로 물려주어서는 안 된다'[10]고 말한 시진핑의 발언도 보도했다.

---

9 "大就要有大的樣子-獻給中國共產黨成立97周年", 『人民網-人民日報』, 2018.6.29, http://politics.people.com.cn/BIG5/n1/2018/0629/c1001-30094575.html.

10 "習近平總書記"七一"重要講話為新時代對台工作指明了方向", 『人民網』 理論頻道, 2021.9.8, http://theory.people.com.cn/BIG5/n1/2021/0908/c40531-32221397.html.

중국 정부는 앞으로도 양안관계에 관한 구체적인 정책에서 압박과 회유를 동시에 사용할 것으로 보인다. 압박 수단은 주로 군사적 위협 위주가 될 것이다. 따라서 중국의 군용기와 선박은 타이완 주변을 지속적으로 맴돌 것이며, 그 횟수도 갈수록 잦아질 것이고, 타이완 해협 중간선을 넘나들며 방공식별구역(ADIZ: Air Defense Identification Zone)에 자주 진입할 것으로 예상된다. 군사적 압박 외에도 국제사회에서 중화민국의 입지를 좁히고, 중화민국의 국제기구 참여를 차단하고, 중화민국과 수교한 국가를 압박하여 단교하게 만드는 등 외교적 강경 조치도 이어질 것으로 보인다. 또한 시진핑은 정치적 언어 사용에 있어서도 강온 전략을 구사하고 있다. 2021년 10월 9일, 신해혁명 110주년 기념대회에서 시진핑은 타이완 독립 저지와 중화민족 부흥을 재차 연결하면서 "타이완 독립은 조국 통일의 가장 큰 걸림돌이자 민족 부흥의 심각한 위협"이라고 언급했다. 이는 중국이 진정한 세계 강국, 대국이 되려면 타이완 문제를 외면하기 쉽지 않음을 시사한다.

압박, 회유 방식의 타이완 정책은 중국이 '타이완 독립을 저지'하고 '평화 통일을 추진'할 수 있다는 기대감에서 나온다. 그러나 '타이완 독립의 저지'와 '평화 통일의 추진'은 같은 맥락이 아니며, 타이완 독립을 강압적으로 저지한다고 해서 통일을 이룰 수 있는 것도 아니다. 이것이 시진핑 정부가 군사적으로 압박하면서도 '회유'하는 방법을 포기할 수 없는 이유다. 2019년 1월 2일, 시진핑은 '타이완 동포에게 보내는 편지 발표 40주년 기념회'에서 대타이완 정책 지침인 '시진핑 5대 강령(習五條)'을 제시하였다. 이른바 '시진핑 5대 강령'에는 "민족 부흥을 함께 추진하고 평화 통일 목표를 실현한다", "일국양제의 타이완 방안을 모색하여 통일의 노선을 다각화한다", "하나의 중국 원칙을 견지하여 평화 통일 비전을 수호한다", "양안의 융합발전을 강화하여 통일의 기틀을 다진다", "동포들과 화합을 통해 평화 통일의 정체성을 증진한다" 등의 내용이 포함되어 있다. 이 다섯 가지 조항을 관통하는 주된 키워드는 평화 통일이다. 특히 두 번째 조항에 명시된 일국양제의 '타이완 방안'은 중국 정부의 공식 문건에 처음 등장한 것으로, '독립 저지'를 넘어 '타이완 통일'로 나아가려는 시진핑 정부의 염원이 담겨 있다. 2022년 8월 10일 국무원타이완사무판공실은 『타이완문제와 새로운 시대 중국통일사업(臺灣問題與新時代中國統一事業)』이라는 제목의 백서를 발표하여 "타이완 사회 각계각층과 공동으로 노력하여 '양제'의 타이완 방안을 모색하자"고 재차 언급하면서 이를 현재 성과 중 하나로 간주하였다. 여전히 '회유'를 통해 양안의 융합을 추진하려는 시진핑의 의도가 엿보이는 대목이다.

객관적 한계에 직면한 상황에서도 중국 정부의 시정 핵심은 여전히 자국의 발전과 국력 신장, 미국과 대화 가능성을 유지하는 것으로, 미·중 충돌의 격화를 최대한 낮추는 데 초점이 맞춰져 있다. 대타이완 정책의 핵심은 무력 공격이 여전히 위험 부담이 큰 상황에서 압박을 통해 타이완의 법리적 독립을 저지하고, 회유를 통해 양안의 융합을 도모하는 것이다. 2021년 10월 9일 신해혁명 110주년 기념대회에서 시진핑은 "타이완 문제는 민족적 동란에 따른 것으로 민족 부흥과 함께 해결될 것"이라고 공언했다. 다시 말해, 중국이 계속 강대해지는 것이 현 단계에서 중국 정부의 최우선 목표라고 할 수 있다.

VII. 맺음말: 동아시아 안보에 대한 양안관계의 시사점

이 글은 양안관계의 발전 추이를 살펴보고자 미국의 전략적 사고, 타이완 내부 정치, 중국 정부의 현행 대타이완 정책을 분석한 것이다. 1950년에 발발한 한국전쟁이 양안관계에 주는 시사점을 고려하면, 미·중 경쟁이 격화되는 상황에서 양안관계는 이미 미국의 대중국 정책의 성공 여부를 가늠하는 중요한 지표이다. 현시점에서 미국 정부의 양안 정책 기조는 중국 정부를 최대한 압박하는 것이며, 특히 미국 국방부가 이를 적극적으로 수용하고 있다. 현재 미국 국방부는 '전략적 명확성'으로 전환하여 타이완에 대한 중국의 군사행동을 저지해야 한다고 주장하지만, 중국을 오래 연구한 일부 싱크탱크계 학자들은 이에 대해 유보적인 입장을 보이고 있다. 양안관계를 둘러싼 미국 정부의 논쟁은 1950년 한국전쟁 발발 당시 미국 맥아더 장군과 트루먼 정부 간의 논쟁을 방불케 한다. 미 국방부의 입장에서 중국에 대한 군사안보 전략의 목표는 효과적이고 안정적인 억지력을 제시하는 것이며, 반면에 바이든 정부는 비록 수차례 공개적으로 타이완 지지 의사를 표명했으나 여전히 '전략적 모호성'을 주요 원칙으로 삼고 있다.

미국의 전략적 사고 외에도 중국에서 고조되고 있는 민족주의 정서 또한 양안관계의 발전에 큰 영향을 미치고 있다. 중국의 민족주의 정서는 민간뿐 아니라 중국 정부의 공식적인 발언에서도 계속 흘러나오고 있다. 2020년 열린 '중국 인민지원군 항미원조 참전 70주년 기념' 행사에서 시진핑은 제국주의 침략 확장을 막아내고 신중국의 안전을 지켜냈다고 자평하면서, 한국전쟁 개입을 민족주의의 승리로 간주하였다. 최근 몇 년 동안 중국 정부는 중국이 대국의 반열에 올랐음을 강조하면서 민족주의, 위대한 부흥 등의 용어를 자주 사용하고 있다. 반면에 양안관계에서는 평화 통일이라는 장기적 목표를 강조하는 동시에 경제적 회유와 융합추진이라는 단기적 전략도 고수하고 있다. 이는 중국 정부가 무력을 사용하여 양안관계의 현 국면을 타개할 수 있다는 확신이 없기 때문으로 해석된다.

중국 정부는 민족주의 정서에 상당히 의존하고 있음에도 불구하고, 이러한 이데올로기의 포석은 중국 내부의 정권 안정 및 강화와 관련이 있다. 사회적 반대 여론에 재갈을 물리는 것이든, 당내 엘리트의 충성을 이끌어 내는 것이든, 민족주의의 기치는 현 최고지도자에게 상한선이 없는 정치적 정당성을 부여한다. 이런 점에서 민족주의 선양의 목표는 복잡한 지역 정세와 타이완 문제를 조속히 해결하는 데 있지 않다.

이러한 논리는 중국 및 동아시아 국가와의 관계에도 적용될 수 있다. 일례로 최근 몇 년 동안 중국은 역사 문화에 대한 해석을 둘러싸고 한국과 충돌하면서 한중관계에서 양안과 유사한 상황이 벌어지고 있다. 경제무역 교류가 빈번해짐에 따라 문화적 정체성에 대한 충돌이 심해졌고, 한국과 중국 국민 간 호감도도 떨어졌으며 심지어 혐오로까지 이어지고 있다. 그러나 미국의 군사적 위협을 경계하는 중국 정부로서는 내부 정권의 공고화를 위하여 민족주의 카드를 꺼내 들 뿐, 이를 대외 확장을 위한 행동으로 구체화할 계획은 없다. 비록 중국 사회에서 확장적 민족주의 정서가 표출되고 있고, 정부 관리와 『환구시보』 등 일부 언론은 '전랑(戰狼: 늑대전사)'이라는 민족주의 어휘를 사용하고 있지만, 중국 정부의 주류 의견은 여전히 이와 차이를 보인다. 현재 중국 정부가 동아시아 지역에서 군사적 확장 행위를 감행하는 것에 대해 눈치를 보는 것은 사실이다. 그러나 장기적으로 중국의 민족주의가 대외 확장형 이데올로기로 진화할지에 대해서 주변국들은 여전히 경계를 풀지 않고 있다. 중국 대중들 사이에서 번지고 있는 확장적 민족주의 정서는 소프트 파워(soft power)를 손상시켰고, 다수의 국가들은 중국 정부가 경제력, 군사력 외에도 소프트 파워를 샤프 파워(sharp power)로 전환하고 있다는 데 주목하고 있다. 이는 동아시아 국가와 미국이 역내 관계에서 중국의 역할에 경계심을 갖는 이유이기도 하다.

한편, 양안관계의 발전은 남북관계에도 시사점을 준다. 먼저 양안 간 경제 교류가 양안 협력을 이끌어 내지 못했다는 점에서 한반도는 경제개발 등에 집중하기보다는 비경제 분야에서 교류를 강화해야 할 것이다. 경제협력과 관련된 것은 모두 소득재분배 문제를 포함하므로, 이 과정에서 혜택을 입은 승자와 그렇지 못한 패자를 양산할 수 있다. 게다가 패자들은 경제 교류에 의구심을 품고 경제협력을 반대할 가능성이 높다. 다만 양안관계와 남북관계는 근본적으로 차이가 있다. 최근 몇 년 동안 중국 정부는 공개적인 자리에서 타이완을 중국이 아직 수복하지 못한 성이라고 지칭하는 일은 거의 없었지만, 그렇다고 중화민국의 합법적 관할권이나 중화민국의 국호를 인정한 적이 없다. 이것이 양안관계와 남북관계의 뚜렷한 차이점이다.

(번역: 전현정)

참고문헌

Chen, J., 1992, "China's Changing Aims during the Korean War, 1950-1951," *Journal of American-East Asian Relations*, 1(1).

Christensen, T. J., 1992, "Threats, assurances, and the last chance for peace: The lessons of Mao's Korean war telegrams," *International Security*, 17(1).

Glaser, B. S., Mazarr, M. J., Glennon, M. J., Haass, R. and Sacks, D., 2020, "Dire Straits: Should American Support for Taiwan Be Ambiguous?," *Foreign Affairs*, 24, https://www.foreignaffairs.com/articles/united-states/2020-09-24/dire-straits.

Haass, R. and Sacks, D., 2020, "American Support for Taiwan Must Be Unambiguous: To Keep the Peace, Make Clear to China That Force Won't Stand," *Foreign Affairs*, 2, https://www.foreignaffairs.com/articles/united-states/american-support-taiwan-must-be-unambiguous.

"國台辦介紹如何推動海峽兩岸以通促融, 以惠促融, 以情促融", 『人民網』 臺灣頻道, 2021.3.31, http://tw.people.com.cn/BIG5/n1/2021/0331/c14657-32066054.html.

"大就要有大的樣子-獻給中國共產黨成立97周年", 『人民網-人民日報』, 2018.6.29, http://politics.people.com.cn/BIG5/n1/2018/0629/c1001-30094575.html.

"習近平總書記"七一"重要講話為新時代對台工作指明了方向", 『人民網』 理論頻道, 2021.9.8, http://theory.people.com.cn/BIG5/n1/2021/0908/c40531-32221397.html.

"在紀念中國人民志願軍抗美援朝出國作戰70週年大會上的講話", 『新華網』, 202.10.23, http://www.xinhuanet.com/politics/2020-10/23/c_1126647316.htm.

"Opinion: Don't Help China By Hyping Risk Of War Over Taiwan," *NPR*, Apr. 8. 2021, https://www.npr.org/2021/04/08/984524521/opinion-dont-help-china-by-hyping-risk-of-war-over-taiwan.

7장

시진핑 시대, 베트남을 둘러싼 미중 전략 경쟁과 한반도에 미치는 영향

트란 티 투이(Tran Thi Thuy) 베트남 사회과학한림원 중국학 연구소 박사

I. 머리말: 2021년 이후 미중 전략적 경쟁 개요
II. 미중의 전략적 계산과 베트남의 역할
III. 베트남을 상대로 한 미중 전략 경쟁
IV. 베트남에 대한 영향력을 얻기 위한 미중 전략적 경쟁이 한반도에 미치는 영향
V. 맺음말

I. 머리말: 2021년 이후 미중 전략 경쟁 개요

　1979년 양국 관계 정상화 이후 2012년까지 미중 외교관계는 다양한 변화를 거쳤다. 미중관계의 특징적 요소는 '협력과 경쟁의 공존'이며, 경쟁은 1979년 이후 더 강력한 요소가 되었다.[1] 중국은 2012년 이후 5세대 지도부를 이끄는 시진핑과 함께 국가권력을 강화했고, 미국은 대통령이 여러 번 바뀌었다. 그리고 미국 대통령에 따라 양국의 전략적 경쟁관계는 양상이 달라졌다.

　오바마 행정부 때의 미중관계는 경쟁과 협력관계였고, 협력 기조가 기본적으로 더 강했다. 협력 기조는 정치관계 및 경제관계에서 두드러졌다. 한편 안보와 인권 문제에서는 경쟁 기조가 보였다.

　트럼프 행정부 때 미중관계는 근본적으로 변화했다. 트럼프 행정부는 중국을 인도·태평양 지역의 미국의 세력과 이익에 반하는 주요한 도전 세력으로 규정하기를 주저하지 않았다.[2] 트럼프 시대의 미-중게임은 대부분 경제 부문에 치중된 직접적이고, 쌍무적이며, 공개적인 경쟁이었다. 하지만 일부 전문가에 의하면 트럼프 대통령이 집권했던 4년 동안 미중 경제 격차는 줄었다. 미국과 우방국 사이가 벌어지면서 중국은 전 세계와 우호관계를 만들 수 있는 기회를 포착했다.[3]

1　Nguyễn Thị Thanh Vân, 2015, "Quan hệ Trung - Mỹ từ năm 1949 đến nay [China-US relations since 1949]," *Vietnam Social Sciences Review* 5(90), pp. 74-81.

2　TrumpWhitehouse, 2017, "National Security Strategy of the United States of America", https://trumpwhitehouse.archives.gov/wp-content/uploads/2017/12/NSS-Final-12-18-2017-0905.pdf(검색일: 2021.10.20).

3　2021년 10월 6일 전문가 Nguyen Vinh Quang과 심층 인터뷰 진행.

바이든 행정부, 즉 조 바이든 대통령은 전임 정부의 대중정책을 유지했다. 2021년 3월 3일 공개된 국가안보전략 중간 지침에서 바이든 행정부는 다음과 같이 강조했다. "중국은 안정적이고 개방적인 국제 시스템에 도전할 지속적인 경제, 외교, 군사, 기술 분야의 종합 세력이 될 가능성을 가진 유일한 경쟁 세력이다."[4] 바이든 대통령의 미 외교정책 관련 연설을 그대로 받아 앤터니 블링컨 미 국무장관은 "미중관계는 때에 따라 경쟁관계가 될 것이고, 때에 따라 협력관계가 될 것"이라고 강조했다.[5] 바이든 행정부가 중국과의 협력을 추구한다 하더라도, 워싱턴의 협력 정책은 중국의 굴기를 제어하는 데 목적이 있다고 널리 알려져 있다.

다시 말하면 2012년 이후 미국은 대통령이 세 번 바뀌었으나 워싱턴은 일관되게 아태 지역에 방점을 두고 움직였다. 오바마에서 바이든에 이르기까지 미 정부가 견지했던 '아시아 회귀(Pivot to Asia)' 전략에 이러한 입장이 명확히 반영되어 있다. 하지만 미국 대통령들은 각자의 방식으로 이 전략을 실행했다. 오바마 대통령의 재균형 정책이 목표한 바는 아시아와 협력을 강화하고 미국이 이 지역에서 철수하지 않는다는 것을 중국에 각인시키는 것이었다. 한편 트럼프 대통령의 '자유롭고 열린 인도·태평양(FOIP: Free and Open Indo-Pacific)' 전략은 인도와 같은 아시아의 신흥 세력을 활용하며 중국을 견제하고자 했다. 그리고 바이든 대통령은 동맹국과의 관계 회복에 방점을 두고 지역 내 중국의 영

---

4   White House, 2021, "Interim National security strategic guidance", https://www.whitehouse.gov/wp-content/uploads/2021/03/NSC-1v2.pdf(검색일: 2021.10.8).

5   Antony Blinken, 2021, "A foreign Policy for the American People", https://www.state.gov/a-foreign-policy-for-the-american-people/(검색일: 2021.10.8).

향력을 축소하기 위해 새로운 파트너십을 모색하고 있다.

한편 중국은 2012년 이후 5세대 지도자의 집권으로 국가발전 경로를 더욱 강화하였다. 중화민족의 위대한 부흥을 목표로 중국은 미국을 대체하여 아태 지역 지배력을 구축하고 있다.

II. 미중의 전략적 계산과 베트남의 역할

21세기 시작 후 20년이 지나면서 동남아시아, 특히 베트남은 미중 경쟁이 심화되는 현상을 목도해 왔고, 미국의 아시아 회귀 전략으로 경쟁이 더욱 노골화되었다고 보았다. 지역 영향력 확보를 위한 강대국 경쟁이 치열한 가운데 베트남은 미국과 중국의 전략적 계산에 중요한 나라이다.

베트남은 동남아시아로 들어가는 관문 역할을 하는 지정학적 요충지에 자리하고 있다. 즉 베트남은 중국의 남진과 세계진출의 경로에 위치한 것이다. 남중국해가 한반도, 일본, 대만에 둘러싸여 있다 보니, 중국이 태평양과 인도양에 도달하는 데 가장 적합한 경로는 동남아시아 경로이다. 베트남은 중국이 대양으로 진출하는 데 거쳐야 하는 첫 번째 지점이다.

미국 입장에서 베트남은 중국의 세계적인 전략적 영향력 확장을 견제하는 데 중요한 요소다. 더욱이 베트남은 남중국해에서 중국과 영토분쟁을 치르는 여러 국가들 중 하나다. 미국이 베트남을 동맹국으로 확보한다면 동남아에서 중국을 다루는 데 도움이 되는 우방국을 늘릴 수 있다. 중국 견제가 워싱턴의 주요 목표이기 때문에 중국과 인접한 지역은 모두 미국과 미 동맹국들의 주의를 끌고, 외교활동의 우선순위를 차지하게 된다. 현재 미국은 동남아시아 국가들과 관계를 강화하고 개선하기 위한 노력뿐만 아니라 인도, 몽골, 심지어 북한 등 주변국들에게 구애하고 있다. 미국의 주목표는 중국을 견제할 동맹을 구축하여 중국의 전략적 영향력 확장을 막는 것이다.

중국 입장에서 동남아시아와 베트남에 대한 베이징의 이익은 '세계진출(going global)' 전략과 맞닿아 있다.[6] 중국의 주변은 미 동맹국이거나 주요 강대국들이다. 북으로는 러시아, 동으로는 일본과 한국, 서로는 인도가 위치한다. 유일하게 소국들이 자리한 동남아시아가 중국의 강력한 영향권에 놓여 있다.[7] 따라서 동남아시아는 중국이 주요 강대 세력으로 자신의 영향력을 발휘할 수 있는 유일한 지역이다. 또한 중국은 동남아시아, 특히 베트남을 '안전 영향권'으로 전환하고 이 지역을 미국의 궤도에서 이탈시키려는 시도를 하고 있다.

더욱이 동남아시아에서 남중국해는 중국에서 출발하여 아시아, 아프리카로 물자를 수송하는 데 전략적으로 중요한 곳이다. 또한 남중국해에는 중국의 발전에 반드시 필요한 천연자원과 희토류 광물이 풍부하다. 따라서 중국은 자국의 경제목표 달성과 베트남을 상대로 한 미국과의 영향력 대결에서 경쟁하는 과정, 그리고 베이징의 진출로(베트남)가 워싱턴의 우방이 되지 않도록 베트남과의 우호관계가 필요하다.

---

[6] Affabile Fifawan and Novi Amelia, 2018, "Two Major Powers in Captivating Regional Influence and Dynamics: Comparing Foreign Policies of China and United States in Southeast Asia," *Comtempoary Chinese Political Economy and Strategic Relations: An International Journal*, Vol. 4, No. 1.

[7] Phạm Cao Cường, 2017, "Cạnh tranh Mỹ - Trung tại Đông Nam Á giai đoạn hiện nay và tác động tới Việt Nam [The US-China competition and its impacts on Vietnam]," *Chinese Studies Review* 11(195), pp. 57-72.

III. 베트남을 상대로 한 미중 전략 경쟁

1. 미중 전략 경쟁

1) 경제 분야

미중 양국은 베트남의 주요 무역 투자 상대국이다. 특히 중국은 수년 동안 베트남의 최대 무역 상대국이었다. 베트남은 현재 미국의 제10대 무역 상대국이다.

중국이 2001년 WTO에 가입한 이후 중국과 베트남의 무역관계는 빠르게 발전했다. 2018년 이후 양국의 총 교역량은 1,000억 달러(양국 교역량은 2018년 1,067.1억 달러, 2019년 1,166.8억 달러)를 돌파했다.[8] 2020년, 코로나19(COVID-19) 상황이 심각함에도 불구하고 무역량은 지속적으로 증가하여 1,331억 달러를 기록했다.[9] 현재 중국은 베트남의 최대 무역 상대국이다. 한편 아세안(ASEAN, 동남아시아국가연합) 국가 중 베트남은 중국의 최대 무역 상대국이다.[10] 그러나 베트남의 대중국 무역

---

8 Nguyễn Thị Phương Hoa, Hà Thị Hồng Vân, Nov. 2020, "Quan hệ kinh tế Việt Nam - Trung Quốc: Thực trạng và triển vọng [Vietnam-China economic relations: Realities and Perspectives]," Proceedings of Vietnam-China Economic Relations in the New Context, Institute of Chinese Studies - Vietnam Academy of Social Sciences and Chinese Embassy in Vietnam.

9 The website of the government of Vietnam, 2021, "Kim ngạch thương mại ASEAN-Trung Quốc tăng 80 lần trong 30 năm [Trade between ASEAN and China increases by 80 times over 30 years]", http://baochinhphu.vn/Kinh-te/Kim-ngach-thuong-mai-ASEANTrung-Quoc-tang-80-lan-trong-30-nam/446144.vgp(검색일: 2021.10.14).

10 Asean-China Centre, 2019, *2019 Asean & China in Figures*, http://asean-

〈표 1〉 2019년 베트남 10대 교역상대국

(단위: 백만 달러)

순위	수출		수입		총액	
	경제	액수	경제	액수	경제	액수
	세계	259,382.4	세계	249,013.0	세계	508,397.3
1	미국	61,332.4	중국	75,472.1	중국	116,934.6
2	중국	41,462.5	한국	47,020.7	미국	75,766.1
3	일본	20,333.6	일본	19,540.2	한국	66,755.6
4	한국	19,734.9	대만, 중국	15,151.9	일본	39,873.9
5	홍콩, 중국	7,153.8	미국	14,433.7	대만, 중국	19,543.3
6	네덜란드	6,879.3	태국	11,663.2	태국	16,966.7
7	인도	6,672.8	말레이시아	7,333.7	인도	11,201.1
8	독일	6,551.2	인도네시아	5,720.3	말레이시아	11,121.9
9	영국	5,756.5	인도	4,528.2	독일	10,253.4
10	태국	5,303.5	호주	4,456.1	인도네시아	9,089.5

출처: Asean-China Centre, 2019, *2019 Asean &China in Figures*, p. 54

은 적자 상태로, 베트남은 2019년 중국과의 무역에서 754억 달러 적자를 기록했다.[11]

미국-베트남 무역관계 역시 최근 강세를 보이며 발전했다. 1995년 미국이 대베트남 금수조치를 해제한 이후 양국 간 무역은 대략 4억 5천 1백 달러에 이르렀고, 2020년 양국 무역 규모는 200배 증가하여 9백억 달러에 도달했다.[12] 베트남의 대미 무역량은 크게 증가했을 뿐 아니라 최

---

china-center.org/resources/file/2019_中国—东盟数据手册_ASEAN_&_China_in_Figures.pdf(검색일: 2021.10.14).

11 Asean-China Centre, 2019, *2019 Asean & China in Figures*, http://asean-china-center.org/resources/file/2019_中国—东盟数据手册_ASEAN_&_China_in_Figures.pdf(검색일: 2021.10.14).

12 Đại sứ quán Hoa Kỳ tại Việt Nam, "Quan hệ kinh tế song phương Hoa Kỳ - Việt Nam [The US-Vietnam Bilateral economic relation]", https://

〈표 2〉 베트남 10대 외국인 직접 투자국 (2021년 9월 20일 기준)

번호	투자국	사업 수 (건)	총 등록 자본 (백만 달러)
1	한국	9,165	73,762.94
2	일본	4,748	63,856.45
3	싱가포르	2,769	62,546.98
4	대만	2,831	35,038.63
5	홍콩	2,021	27,479.51
6	영국령 버진아일랜드	874	22,199.1
7	중국	3,283	20,870.97
8	말레이시아	663	13,015.2
9	태국	636	12,931.74
10	네덜란드	382	10,355.02
11	미국	1,125	9,704.475

출처: Vietnam Ministry of Planning and Investment, October 2021

대 흑자가 이어졌다.

투자를 보면 2015년 이후 중국의 총 베트남 투자는 그 전 기간보다 빠르게 증가했다. 2021년 9월, 중국은 3,283건으로 베트남 투자국 147개국 중 7위를 기록했으며, 중국의 총 투자액은 20조 8709억 7000만 달러에 달했다. 한편 미국은 1,125건으로 11위를 기록했으며 총 투자액은 9조 7044억 7500만 달러였다.[13]

미국과 중국 모두 베트남과의 관계를 발전시켰다고 할 수 있다. 하지

vn.usembassy.gov/vi/our-relationship-vi/policy-history-vi/us-vietnam-relations-vi/(검색일: 2021.10.20).

[13] Vietnam Ministry of Planning and Investment, 2021, "Foreign Direct Investment in Vietnam", https://www.mpi.gov.vn/congkhaithongtin/Pages/solieudtnnchitiet.aspx?nam=2021&thang=9&phanloai=3(검색일: 2021.10.20).

만 베트남의 대미 경제관계는 대중 경제관계와는 다르다. 베트남-중국 무역이 베트남-미국 무역보다 규모가 크지만 베트남-미국 무역은 대중 무역보다 가파르게 성장하고 있다. 베트남은 대중 무역에서 최대의 무역 적자를 겪고 있지만 대미 무역에서는 최대 흑자를 누리고 있다.

2) 정치 및 외교 분야

베트남과의 관계 정상화 이후 미국과 중국은 베트남과의 정치외교관계를 크게 확대했다. 베트남을 두고 벌이는 미중 대결은 베트남이 양국과 가지는 외교관계에도 긍정적인 효과를 포함하여 상당한 영향을 미친다.

(1) 중국-베트남 정치외교관계

베트남과 중국은 상당히 유사한 정치제도와 사회문화적 특징을 가지고 있다. 1991년 관계 정상화 이후, 양국은 적극적으로 관계 발전을 추진했다. 2008년 베트남과 중국은 포괄적인 전략적 협력 동반자 관계(comprehensive strategic cooperative partnership)를 수립했다. 중국은 베트남과 최고 수준의 외교관계를 수립한 첫 번째 국가가 되었다. 현재 베트남은 포괄적 전략 파트너(comprehensive strategic partners)를 중국, 러시아, 인도와 수립했다. 베트남과 중국 지도자는 양국 관계를 매우 중요하게 여긴다고 할 수 있다.

21세기 들어 베트남-중국 관계에 복잡한 정치적 사건들이 많이 전개되었다. 특히 2014년 해양석유 981 사건 등 남중국해에서 중국이 보이는 행동들은 양국 관계에 심대한 영향을 끼쳤다. 베트남-중국 외교관계는 2014년 하반기에 거의 '동결'되다시피 했다. 한편 베트남-미국 관계의 발전은 중국-베트남 관계의 온도를 결정하는 중요한 요소이다.[14] 2015년에 베트남과 미국의 고위급이 상호 방문했다. 그리고 2015년 11월에 시진핑 주석이 베트남을 방문했다. 이는 9년 만에 이루어진 중국 주석 겸 당 총서기의 방문이었다. 『디플로맷(The Diplomat)』지는 이 방문을 '대베트남 관계를 재설정하는 방문'이라고 썼다.[15] 중국 지도부는 모든 직책에서 베트남을 방문하면서 베트남과 전 세계에 중국과 베트남은 많은 공통점이 있으며 미국 또는 여타 글로벌 세력들이 개입할 수 없는 특별한 관계라는 메시지를 보냈다.[16]

최근 들어 베트남을 향해 눈에 띄는 중국의 정치적·외교적 행보가 있다. 베트남 주재 중국 대사관이 국제 문제, 특히 미국과 직접 연관된 이슈들에 강경한 입장을 보이고 있다. 미중 무역전쟁, 코로나19 발생지, 미국의 대중국 성명서 등 국제 이슈가 베트남 주재 중국 대사관의 기자회견에서 언급되었다.

베트남 주재 중국 대사관의 미중 전략 경쟁에 관한 강경한 언론 발언은 중국 외교관들이 전 세계에서 펼쳤던 '전랑외교(wolf warrior diplomacy)'와 유사하다고 볼 수 있다.

---

14 Nguyễn Thị Phương Hoa, 2017, "Chiến lược tái cân bằng của Mỹ: Tác động đối với quan hệ Việt - Trung [The US rebalancing strategy: Impacts on Sino-Vietnamese Relations]," in *Trung Quốc với láng giềng: Quan điểm của Việt Nam và Ấn Độ* [China and neighbors: The views of Vietnam and India], Social Sciences Publishing House, Hanoi.

15 Phương Vũ, 2015, "Báo chí quốc tế bình luận về chuyến thăm của ông Tập [International press commenting on Xi's visit]," *Vnexpress*, https://vnexpress.net/bao-chi-quoc-te-binh-luan-ve-chuyen-tham-viet-nam-cua-ong-tap-3305697.html (검색일: 2021.10.22).

16 Nguyễn Thị Phương Hoa, 2017, 앞의 글.

⟨표 3⟩ 지역 및 국제 문제 관련 의견

시점	내용
2019	• 2019.6: 베트남 주재 중국 대사관이 기자회견에서 미중 무역분쟁을 언급함.[17] • 2019.8: 베트남의 중국 대사관 대변인이 메콩강 유역의 저수심에 관한 기자 질문에 답변함.[18]
2020	• 2020.5: 베트남 주재 중국 대사관이 코로나 관련 기자회견을 개최함.[19] • 2020.10: 베트남 주재 중국 대사관이 미국의 대중국 강경 발언에 대한 입장을 보임.[20] • 2020.11: 베트남 주재 중국 대사관이 중국이 베트남에서 하는 활동에 대한 미국 관리의 틀린 발언에 대해 강경한 입장문을 발표함.[21]

출처: The Chinese Embassy in Vietnam

(2) 미국-베트남 정치외교관계

미국과 베트남은 과거 적대관계였으나 1997년 관계 정상화 이후 급속하게 포괄적 동반자 관계(comprehensive partnership)로 올라섰다(2013년). 현재의 베트남-미국 관계 발전에 대해 존 케리 미 국무장관은 '서로 힘을 합쳐 역사 변화를 위해 이 두 나라보다 열심히 일하고, 더 많은 것을 해내고, 더 잘한 나라는 없다고 생각한다'라고 말한 적이 있다.[22] 2009년 이후 미국이 아시아 회귀 또는 균형정책을 시작했을 당시 동남아시아, 그중에서도 베트남이 미국 외교 정책에 더 중요한 역할을 수행했다.

---

[17] http://vn.china-embassy.org/vn/sgdt/t1680967.htm.
[18] http://vn.china-embassy.org/vn/sgdt/t1685332.htm.
[19] http://vn.china-embassy.org/vn/sgdt/t1777774.htm.
[20] http://vn.china-embassy.org/vn/sgdt/t1828242.htm.
[21] http://vn.china-embassy.org/vn/sgdt/t1834934.htm.
[22] Vietnam News Agency, 2015, "Kỷ nguyên mới trong quan hệ Việt-Mỹ [A new era in Vietnam-US Relations]," Special reference documents, Special Issue 8/2015, p. 3.

미국은 베트남과의 관계에 상당한 의미를 부여했으며 모든 분야에서 양자 외교관계를 강조했다. 2012년 이후 미국-베트남 관계는 중요한 진전을 이루었다.

오바마 행정부 때 양국은 2013년 7월 25일 포괄적 동반자관계 협정에 서명했고, 이로써 양국 관계에서 협력의 시대가 열렸다. 2015년과 2016년 양국 정상은 상호 방문했다. 2016년 오바마 대통령이 베트남을 방문했을 때 미국은 베트남에 대한 무기금수조치를 전면 해제한다는 발표를 하면서 양국 관계는 완전히 정상화되었다.

트럼프 행정부 때 베트남은 '마음이 잘 맞는 동반자'로 비춰지면서 미국은 인도·태평양 지역에서 가장 우선순위를 두고 미국-베트남 관계 강화에 나섰다.[23] 2017년 국가안보전략에는 미국이 싱가포르, 베트남, 말레이시아와의 동반자 관계를 강화하고, 이들 나라가 협력적 해양 파트너가 되도록 지원한다는 언급이 있다.[24] 또한 베트남은 2차 북미회담(2019년) 장소로 지명되면서 중요성이 부각되었다.

바이든 행정부는 취임 후 얼마 지나지 않아 워싱턴의 인도·태평양 전략에서 베트남의 중요성을 재확인했다. 인도·태평양과 특히 동남아에서 외교적 존재감을 높이려는 바이든 행정부의 시도는 워싱턴이 트럼프 행정부에서 약화되었던 동맹국 및 파트너와의 관계를 회복하겠다는 노력

---

[23] U.S. Department of State(DoS), 2019, "A free and open Indo-Pacific: Advancing a shared vision", https://www.state.gov/wp-content/ uploads/2019/11/Free-and-Open-Indo-Pacific-4Nov2019.pdf(검색일: 2021.10.22).

[24] The Trump White House, 2017, "National Security Strategy of the United States of America", https://www.whitehouse.gov/wp-content/uploads/2017/12/NSS-Final-12-18-2017-0905.pdf(검색일: 2021.10.22).

의 일환이다.²⁵ 일본, 호주, 한국, 필리핀, 태국, 인도, 싱가포르 등 전통적 파트너 외에, 미국은 중국과의 전략 대결에서 동맹국과 파트너 국가 네트워크를 구축하기 위한 활동을 전개하는 과정 중 베트남과 몽골은 유사한 생각을 가진 새로운 파트너로 보고 있다.

베트남은 미국 고위 관료들이 중요하게 방문하는 곳이 되었다. 특히 카말라 해리스 미국 부통령은 하노이를 방문했고(2021년 9월), 베트남을 방문한 최초의 미국 부통령이 되었으며, 베트남과 미국의 새 지도자 선출 이후 양국 간 직접 회담을 가진 최고위급 인사이기도 하다. 방문한 것 자체가 바이든 행정부가 이 지역에서의 베트남의 역할에 상당한 의미를 부여하고 있으며, 상호 이익을 바탕으로 하노이와의 관계를 추진하고 심화할 계획임을 명확히 보여 준다.²⁶ 싱가포르의 유숩 이스학 동남아 연구소의 무스타파 이주딘 연구원은 해리스 부통령과 미국 고위급 관료들의 2021년 하반기 동남아시아 방문은 이 지역에서 정치적 신뢰를 쌓겠다는 목표가 있는 것이라고 보았다.²⁷

전문가에 의하면, 미국-베트남 외교관계의 최근 전개양상은 '포괄적

---

25 Lê Hồng Hiệp, 2021, "Châu Á và Việt Nam trong chiến lược của Mỹ và Anh [Asia and Vietnam in the strategies of the US and the UK]", http://nghiencuuquocte.org/2021/08/02/chau-a-va-viet-nam-trong-chien-luoc-cua-my-va-anh/(검색일: 2021.10.1).

26 Phương Oanh, 2021, "Mỹ khẳng định lợi ích địa chiến lược tại "trái tim của châu Á" [The US affirms its strategic interests in "the heart of Asia"]", https://baotintuc.vn/phan-tichnhan-dinh/my-khang-dinh-loi-ich-dia-chien-luoc-tai-trai-tim-chau-a-20210826175743499.htm(검색일: 2021.10.2).

27 Phương Oanh, 2021, "Mỹ khẳng định lợi ích địa chiến lược tại "trái tim của châu Á" [The US affirms its strategic interests in "the heart of Asia"]", https://baotintuc.vn/phan-tichnhan-dinh/my-khang-dinh-loi-ich-dia-chien-luoc-tai-trai-tim-chau-a-20210826175743499.htm(검색일: 2021.10.2).

동반자 관계'의 수준을 넘어선 것으로 보인다. 미국의 아태 전략연구센터의 학자인 알렉산더 부빙 교수는 '베트남-미국 협력은 공식적인 전략 파트너들과 베트남 사이의 협력관계와 유사하다. 따라서 미국-베트남 관계는 공식적으로는 포괄적 동반자 관계이지만, 사실상 전략적 동반자 관계 수준'이라고 주장한다.[28]

3) 안보와 방위 분야

(1) 중국-베트남의 안보와 방위 협력

중국은 미국 요인의 영향력을 축소하고 남중국해 분쟁의 영향력을 줄이기 위해 안보와 방위 분야에서도 베트남과의 협력을 추진하고 있다. 2010년 이후 중국과 베트남은 공동으로 차관 안보대화를 공동 주최했다. 2021년 4월 현재, 안보대화는 7차례 열렸다.[29] 가장 최근에는 2021년 4월 중국 광시좡족자치구 둥싱시에서 대화가 열렸다.

중국과 베트남은 또한 인도적 구호, 재해 구호, 남중국해 무장해제 등 양국 군대의 협력 활동을 다수 진행했다. 2014년 양측은 중국-베트남 국경 방위 친선 교환을 처음으로 개최했다. 2015년, 양국 국방장관은 처음으로 국경에서 만났다. 같은 해 베트남과 중국은 3단계 경비 조정

---

28 Việt Anh, 2020, "Quan hệ Việt - Mỹ 'đang mang tầm Đối tác Chiến lược [Vietnam-US relations are on the same level as strategic partnership]", https://vnexpress.net/quan-he-viet-my-dang-mang-tam-doi-tac-chien-luoc-4128835.html(검색일: 2021.10.20).

29 Báo điện tử Quân đội nhân dân, 2021, "Việt Nam và Trung Quốc đối thoại chiến lược quốc phòng [Vietnam and China hold defense dialogue]", https://www.qdnd.vn/chinh-tri/tin-tuc/viet-nam-va-trung-quoc-doi-thoai-chien-luoc-quoc-phong-657646(검색일: 2021.10.23).

메커니즘 수립을 위한 협약에 서명했다(중앙, 군사 지역, 성 단위). 2016년 양국의 경찰병력과 군대의 협력 행사가 최초로 열렸다. 예를 들면 승조원 750명 규모의 중국 해군함 3척이 베트남의 깜라인(Cam Ranh)항을 방문했고,[30] 승조원 101명이 탑승한 중국해안경비대가 베트남 하이퐁시 추아베(Chùa Vẽ)항에 정박했다.[31] 육상 국경 활동으로는 중국과 베트남의 국경수비대가 합동 대테러 훈련, 재해 및 일반 재해 구호 작전을 수행했다.

중국-베트남 안보와 방위 협력은 모든 분야, 특히 육상 국경 방위 협력에서 적극 추진되었다.

(2) 미국과 베트남의 안보 및 방위 협력

미국과 베트남의 안보 및 방위 협력은 눈에 띄는 진전을 이루었다. 양국 정부의 성공적인 신뢰 구축이야말로 미국과 베트남의 안보 및 방위 관계 발전의 토대가 되었다.

해상안보 협력은 양국 간 안보·방위관계의 핵심이다. 2003년 베트남의 팸 밴 트라 국방장관은 처음으로 미국을 방문하여 지역안보 유지를 위한 협력을 모색했다. 같은 해 미 해군전함(USS) 밴더그리프트호는 사

---

[30] Báo điện tử Nhân dân, 2016, "Biên đội ba tàu Hải quân Trung Quốc thăm cảng quốc tế Cam Ranh [Three Chinese naval ships visit Cam Ranh international port]", https://nhandan.vn/tin-tuc-su-kien/bien-doi-ba-tau-hai-quan-trung-quoc-tham-cang-quoc-te-cam-ranh-275904/(검색일: 2021.10.23).

[31] Báo điện tử Đảng cộng sản Việt Nam, "Tàu cảnh sát biển Trung Quốc thăm thành phố Hải Phòng [Chinese coast guard ship visits Hai Phong city]", https://dangcongsan.vn/quoc-phong-an-ninh/tau-canh-sat-bien-trung-quoc-tham-thanh-pho-hai-phong-415631.html(검색일: 2021.10.23).

이공항을 방문했다. 그 이후 미국 전함들은 매해 베트남을 방문할 수 있었다. 2009년 9월, 미 해군함정(USNS) 세이프가드호는 미국 함정 중 최초로 호치민시에서 함대 수리를 실시했다. 2012년 6월 리언 패네타 전 미 국방장관은 미국 정부관료 중 베트남전 이후 최초로 깜라인을 공식 방문했다.32 2018년 3월, USS 칼 빈슨호가 4일 동안 베트남을 방문하기 위해 다낭에 입항했다.33 이는 미국 항공모함으로는 40여 년 만에 처음으로 베트남을 방문한 것이다. 애슈턴 카터 미 국방장관과 푸웅 쿠앙 탄 베트남 국방장관이 서명한 '방위에 관한 공동비전 선언문(2015년)'34은 미국과 베트남의 방위관계의 새로운 이정표가 되었다. 국제법과 양 국가의 법에 따른 해상안보협력이 바로 이 선언문의 다섯 가지 주요 포인트에 포함되었다.

과거 전쟁에서 적으로 싸웠던 두 나라로서 미국-베트남 관계와 같이 안보·방위관계에서 중대한 성취를 이루는 것은 '수십 년 동안 이루어진 매우 용기 있고, 어려운 대화의 과정이다.'35 미국은 이렇게 급성장한 안

32　Phạm Cao Cường, 2017, "Quan hệ Việt - Mỹ: Bối cảnh mới, tiềm năng mới [Vietnamese-American Relations: New Context, new potential]," *Americas Today Journal*, No. 8.

33　Website of the US Embassy in Vietnam, "Thông tin về hợp tác an ninh của Hoa Kỳ với Việt Nam [Information about the US security cooperation with Vietnam]," https://vn.usembassy.gov/vi/thong-tin-ve-hop-tac-an-ninh-cua-hoa-ky-voi-viet-nam/(검색일: 2021.10.24).

34　Information portal of Vietnam Ministry of Defence, 2015, "Bộ Quốc phòng Hoa Kỳ thăm chính thức Việt Nam [The US Department of Defense's official visit to Vietnam]," http://www.mod.gov.vn(검색일: 2021.10.23).

35　"Lời phát biểu của Tổng thống Obama trong chuyến thăm Việt Nam tháng 5 năm 2016 [Remarks by President Obama in his visit to Vietnam in May 2016]", https://vnexpress.net/my-do-bo-hoan-toan-lenh-cam-

보 파트너십이 국방 협력을 강화하겠다는 공동의 약속과 지역 안보과제를 해결하기 위한 공동의 결의에 바탕을 두고 있다고 보고 있다.[36]

4) 문화 및 교육 분야

경제, 정치외교 및 방위안보 협력 외에도 두 강대국의 외교 정책에서 소프트 파워(Soft Power)가 중요한 부분이 되고 있어 베트남 국민과의 효과적인 소통도 양국의 관심을 끌고 있다.

(1) 중국과 베트남 사이의 문화 및 교육 협력

지리적으로 가깝고 공동의 사회문화적 특성 때문에 중국-베트남의 문화·교육 협력이 잘 발달되어 있고, 상당한 성과도 거두고 있다.

중국과 베트남은 관계 정상화 이후 모든 차원에서 다양한 문화활동 교류가 있었다. 양자, 양 정부, 양국 국민들의 문화교류 활동은 행위예술, 라디오·텔레비전·영화, 박람회, 체육 등 다양한 분야에서 이루어지고 있다. 영화는 특히 중국의 특별 문화상품 중 하나로 베트남 국민들의 관심을 끌고 있다. 현재 베트남 시장에서 중국 영화는 미국, 베트남에 이어 개봉 수 기준으로 3위에 올라 있다. 베트남에서 개봉하는 중국 영화 수가 한국, 일본, 인도와 같은 아시아 영화 강국의 작품들보다 많다는 사실에 주목할 필요가 있다.[37] 매해 여러 장르(역사, 액션, 로맨스)의 중

---

van-vu-khi-doi-voi-viet-nam-3407563-tong-thuat.html(검색일: 2021.10.24).

36 Website of the US Embassy in Vietnam, "Thông tin về hợp tác an ninh của Hoa Kỳ với Việt Nam [Information about the US security cooperation with Vietnam]", https://vn.usembassy.gov/vi/thong-tin-ve-hop-tac-an-ninh-cua-hoa-ky-voi-viet-nam/(검색일: 2021.10.24).

37 Hồng Vân, 2019, "Công nghiệp văn hoá:Thị trường điện ảnh Việt Nam -

국 TV 프로그램 수백 개가 베트남의 중앙 및 지방 채널에서 방송된다.[38]

관광을 통한 인적 교류 역시 중국-베트남 관계에서 주목할 지점이다. 최근 몇 년 동안 베트남을 방문한 중국 관광객은 가장 높은 수치를 기록했다. 베트남을 방문하는 중국인의 수는 빠르게 증가하고 있고, 베트남을 방문하는 외국인 관광객 중 가장 많은 비중을 차지한다. 실제로 중국 관광객은 베트남 해외 방문객의 20~30%를 구성하며, 이는 일본, 미국, 대만 등 베트남의 주요 관광시장(tourist market)의 방문객 수보다 단연코 높다.[39]

양국의 교환학생 활동은 '2016~2020년 베트남-중국 교육협력 협정'에 따라 주로 이루어졌다.[40] 이에 따라 중국은 매년 베트남 학생들에게 전체 장학금 150건, 부분 장학금 100건을 제공한다.[41] 중국 교육부에

Những con số ấn tượng [Culture industry: Vietnam's film market - Impressive numbers]", http://toquoc.vn/cong-nghiep-van-hoa-thi-truong-dien-anh-viet-nam-nhung-con-so-an-tuong-20190731151209656.htm(검색일: 2020.3.22).

38 Trần Thị Thuỷ, 2021, "Hợp tác văn hoá - giáo dục giữa Việt Nam và Trung Quốc: Nhìn lại 30 năm bình thường hoá và triển vọng [Cultural and educational cooperation between China and Vietnam: Looking back at 30 years of normalization and potential]," Proceedings of 30 years of China-Vietnam Normalization of Relations, Institute of Chinese Study, Vietnam Academy of Social Sciences 10.

39 Trần Thị Thuỷ, 2021, "Quan hệ hợp tác du lịch giữa Việt Nam và Trung Quốc từ năm 2010 đến trước Đại dịch Covid-19 [Tourism cooperation between Vietnam and China from 2010 until the Covid-19 pandemic]," Chinese Studies Review, No. 7, pp. 22-35.

40 Website of Vietnamese Embassy in China, 2016, "Định hướng phát triển lành mạnh, lâu dài quan hệ Việt - Trung [The direction for a healthy long-term relationship between Vietnam and China]", https://vnembassy-beijing.mofa.gov.vn/vi-vn/News/EmbassyNews/Trang/Định-hướng-phát-triển-lành-mạnh,-lâu-dài-quan-hệ-Việt-Trung.aspx(검색일: 2021.4.6).

따르면, 2018년 현재 중국 20개 성, 자치 지역, 직할 지역의 대학과 대학교 100여 곳에서 11,299명의 베트남 학생들이 유학 중이다.[42] 베트남 유학생 중 45% 정도는 어떤 형태로든 중국 장학금을 받고 있으나 정부 장학금은 전체 장학금의 약 13% 정도에 불과하다.

분명한 것은 문화와 교육 부문에서 중국과 베트남의 전통적인 협력 덕분에 중국은 베트남과의 관계 구축에서 미국을 누를 수 있는 경쟁이익을 누리고 있다. 이러한 전통적 협력관계는 중국과 베트남이 상호 이해를 구축하고 베트남 내에서의 중국 소프트 파워를 구축하는 토대가 되고 있다.

(2) 미국과 베트남의 문화 교육 협력

미국-베트남의 관광협력은 최근 많은 결실을 거두었다. 베트남의 관광업은 아시아 관광지로서 더 많은 사람들을 끌 수 있는 상당한 가능성이 있다. 지난 몇 년간 미국은 베트남의 5대 관광시장 중 하나였다. 2019년 베트남을 방문한 미국 관광객 수는 746,000명으로 2018년 대비 8.6% 증가했다.[43]

---

41 Website of Vietnamese Embassy in China, 2016, "Định hướng phát triển lành mạnh, lâu dài quan hệ Việt - Trung [The direction of a healthy long-term relationship between Vietnam and China]", https://vnembassy-beijing.mofa.gov.vn/vi-vn/News/EmbassyNews/Trang/Định-hướng-phát-triển-lành-mạnh,-lâu-dài-quan-hệ-Việt-Trung.aspx(검색일: 2021.4.6).

42 中国教育部网站, 2019, "2018年来华留学统计-中华人民共和国教育部政府门户网站", http://www.moe.gov.cn/jyb_xwfb/gzdt_gzdt/s5987/201904/t20190412_377692.html, 下载于2019/11/23.

43 Vietnam National Administration of Tourism, 2020, "Annual report on Vietnam Tourism in 2019", p. 13.

교육 역시 미국과 베트남의 외교관계에 중요한 부분이다. 국제교육원(Institute of International Education)의 연례 보고서인 「오픈 도어스(Open Doors)」에 따르면 미국의 베트남 유학생은 17년 연속 증가 추세이다. 보고서에 따르면 특히 2017~2018학년도에 베트남은 2016~2017학년도 대비 8.4%(1,887명) 증가한 24,325명의 유학생이 등록되어 미국 유학생 최다 국가 목록의 6위에 올랐다.[44] 이는 베트남이 고급 인재를 개발하는 데 도움이 될 뿐만 아니라 양국의 문화교류에도 큰 기여를 하고 있다. 1992년 이후 풀브라이트 장학금 프로그램으로 500명 이상의 미국인, 700명 이상의 베트남인들이 교육을 받았다.

다시 말해 중국과 미국 양국은 베트남의 포괄적 관계에 중요한 역할을 한다. 동남아시아에 대한 영향력 경쟁 심화로 베트남에서의 미국과 중국의 존재감이 확대되었다. 위에서 언급했던 부문의 분석을 토대로 보면 중국-베트남 협력은 경제, 정치, 문화, 교육 부문에서 미국-베트남 관계보다 강력한 것으로 보인다. 한편 미국은 베트남과의 경제관계를 강화해 가면서 베트남-미국 관계는 정치, 외교 분야에서 훨씬 내실 있게 진행되고 있다. 또한 미국-베트남의 안보와 방위 협력은 주로 해상 문제를 중심으로 베트남의 국방 역량을 강화하고 있다.

2. 베트남에 대한 미국-중국의 전략대결의 영향

베트남에 대한 영향력 확대를 위한 미중 전략대결은 다면적인(긍정과

---

44 Website of the US Embassy in Vietnam, "Number of Vietnamese Students in the United States Increases for 17th Straight Year", https://vn.usembassy.gov/vi/pr14112018/(검색일: 2021.8.24).

부정) 영향을 미쳤다.

1) 긍정적 영향

첫째, 아시아 및 세계에서 확장하는 미중 경쟁은 베트남의 외교정책에 영향을 끼쳤다. 제7차 베트남공산당 전당대회(2016년)는 새로운 맥락에서 외교정책의 중요한 방향을 채택했다. 이에 따라 베트남은 '국제법, 평등 및 상호 이익의 기본원칙에 기초한 국가이익을 보장한다는 최종목표'를 천명했다.[45] 이 원칙은 제13차 베트남공산당 전당대회(2021년)에서 '유엔헌장과 국제법의 기본원칙인 평등, 협력, 호혜에 기초하여 국가의 궁극적인 이익을 보장'한다는 내용으로 재확인되었다.[46] 베트남 외교정책에 따르면 국익은 궁극적인 목표이다. 베트남 정부는 '오직 영원한 국익만 있을 뿐, 영원한 적도, 영원한 우방도 없다'고 믿기 때문이다.

이 변함없는 원칙을 토대로 베트남의 외교 정책의 방향은 '국제관계의 다각화와 다자화, 우호선린의 정신으로 세계 속으로 적극적인 통합화 추진, 신뢰할 수 있고 책임 있는 국제사회의 동반자'이다.[47] 베트남은

---

45 The Communist Party of Vietnam, 2016, "Văn kiện Đại hội đại biểu toàn quốc lần thứ XII [Documents of the 12th National Congress of the Communist Party of Vietnam]," Office of the Central Committee of the Communist Party of Vietnam, p. 153.

46 Phạm Quang Minh, Nguyễn Hồng Hải, 2021, "Những nét mới trong nhiệm vụ đối ngoại của Đại hội XIII [New points in the 13th National Congress of the Communist Party of Vietnam]", https://baoquocte.vn/nhung-net-moi-trong-nhiem-vu-doi-ngoai-cua-dai-hoi-xiii-156484.html(검색일: 2021.10.24).

47 The Communist Party of Vietnam, 2016, "Văn kiện Đại hội đại biểu toàn quốc lần thứ XII [Documents of the 12th National Congress of the Communist Party of Vietnam]," Office of the Central Committee of the

다음과 같은 순서로 양자 관계에 집중하고 심화하는 데 전념한다. 이웃국가, 전략적 동반자 관계, 포괄적 동반자 관계, 다른 중요한 동반자 관계의 순이다. 또한 베트남은 다음과 같은 우선순위에 따라 다자관계를 증진하는데 '선제적'이고 '적극적'인 활동을 추진한다: ASEAN, UN, EU, APEC(아시아태평양경제협력체), ASEM(Asia Europe Meeting, 아시아유럽정상회의), 프랑스어권 지역들(Francophonie), NAM, GMS, 기타 중요한 기관들.[48] 베트남은 일관된 외교정책 덕분에 미국과 중국과의 관계 등 여러 관계와 다른 국가들과의 관계에서 독자적인 입장을 유지해 왔다.

둘째, 경제 분야의 영향력을 위한 미중 대결, 특히 2018년 중반 이후 벌어진 양국의 무역전쟁은 베트남에 일부(단기) 긍정적인 영향을 발휘했다. 무역전쟁 이후 베트남과 미국의 무역은 급속히 증가했다. 2019년 1월~5월, 미국의 중국 수입은 12.3% 감소했으나 미국의 베트남 수입은 36% 증가하여 258억 달러를 기록했다.[49] 2019년 1월~4월, 미국의 중국 핸드폰 수입은 전년 동기간 대비 27%(약 58억 달러) 감소했으나 미국의 베트남 수입은 177%(약 36억 달러) 증가했다.[50] 투자의 경우, 미중 무역전쟁 때문에 많은 외국인 회사들이 중국에서 철수했는데, 베트남은

Communist Party of Vietnam, p. 35.

48 Phạm Quang Minh, Nguyễn Hồng Hải, 2021, "Những nét mới trong nhiệm vụ đối ngoại của Đại hội XIII [New points in the 13th National Congress of the Communist Party of Vietnam]," https://baoquocte.vn/nhung-net-moi-trong-nhiem-vu-doi-ngoai-cua-dai-hoi-xiii-156484.html(검색일: 2021.10.24).

49 Phạm Cao Cường, 2020, "Chiến tranh thương mại Mỹ - Trung và tác động đối với Việt Nam [The US-China trade war and its impacts on Vietnam]," *Vietnam Review of Northeast Asian Studies*, No. 10/2020, pp. 11-21.

50 Phạm Cao Cường, 2020, 위의 글, pp. 11-21.

〈표 4〉 베트남으로 생산을 옮기는 외국 기업들

회사명	국적	제품	현황
교세라(Kyocera)	일본	프린터	완료
삼성(Samsung)	한국	스마트폰	완료
샤프(Sharp)	일본	PC	완료
패스트리테일링(Fast Retailing)	일본	섬유	진행 중
고어텍(GoreTek)	중국	스마트 웨어러블	진행 중
구이저우(Guizhou)	중국	타이어	진행 중
HL CORP	중국	바이크 액세서리	진행 중
리코(Ricoh)	일본	프린터	진행 중
TCL	중국	텔레비전	진행 중
델(Dell)	미국	태블릿	계획
맨와(Man Wah)	홍콩	가구	계획
닌텐도(Nintendo)	일본	게임 콘솔	계획

출처: Phạm Cao Cường, 2020, "Chiến tranh thương mại Mỹ - Trung và tác động đối với Việt Nam [The US-China trade war and its impacts on Vietnam]," *Vietnam Review of Northeast Asian Studies*, No. 10

이들 회사에게 중국을 대체할 수 있는 제조국으로 부상했다. 낮은 임금, 정치적 안정, 다양한 무역 협정, 편리한 해상루트 등은 베트남을 글로벌 공급망에서 중요한 위치를 차지하게 만드는 중요한 요인들이다.

셋째, 베트남을 사이에 둔 미중 경쟁의 또 다른 긍정적인 영향은 미국과 중국의 백신 외교에서 하노이가 얻은 이익이다. 베트남은 코로나19 4차 유행으로 백신 접종 캠페인을 최우선으로 추진해야 했다. 따라서 영향력을 확보하기 위한 미중 대결은 백신 외교를 통한 성과를 베트남에게 가져다주었다. 미국은 베트남에 백신 5백만 도스를 제공했는데, 베트남이 수신한 최대 분량의 코로나19 백신이다. 또한 해리스 미국 부통령의 베트남 방문 당시, 워싱턴은 하노이에 미국 질병통제센터 동남아지부를 개설했다. 센터 설립이 베트남에 중요했던 이유는 베트남이 코로나19 대유행으로 야기된 경제적, 사회적 타격을 크게 입고 있었기 때문이다. 더욱이 베트남은 중국 정부의 백신도 제공받았다. 2021년 9월, 중국은 베트남에 570만 도스의 백신을 기부했다.[51] 또한 일부 중국 지방정부에서도 백신과 의료장비를 베트남 도시와 성에 기부했다.[52]

2) 외교적 압박

하지만 베트남은 미중 경쟁으로부터 새로운 외교적 압박에 직면하고 있다. 『이코노미스트(The Economist)』는 '베트남이 중국과 미국 사이에서 가장 압박을 받고 있다'고 썼다.[53] 중견국과 소국들은 강대국 사이에 끼게 되면 불편한 법이다. 동남아시아에서 미중 경쟁이 더욱 가속화되면서 미국을 의식한 베트남의 모든 행동은 중국의 관심을, 중국을 의식한 베트남의 모든 행동은 미국의 관심을 끌게 된다. 미국-베트남 관계가 상당히 발전해 가면서 베트남에 대한 중국의 회의론과 우려 역시 증가

---

51 Báo Chính phủ, 2021, "Trung Quốc sẽ viện trợ thêm 3 triệu liều vắcxin cho Việt Nam [China pledges to donate an additional 3 million doses of vaccines to Vietnam]", http://baochinhphu.vn/Doi-ngoai/Trung-Quoc-se-vien-tro-them-3-trieu-lieu-vaccine-cho-Viet-Nam/446114.vgp(검색일: 2021.10.10).

52 Báo Chính phủ, 2021, "Trung Quốc sẽ viện trợ thêm 3 triệu liều vắcxin cho Việt Nam [China pledges to donate an additional 3 million doses of vaccines to Vietnam]", http://baochinhphu.vn/Doi-ngoai/Trung-Quoc-se-vien-tro-them-3-trieu-lieu-vaccine-cho-Viet-Nam/446114.vgp(검색일: 2021.10.10).

53 "Vietnam's Communist Party will have a new leader," *The Economist*, Nov. 17, 2020, https://www.economist.com/the-world-ahead/2020/11/17/vietnams-communist-party-will-have-a-new-leader(검색일: 2021.10.8).

했다. 중국은 워싱턴을 분열을 조장하는 요인 또는 중국-베트남의 건강한 관계 발전을 방해하는 요인으로 보았다. 응우옌 푸 쫑 총서기가 중국을 방문한 이후(2015년 4월), 『글로벌 타임스(Global Times)』는 베트남이 미중 대결을 이익을 위해 이용하고 있으며, 양측의 영향력을 가지고 줄타기하고 있다고 비난했다.[54] 이와 유사하게 미중 무역전쟁이 한창일 때, 트럼프 미국 대통령은 베트남을 "모두를 최악으로 이용해 먹는 단일한 당사자"라며,[55] 베트남 수입품에 대해 보복 관세를 부과한 바 있다.

영향력을 추구하는 열강 사이에 갇힌 여러 중견국과 소국들은 다양한 전략을 구사한다. 국제관계론에 따르면, 이들 나라가 채택한 전략은 균형 또는 편승이다. 하지만 중국이 굴기하는 가운데, 대다수 나라들은 '순균형' 또는 '순편승'을 선택하지 않는다.[56] 소국들, 특히 동남아시아 국가들은 이른바 '헤징(hedging)'이라고 불리는 균형과 편승의 중간 전략을 선택했다.[57] 헤징은 국제 시스템 리스크를 축소하기 위한 목적으로 다수의 주요 국가들과 협력적 관계를 유지하고, 다수의 정책 옵션을 사용하는 소국의 전략이다.[58] 일부 연구자들은 여러 국가들 중에서 베트남

---

[54] Nguyễn Thị Phương Hoa, 2017, 앞의 글.

[55] Joseph Zeballos-Roig,2019, "Trump threatens to expand his trade war by slapping tafiffs on Vietnam", https://www.businessinsider.com/president-trump-vietnam-tariffs-trade-war-target-2019-6(검색일: 2021.10.24).

[56] Nguyen Cong Tung, 2021, "Uneasy embrace: Vietnam's responses to the US Free and Open Indo-Pacific strategy amid U.S-China Rivalry," *The Pacific Review* 35(5).

[57] Kuik, C. C., 2008, "The essence of hedging: Malaysia and Singapore's response to a rising China," *Contemporary Southeast Asia*, 30(2), pp. 159-185.

[58] Kuik, C. C., 2008, 위의 글, pp. 159-185.

이 다방향, 다자 외교 정책을 통해 '헤징' 전략을 채택하고 있다고 주장한다.[59]

실제로 베트남이 미·중 사이의 균형자를 채택하고 있다는 증거들이 많이 있다. 미국과의 관계에서 베트남은 '자유롭고 열린 인도·태평양(FOIP)'에 긍정적으로 대응하고 있으나 하노이는 주로 FOIP의 경제적 측면을 주로 수용한다. 안보와 방위 측면에서 베트남은 남중국해에서 해상기동력을 강화하는 등 국익과 잘 맞는 소수의 협력 이슈만을 선택한다. 중국과의 관계에서 베트남은 '일대일로(一帶一路) 및 양랑일권(兩廊一圈)과 일대일로의 연결을 추진하기 위한 양해각서' 등 지역의 경제적 연계성과 협력을 추진하는 사업들을 환영함을 명확히 밝혔다.[60]

베트남은, '군사동맹 No, 다른 한 측을 견제하기 위한 한 측과의 관계 No, 타국 공격을 위한 베트남 영토 내 외국군 기지 No, 국제관계에서 무력 사용 강요 또는 협박 No' 등 '4 No's' 정책을 통해 미국과 중국에 자국의 외교정책 신호를 보낸다.[61] 지역 내 미중 경쟁에 대한 베트남의 대응을 보면 하노이의 외교 정책은 한쪽을 선택하는 것이 아니라 '국익'에 맞추어 추진하고 있다.

---

59 Nguyen Cong Tung, 2021, 앞의 글.
60 "Tuyên bố chung Việt Nam - Trung Quốc năm 2017 [Joint Statement between Vietnam and China in 2017]", http://vufo.org.vn/Tuyen-bo-chung-Viet-Nam---Trung-Quoc-08-3358.html?lang=vn(검색일: 2021.10.24).
61 The 2019 Viet Nam National Defence White Paper.

Ⅳ. 베트남에 대한 영향력을 얻기 위한 미중 전략적 경쟁이 한반도에 미치는 영향

베트남과 마찬가지로, 한반도는 미국과 중국 사이의 전략적 경쟁을 목도하고 있다. 냉전 이후, 국제적 차원에서 한반도 평화 프로세스와 특히 북한의 핵문제는 중국과 미국 등 열강 간 전략적 경쟁의 결과이다. 동북아는 경제, 정치, 안보 등의 차원에서 중요한 전략적 지역이며, 미, 일, 중, 러 등 초강대국이 마주치는 공간이다. 한반도는 동북아의 중심에 위치하고 있다. 한국은 동북아에서 미국의 꼭 필요한 동맹국이고, 북한은 중국을 보호하는 완충지대 역할을 수행하며 중국이 동북아로 영향력을 확장하도록 돕고 있다. 따라서 미중관계에서 북한 현안은 이들의 전략적 경쟁과 타협행위에 중대한 문제다.[62]

중국과 미국은 '한반도 비핵화'가 양국 및 다자 관계 증진에 도움이 된다는 의견을 가지고 있다. 명확히 미국도 중국도 북한의 핵 보유를 원하지 않는다. 북핵 문제는 미국이 대중국 군사전략을 실행하기 위한 근거로 활용된다. 미국이 2017년 사드를 한국에 도입했던 것이 그 사례이다. 한반도 문제에 대한 완전한 해결책이 있다면 미·중에 전략적 이익이 실현될 뿐만 아니라 한반도의 평화발전도 증진할 수 있다.

---

[62] Trường Lưu, 2017, "Quan hệ Trung - Mỹ trong vấn đề hạt nhân Triều Tiên [Sino-American Relations regarding North Korea's Nuclear issues]", *Chinese Studies Review*, No. 8, pp. 24-33.

1. 동남아시아에서 열린 1차, 2차 북미 정상회담에 대한 베트남의 생각

1차, 2차 북미 정상회담은 한반도 비핵화의 이정표라고 할 수 있다. 2018년 6월 싱가포르에서 열린 1차 북미 정상회담에서 양측은 4항목이 담긴 공동 선언문에 서명했다. 그 내용은 다음과 같다. (1) 양국은 외교관계 수립을 위해 노력한다. (2) 영속적이고 안정적인 한반도 평화를 구축한다. (3) 북한은 완전한 비핵화를 위해 전념한다. (4) 한국전쟁(1950~1953) 실종 미군의 유해를 수습하고 반환한다. 그러나 양측은 실제로 어떤 진전도 만들지 못했고 상호 불신 극복에 실패했다. 2차 북미회담은 2019년 2월 베트남에서 열렸는데, 양측은 공동 선언문 발표도 못했고, 어떤 문서에도 서명하지 못했으나 하노이 정상회담은 여전히 상당한 진전으로 볼 수 있다. 한반도 비핵화의 진전이기 때문이다.[63] 이는 다음 두 가지 측면에서 확인할 수 있다.

첫째, 양측은 특히 고위급 차원에서 비핵화 관련 핵심 문제를 어떻게 해결할지에 대한 상호이해를 강화했다. 북한 입장에서 보면, 평양은 한반도 비핵화란 북한 정권이 핵 억지력을 제거하기 전 북한에 대한 미국의 핵 위협을 완전히 제거하는 것을 의미한다고 밝혔다. 미국의 경우 워싱턴은 미국이 생각하는 비핵화(개념, 의미 등)의 정의와 로드맵을 북한에

---

[63] Tran Viet Thai, 2019, "The second US-North Korea Summit and its initial impacts on regional security and politics", http://tapchiqptd.vn/en/quoc-phong- foreign affairs/hoi-ngu-thuong-dinh-my-trieu-tien-lan-thu-2-van-nhung-tac-dong-buoc-dau-den-an-ninh-chinh-/13494 .html(검색일: 2022.2.28).

전했다. 제재 해제에 관해 미국은 인도적 구호 재개를 고려할 수 있으나 북한이 요구한 제재 철회는 아직 수용할 수 없다고 말했다.

둘째, 2차 북미 정상회담은 어떠한 합의도 도출하지 못했으나 양측은 자제하는 모습과 서로의 견해와 입장에 상당히 긍정적인 의견을 갖고 있으며, 조속한 시일 내 다음 만남의 가능성이 열려 있음을 밝혔다. 2차 북미 정상회담은 양측이 연락을 유지하고 협상을 통한 평화적 수단에 의한 분쟁 해결을 원하고 있음을 보여 주었다. 2차 북미 정상회담은 한반도 비핵화를 위한 현실적 해법을 모색하는 관련 당사자에게 질적인 진전이었다.

2. 중국의 대베트남 정책과 대북 정책 비교

베트남과 북한은 둘 다 사회주의 국가이자 중국과 당 대 당의 긴밀한 관계를 맺고 있지만, 중국의 외교전략에 대한 사뭇 다른 입장을 가지고 있다. 북한은 동북아 지역에서 중국의 살아 있는 방패막이 역할을 하고 있고, 베트남은 중국의 동남아시아 진출의 완충지대 역할을 하고 있다. 북한은 경제, 정치, 외교, 군사 분야에서 중국에 의존적인 관계를 견지하고 있다. 베트남은 중국과의 정치, 외교적인 관계에서 훨씬 적극적인 입장이나 하노이는 경제적으로는 중국에 다소 의존되어 있다.

북한은 동북아에서 미국 및 그 동맹국에 대한 중국의 외교전략에서 중요한 역할을 한다. 북한 문제에 대한 중국의 입장은 평양의 베이징 의존을 강화시키고, 한반도의 현 상황을 유지시키며, 한국과의 경제적 관계를 활성화하는 것이다.[64] 북한의 핵 확산 및 핵 프로그램 철회가 우선순위 과제이기는 하지만, 중국의 의제의 최우선 순위라고는 할 수 없다.

중국의 대북 입장은 장기적인 것이다. 역사적으로 중국은 북한과 영토 분쟁이나 갈등을 거의 겪지 않았다. 중국의 한반도 접근방식은 한·미·일 균형을 통한 핵심 지정학적 전략적 이익을 확보하는 데 목적이 있다.

베트남의 경우 중국과의 관계에서 완전히 해소되지 않은 역사적인 영토주권 문제 때문에, 중국은 베트남에 대한 외교전략 추진에 훨씬 신중하게 접근한다. 중국과 베트남은 70년 전에 공식 외교관계를 수립했으나, 양측, 양국 정부, 양국 국민의 정치적 신뢰 구축은 아직 과제로 남아 있다. 중국의 대베트남 외교 정책은 정치와 경제 부문에서 양국 관계를 강화함으로써 베트남과 동남아시아가 안전한 영향권이 되고, 이에 따라 미국의 자극에 의해 이들이 흔들리지 않도록 하는 데 목적이 있다.

베트남과 한반도는 동아시아의 미중 전략 경쟁에 중요한 요소이다. 미중관계 발전은 이 지역 발전에 심대한 영향을 미친다. 주요 강대국과의 관계 속에서 효과적으로 국익을 조정하는 것이야말로 가장 중요한 일이며, 베트남과 한반도의 외교정책의 높은 순위 과제여야 한다. '베트남을 둘러싼 미국과 중국 사이의 전략적 경쟁'에 대해 논의한 다음, 한반도에 가장 중요한 의미는 국익을 중심에 두고, 주요 강대국과의 관계와 관련된 모든 문제를 국익을 중심에 두고 다룰 것을 제안한다. 베트남은 국익 우선으로 '과거 적'이었던 미국과의 관계 정상화를 결정했으며, 베트남과 미국 관계를 포괄적 동반자 관계로 발전시켰다. 또한 베트남은 국익 우선주의 때문에 중국과 '협력과 투쟁' 전략을 추진했다.

---

64 Shale Horowitz, 2015, Why China's Leaders benefit from a nuclear, Threatening North Korea: Preempting and Diverting Opposition at home and Abroad, *Pacific Focus*, Vol. XXX, No. first (April 2015), pp. 10-32.

V. 맺음말

미중관계는 현재 국제관계에서 가장 중요하고 가장 복잡한 관계다. 미중 경쟁의 모든 경쟁적 역학관계는 강력한 영향을 끼치며, 현대 국제관계의 모습을 바꾸기도 한다. 기존 강대국과 신흥 강대국의 관계는 많은 영역과 많은 지역에서 영향력 경쟁으로 이어진다. 시진핑 집권 후 중국은 보다 단호하고 대담한 외교정책을 채택하여 경제력을 바탕으로 베이징의 지정학적 영향력 확장을 시도해 왔다. 미국은 중국의 부상이 세계, 특히 아태 지역에서 워싱턴의 입지를 약화시킬 수 있다고 생각한다. 이에 따라 미국은 재빨리 아시아 '회귀'를 추진하면서 인도·태평양 지역을 미 외교 및 안보 정책의 중심에 두었고, 동맹국과 새로운 파트너와의 관계 재개를 추진하면서 동맹을 강화하는 방식으로 중국의 영향력을 차단하려 한다. 이러한 환경에서 베트남은 특별한 지정학적 위치로 인해 미중 전략 경쟁을 명확하게 목격했다. 국제관계 다극화와 다자화 정책과 국익 우선주의 덕분에 베트남은 대미, 대중국 관계에서 점점 활발하게 움직이고 있다. 시간이 지나면 미중 양국은 이견이 적은 문제에서는 협력을 하겠지만, 전략 경쟁은 여러 부문에서 훨씬 격화될 것이다. 따라서 한반도, 베트남과 같이 중요한 전략적 입장을 가진 당사자들은 기회를 활용하고, 미중 경쟁의 부정적 여파를 줄이면서 자국의 이익을 극대화할 수 있도록 전략을 조정해야 할 것이다.

(번역: 변주경)

참고문헌

Council for security cooperation in the Asia Pacific(CSCAP), 2019, *2019 Regional security Outlook*, ISBN:978-76088-0064, Autrailia.

Cù Chí, Lợi, 2018, *Điều chỉnh chiến lược của Trung Quốc và những tác động tới quan hệ Mỹ - Trung Quốc [Adjusting China's strategy and its implications for US-China relations]*, NXB Khoa học xã hội, Hà Nội.

Shambaugh, David, 2020, *Where Great Power Meet: America and China in Southeast Asia*, Oxford University Press.

Fifawan, Affabile and Amelia, Novi, 2018, "Two Major Powers in Captivating Regional Influence and Dynamics: Comparing Foreign Policies of China and United States in Southeast Asia," *Comtempoary Chinese Political Economy and Strategic Relations: An International Journal*, Vol. 4, No. 1.

Kuik, C. C., 2008, "The essence of hedging: Malaysia and Singapore's response to a rising China," *Contemporary Southeast Asia* 30(2).

Nguyễn, Thị Phương Hoa, 2013, "Tác động của nhân tố Mỹ đối với quan hệ Việt - Trung [The impact of the US factor on Vietnam-China relations]," *Chinese Studies Review*, No. 7.

Nguyễn, Thị Thanh Vân, 2015, "Quan hệ Trung - Mỹ từ năm 1949 đến nay [China - US relations from 1949 to present]," *Vietnam Social Sciences Review* 5(90).

Phạm, Cao Cường, 2017, "Cạnh tranh Mỹ-Trung tại Đông Nam Á giai đoạn hiện nay và tác động tới Việt Nam [The US-China competition and its impacts on Vietnam]," *Chinese Studies Review* 11(195).

Trường, Lưu, 2017, "Quan hệ Trung - Mỹ trong vấn đề hạt nhân Triều Tiên [China-US relations on the North Korea nuclear issue]," *Chinese Studies Review*, No. 8.

Tung, Nguyen Cong, 2021, "Uneasy embrace: Vietnam's responses to the US Free and Open Indo-Pacific strategy amid U.S-China Rivalry," *The Pacific Review* 35(5).

Asean-China Centre, 2019, *2019 Asean & China in Figures*, http://asean-china-center.org/resources/file/2019_中国一东盟数据手册_ASEAN_&_China_in_Figures.pdf.

Nye, Joseph, "Work with China, Don't contain it," *The NewYork Times*, Jan. 25, 2013, https://www.nytimes.com/2013/01/26/opinion/work-with-china-dont-contain-it.html(검색일: 2021.7.13).

Pompeo, M. R., 2020, "Communist China and the free world's future", https://2017-2021.state.gov/communist-china-and-the-free-worlds-future-2/index.html(검색일: 2021.10.10).

Thái Văn, Long, "Đặc điểm mới của cạnh tranh chiến lược Mỹ - Trung Quốc và đối sách của Việt Nam [New features of US-China strategy competition and Vietnam's responses]," *Tạp chí Cộng sản*, Nov. 9, 2020, retrieved from https://www.tapchicongsan.org.vn/web/guest/the-gioi-van-de-su-kien/-/2018/820419/dac-diem-moi-cua-canh-tranh-chien-luoc-my---trung-quoc-va-doi-sach-cua-viet-nam.aspx(검색일: 2021.7.13).

8장

이어도 수역의 한·중 갈등과 협력에 관한 국제법적 접근

홍성근 동북아역사재단 연구위원

I. 머리말
II. 이어도의 법적 지위와 이어도 문제의 경과
III. 이어도를 둘러싼 한국과 중국의 입장과 이해
IV. 맺음말

I. 머리말

제3차 UN해양법회의가 1973년부터 진행되어 1982년 12월 10일 UN해양법협약(United Nations Convention on the Law of the Sea: UNCLOS) 문안을 채택하며 끝이 났다. UN해양법협약은 협약 제308조 제1항에 따라, 60번째 국가가 비준서를 기탁한 날로부터 12개월이 된 1994년 11월 16일 발효하였다. 제3차 UN해양법회의가 9년간 진행되었고 협약문 채택 후 발효에 걸린 시간도 12년이나 되었다. 긴 시간이 걸린 만큼 UN해양법협약은 국제해양질서에 새롭고도 큰 변화를 예고하였다.

UN해양법협약은 크게 두 가지 개념에 기초하고 있는데, 그것은 서로 상반되는 듯한 내용을 담고 있다. 하나는 '해양은 인류 공동의 유산(common heritage of mankind)'이라는 개념으로서 심해저 자원 개발, 통과통항 및 무해통항 등에 관한 규정을 통해 항행의 자유와 국가들 간 상호 협력을 유도하고 있다. 또 다른 하나는 '연안국의 관할권 확대'라는 개념으로서 영해의 범위를 12해리까지 확정하고 200해리 배타적 경제수역(Exclusive Economic Zone: EEZ) 제도를 도입하였는데, 이는 이웃 국가 상호 간의 경쟁과 갈등을 야기시키고 있다.

각 국가들은 UN해양법협약을 비준함으로써 이웃하는 국가 간 상호 협력을 지향하면서도 자국의 해양 권익을 위해서는 충돌을 마다하지 않는 새로운 국제해양질서에 적응해야 했다. 그중 각 국가들이 감당해야 할 중요한 과제는 UN해양법협약이 새롭게 도입한 배타적 경제수역 제도에 따라 바다의 경계를 획정하는 것이었다. 각 국가들은 항행의 자유와 해양자원 개발에 관한 협력을 외치면서도 조금이라도 더 자국의 해양관할권을 확보하고자 경쟁하였다. 특히 동아시아 제국들은 남중국해, 동중국해, 서해, 동해 등 좁은 바다를 둘러싸고 인접해 있기 때문에 조금이라도 더 넓은 해양관할권을 확보하고자 치열하게 경쟁할 수밖에 없었다.

한국과 중국, 일본은 모두 1996년에 UN해양법협약을 비준하고[1] 해양경계 획정을 위한 협상을 진행하였다. 하지만 그 진행 속도는 지지부진했다. 다행히 어업협정을 체결하여 어업에 관한 사항은 어느 정도 정리를 했지만, 해양관할권이 중첩되는 수역에서는 중간수역, 잠정수역 등을 설정함으로써 여전히 갈등적 상황을 남겨 두었다.[2]

그중 이어도 주변수역은 한국과 중국, 한국과 일본 또는 한중일 3개국이 주장하는 해양관할권이 상호 중첩되는 수역으로 이 수역의 해양질서 재편을 둘러싸고 양자 또는 다자간 경쟁관계 또는 갈등적 상황에 진입해 있다. 이러한 가운데 중국의 부상은 이 수역에서 새로운 긴장관계를 조성하고 있다.

이 글에서는 국제법적 관점에서 이어도 및 그 주변수역을 둘러싸고 한중 간에 제기되는 해양 관련 문제에 대해 살펴보고, 이 수역에 있어서 바람직한 협력방안에 대해 모색해 보고자 한다.

---

[1] 한국은 1996년 1월 29일 UN해양법협약을 비준하고, 중국은 1996년 6월 7일, 일본은 1996년 6월 20일에 비준하였다.

[2] 일중어업협정은 1997년 11월 11일 채택되고, 2000년 6월 1일 발효하였다. 그 다음 한일어업협정이 1998년 11월 28일 채택되고, 1999년 1월 22일 발효하였다. 그리고 한중어업협정이 2000년 8월 3일 채택되고, 2001년 6월 30일 발효하였다.

II. 이어도의 법적 지위와 이어도 문제의 경과

1. 이어도의 국제법적 지위

1) 섬이 아닌 수중 암초

이어도는 제주도의 마라도에서 제일 가까운데, 마라도의 서남쪽으로 149킬로미터(80해리) 지점에 있다.[3] 중국 쪽으로는 중국의 동쪽 끝에 있는 무인도 퉁다오(童島, Tongdao)까지 247킬로미터(133해리), 중국 해군이 주둔하고 있는 서산다오(佘山島, Sheshandao)까지는 287킬로미터(155해리) 떨어져 있다.[4] 일본의 도리시마(鳥島, Torishima)에서는 276킬로미터(149해리) 지점에 위치하고 있다. 이어도는 한국과 중국 연안에서의 거리가 각각 200해리 미만이기 때문에 두 나라가 200해리 넓이의 배타적 경제수역을 주장하면 겹치게 된다. 그런데 이어도는 한·중·일 3국의 연안에서 가상 중간선을 그으면 한국의 수역에 포함된다.

이어도는 해수면에 있는 수중 암초(reef)로 제일 높은 봉우리는 해수면 4.6미터 아래에 있다.[5] 이어도는 50미터 등수심선을 기준으로 남북으로 약 1.8킬로미터, 동서로 약 1.4킬로미터의 타원형의 모습을 띠고 있다.

요컨대 이어도는 UN해양법협약 제121조 제1항에 따라 '자연적으로 형성된 육지지역'이 아니기 때문에 국제법상 섬이 아니다.[6] 따라서 이어

---

3   이하 이어도의 지리적 위치 등 현황에 대해서는 이어도연구회, 2016, 『이어도, 그것이 알고 싶다』, 인간사랑, 19, 22쪽 참조.
4   구글(google) 지도에는 퉁다오(童島)가 Haijiao(海礁島)로 표기되어 있다(www.google.co.kr).
5   국립해양조사원 홈페이지(https://khoa.go.kr) 참조.

〈그림 1〉 이어도의 지리적 위치

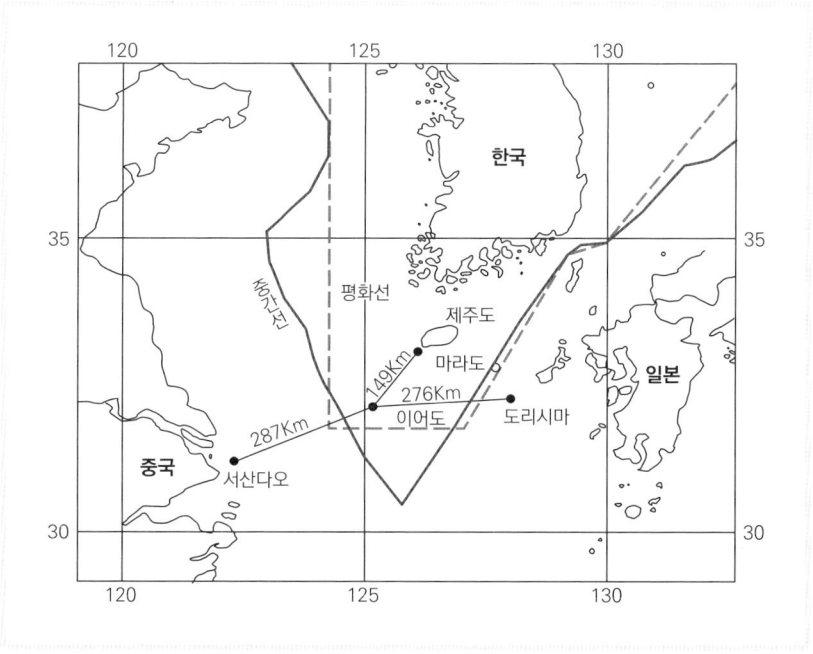

출처: 이어도연구회 홈페이지(www.ieodo.kr)

도는 영해, 접속수역, 배타적 경제수역이나 대륙붕을 갖지 못한다.[7]

2) 이어도 종합해양과학기지

이어도에는 기둥에 의해 해저에 고착된 해상 구조물이 설치되어 있다.

---

6 UN해양법협약 제121조 제1항: "섬이라 함은 바닷물로 둘러싸여 있으며, 밀물일 때에도 수면위에 있는, 자연적으로 형성된 육지지역을 말한다."
7 UN해양법협약 제121조 제2항: "제3항에 규정된 경우를 제외하고는 섬의 영해, 접속수역, 배타적 경제수역 및 대륙붕은 다른 영토에 적용가능한 이 협약의 규정에 따라 결정한다." 제3항: "인간이 거주할 수 없거나 독자적인 경제활동을 유지할 수 없는 암석은 배타적 경제수역이나 대륙붕을 가지지 아니한다."

해상 구조물은 한국이 설치한 이어도 종합해양과학기지로, 이어도 최고봉에서 남쪽으로 약 700미터 떨어진 수심 41미터 지점에 위치하고 있다. 이어도 종합해양과학기지의 높이는 수중 41미터, 수상 36미터로 전체의 높이는 77미터이며, 연면적 약 1,345제곱미터이다.[8] 기지는 모두 4층으로 되어 있는데, 헬기장, 통신 및 관측 시설, 침실과 주방, 실험실 등이 있다. 기지는 1995년에 착공하여 2003년에 완공되었는데, 기지의 수명은 50년이고 피로수명은 100년으로 잡고 있다.

현재 이어도 종합해양과학기지는 해양수산부 국립해양조사원에서 관리하고 있으며, 전담 부서와 전용 선박(해양누리호)을 통해 관리하고 있다. 사람이 상주하고 있지 않으나, 시설 점검단이 5~6명으로 구성되어 방문하고 있다.

이어도 종합해양과학기지는 해상 구조물(structure)로서 수중 암초

〈그림 2〉 이어도 종합해양과학기지 위치도

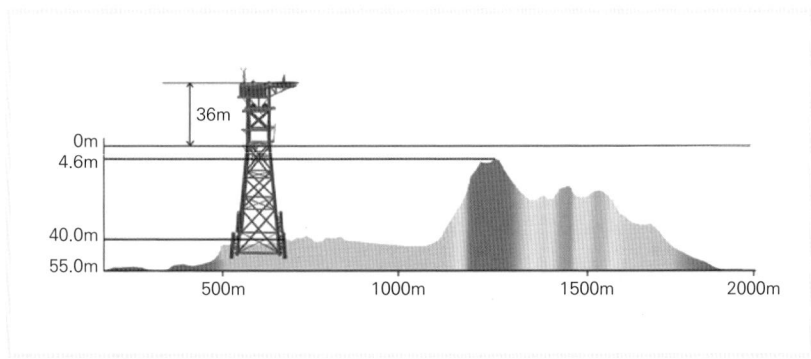

출처: 이어도연구회 홈페이지(www.ieodo.kr)

---

8   이하 이어도 종합해양과학기지에 대해서는 이어도연구회, 2016, 앞의 책, 135-160쪽 참고.

주변에 콘크리트로 매립하여 인공적으로 해수면 위로 돌출시킨 인공섬(artificial island)과는 구분된다. 한편, 인공섬·시설 또는 해상 구조물의 경우, UN해양법협약 제60조 제4항과 제5항에 따라 그 구조물의 안전을 보장하기 위하여 그 주위에 안전수역(safety zone)을 설정할 수 있는데, 그 범위는 500미터를 넘을 수 없다. 그런데 한국 정부에서는 이어도 종합해양과학기지에 안전수역의 설정을 유보하고 있다.[9] 추정컨대 이것은 중국의 반발을 염두에 둔 것으로 보여진다.

2. 이어도 문제의 발생과 경과

1) 한국의 이어도 종합해양과학기지 건설

이어도 문제가 대두된 것은 한국의 이어도 종합해양과학기지 건설을 둘러싸고 중국이 반발하면서부터다.[10] 중국 정부는 이어도 종합해양과학기지가 건설되던 중인 2000년 11월과 2002년 9월 두 차례에 걸쳐 기지 건설에 이견을 제시하였다.[11] 2005년에는 중국 정부에서 해양감시용 비행기를 이용하여 5회나 이어도 종합해양과학기지를 감시하기도 하였다.[12]

2006년 9월 14일 중국 외교부 대변인 친강(秦剛, Qin Gang)은 정례 기자회견에서 중국이 동중국해 이어도에서 공중 감시를 하고 있는 것으

---

9   이어도연구회, 2016, 위의 책, 157쪽.
10 이어도연구회, 2016, 위의 책, 14쪽.
11 윤영민·박성호, 2014, 「이어도의 법적 지위 및 관련 문제에 관한 고찰」, 『해사법연구』 제26권 제3호, 198쪽.
12 윤영민·박성호, 2014, 위의 글, 198쪽.

로 알려져 있는데, 그에 대해 말해 달라는 기자의 질문에 대해 다음과 같이 답변하였다.[13]

중국은 다른 나라와 관련 문제를 처리할 때 보편적으로 인정되는 국가의 법준칙을 준수하고 상대방과의 대화를 중시한다. 이어도는 동중국해 북부에 위치한 수중 암초이고, 중국과 한국 사이에는 이 문제에 대해 영토 분쟁이 존재하지 않는다. 중국과 한국은 이미 배타적 경제수역(EEZ)의 경계에 대해 몇 차례 협의하였다. 이어도가 위치한 해역은 양국의 배타적 경제수역 주장이 겹치는 지역이다. 중국 측은 2000년과 2002년에 한국 측의 이어도 해양관측소 건설 문제로 한국 측과 두 차례에 걸쳐 교섭을 했고, 두 나라의 배타적 경제수역(EEZ)이 중첩되는 해역에서 한국 측의 일방적인 활동에 반대했다. 한국은 이어도가 양국의 배타적 경제수역 경계에 영향을 미치지 않을 것이라고 밝혔다. 이어도 문제에 대한 중국의 입장은 일관되고 분명하며 한국의 일방적인 행동은 어떠한 법적 효력도 발생시킬 수 없다.

이 답변의 요지는 다음과 같다.[14] '첫째, 이어도는 수중 암초로서 한·중 간에는 이에 관한 영토 분쟁이 존재하지 않는다. 둘째, 이어도 수역은 한중 양국의 배타적 경제수역 주장이 중첩되는 곳이다. 셋째, 이어도 수역에서 한국 측의 일방적 행동은 어떠한 법률적 효과도 없다.'

13　2006년 9월 14일 중국 외교부 대변인 정례 기자회견. 취리히 주재 중국영사관 홈페이지(http://zurich.china-consulate.gov.cn/wjbfyrth/200609/t20060914_3804779.htm) 참고.
14　이어도연구회, 2016, 앞의 책, 218쪽.

이에 대해 한국 정부에서는 바로 다음날인 2006년 9월 15일 다음과 같이 외교통상부 대변인 논평을 내었다.[15]

이어도는 지리적으로 우리 측에 더 근접하여 있으므로 한·중 양국 간 EEZ 경계획정 이전이라도 명백히 우리의 EEZ 권원 내에 속하는 수역이다. 따라서 우리의 EEZ인 이어도에 해양과학기지를 건설·운영하는 것은 우리나라의 정당한 권리행사로서 해양법협약에도 부합하는 것이다. 정부는 중국과의 EEZ 경계획정을 위해 양국 간 EEZ 경계획정 회담을 계속 추진해 나갈 예정이다. 참고로, 양국은 96년 이후 10차례에 걸쳐 EEZ 경계획정 회담을 실시해왔다.

한국 정부 주장의 요지는 이어도는 지리적으로 한국 측에 더 가까이 있어서 EEZ 경계획정 전이라도 한국의 EEZ 권원 내에 있기 때문에 이어도 종합해양과학기지 건설과 운영은 한국의 정당한 권리행사라는 것이다.

2) 오리엔탈 호프호 인양 작업

2010년 4월 12일 이어도 남서쪽 700미터 지점에서 한국 선적의 5만 톤급 화물선 '오리엔탈 호프(Oriental Hope)호'[16]가 수중 암초에 걸려 좌초되었다. 이어도 해역에서 1963년 중국의 대형 수송선인 '약진호(躍進

---

15 외교부 보도 참고자료(2006.9.15)(외교부 홈페이지: www.mofa.go.kr).
16 오리엔탈 호프호는 1984년 9월 일본 히로시마현 소재 쓰네이시(常石) 조선소에서 건조·진수되고 제주시에 선적을 두었다. 선박의 제원은 총톤수 50,905.00톤, 길이 219.72미터, 너비 43.00미터, 깊이 18.50미터의 화물선이었다. 「화물선 오리엔탈 호프호 좌초사건」([부산해심 제2010-081호, 2010. 12. 16]), 『海洋安全審判事例集』(2011), 국토해양부 중앙해양안전심판원, 427쪽.

號)'가 좌초된 이래 47년 만의 일이었다.[17] 한국 정부는 즉시 1,500톤급 경비구난함을 현장에 파견하여 선박의 상태를 감시하였다. 오리엔탈 호 프호의 선체는 36일 만에 두 동강이 났고, 그 선체가 주변의 이어도 종합해양과학기지나 지나가는 선박에 위해(危害)를 줄 우려가 있어 2011년 4월부터 본격적으로 인양작업을 추진하였다.

중국 측에서는 상하이 해사국 소속 순찰선이 2011년 5월 경부터 현장에 수차례 접근하였다. 2011년 6월 13일, 7월 2일과 3일에도 중국은 순찰선을 보내어 한국 측에 인양 작업을 중단할 것을 요청하였다.[18] 이는 중국이 이어도 수역이 자국의 관할수역이라고 보고, 이 사안이 한중 간 배타적 경제수역 경계획정 등에 영향을 미칠 수 있다고 본 것이다. 이에 한국 정부에서는 해양경찰 경비함을 파견하여 "중국이 관여할 사안이 아니다. 우리나라 정부의 허가를 받았다"며 중국 선박을 돌려보냈다.

3) 이어도 상공 방공식별구역 중첩 설정

1951년 미국 공군은 군사·안보상 목적으로 한반도 지역으로 접근하는 비행물체에 대한 사전 탐지, 식별 및 적절한 조치를 취하기 위하여 한반도 주변에 방공식별구역(Air Defense Identification Zone: ADIZ)을 설정하였다. 이때 이어도 상공에는 한국의 방공식별구역(Korea ADIZ: KADIZ)이 설정되어 있지 않았다. 이어도 상공은 1969년에 설정된 일본의 방공식별구역(Japan ADIZ: JADIZ)에 포함되게 되었다.

2013년 11월 23일 중국 공군이 이어도 상공에 중국의 방공식별구역

---

17 "암초에 부딪힌 5만톤급 화물선 좌초 36일 만에 두 동강", 『경향신문』, 2010.5.19.
18 "중국, 이어도에 관용선박 보내 영유권 도발했다", 『조선일보』, 2011.7.27.

(China ADIZ: CADIZ)을 일방적으로 선포하였다. 이때 이어도 문제가 국내외적으로 크게 대두었다. 그 다음날인 11월 24일 한국 국방부는 '중국 동중국해 방공식별구역 선포 관련 정부 입장'이라는 제목으로 대변인을 통해 정부의 입장을 발표하였다.[19]

우리 정부는 중국의 동중국해 방공식별구역 선포와 관련된 내용을 11월 23일 토요일 중국 측으로부터 통보받았다. 우리 한국 방공식별구역(KADIZ)의 제주도 서남방 일부 구역과 중첩된 것에 대해서 유감으로 생각하며, 중국의 이번 조치가 우리 국익에 영향을 미치지 않도록 중국 측과 협의해 나갈 것이다. 중국이나 일본의 방공식별구역 설정과 무관하게 이어도 수역에 대한 우리의 관할권은 영향을 받지 않을 것이다. 중국의 이번 조치가 역내 긴장을 고조시키는 요인이 되어서는 안 될 것이며, 우리 정부는 역내 각국이 상호 신뢰를 증진할 수 있도록 필요한 노력을 강화해 나갈 것이다.

한국 정부는 같은 해 12월 8일 기존의 방공식별구역을 조정하여 이어도 상공을 포함하는 새로운 방공식별구역을 선포하였다. 그 방공식별구역은 2013년 12월 11일 발효되었다. 현재 이어도 상공은 한국, 중국, 일본의 방공식별구역이 중첩되어 설정되어 있다.

2017~2019년 매년 한두 차례 이어도 상공의 한국 방공식별구역에 중국 군용기가 진입하였다.[20] 한국 국방부에서는 중국 비행기의 KADIZ

---

19 국방부 보도자료(2013년 11월 24일)(국방부 홈페이지: www.mnd.go.kr).
20 중국 군용기의 KADIZ 진입과 관련하여 한국 국방부 게시판에 있는 내용은 다음과 같다. "中 군용기 10여 대 KADIZ 수 시간 진입 보도 관련(170110), 중국 군용기

〈그림 3〉 이어도 상공의 방공식별구역구역 지도

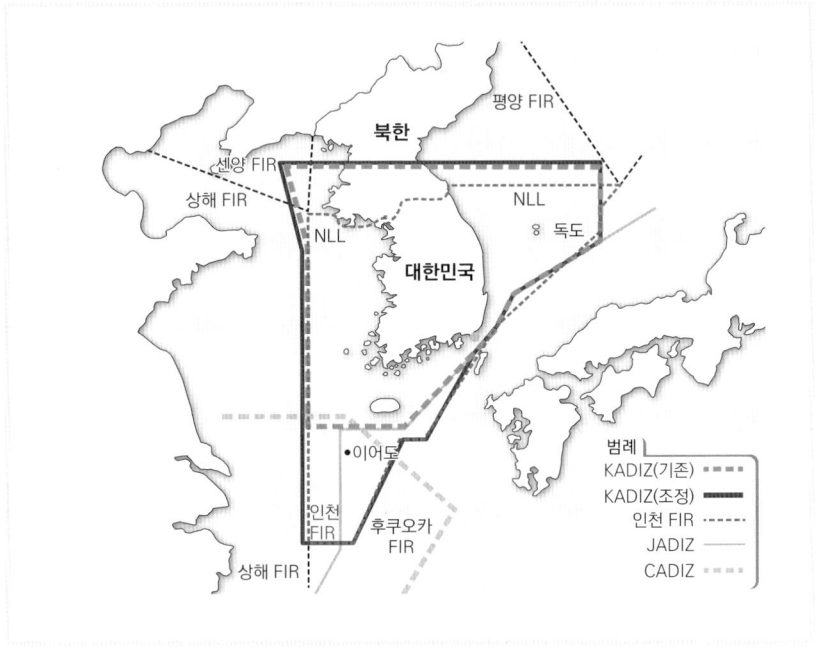

출처: 대한민국 국방부, 2016, 『2016 국방백서』, 220쪽.

진입이 영공 침입은 아니라고 했다. 즉 방공식별구역(ADIZ)은 영공과 다른 개념으로 미식별 항적을 조기에 식별하여 영공 침범을 방지하기 위해 국가별로 임의로 설정한 구역임을 분명히 했다. 중국 측의 KADIZ 진입은 KADIZ 무력화 또는 시험 비행, 해양 정보 획득 등을 위한 것으로 보인다.[21]

KADIZ 진입, 우리 軍 즉각 대응(181126), 中 군용기 KADIZ 진입, 우리 軍 전술조치(181227), 중국 군용기 KADIZ 진입, 우리 軍 즉각 대응(190223), 중국 군용기 KADIZ 진입, 우리 군 대응(191129)". 국방부 홈페이지(www.mnd.go.kr) 참조.

[21] 김덕기, 2021, 「최근 중국의 해군력 강화와 이어도가 포함된 동중국해 및 서해 내해화 전략과 한국의 대응 전략KIMS」, 『KIMS Periscope』 제244호(2021.8.23), 3쪽

4) 이어도 주변수역을 둘러싼 해양 갈등

이어도 주변수역은 한·중·일 3국의 배타적 경제수역 주장이 중첩되는 수역인 바, 한국과 일본, 그리고 한국과 중국 각각의 상황을 고려할 필요가 있다. 1998년 한일어업협정 체결 시 이어도 수역은 한국의 배타

〈그림 4〉 한중어업협정 및 한일어업협정 지도

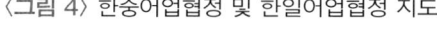

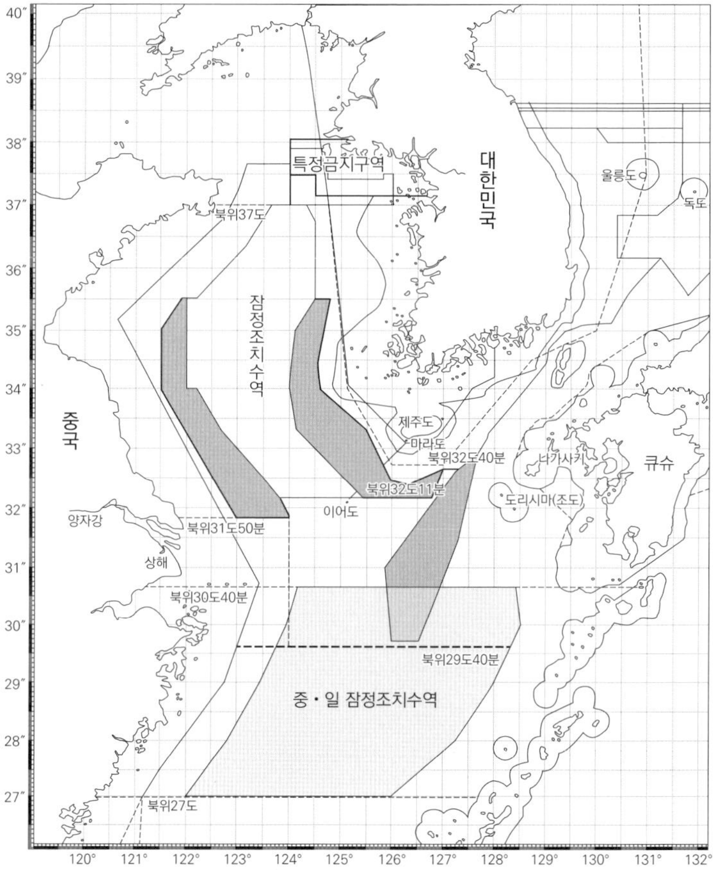

출처: 해양수산부, 「한·중 양국어선의 조업조건 및 입어절차(2020.1.1~2020.12.31)」

적 경제수역에 포함되는 것으로 되었다.

이어도의 남부수역에는 1999년 한일어업협정상 중간수역이 설정되었다. 그런데 협정상 중간수역은 1974년 체결된 한일 대륙붕공동개발협정에 따라 설정된 한일 대륙붕공동개발구역 전체가 아니라 일부 수역만 포함되었다. 이에 대해 한국 내부에서는 한국의 권익을 확보하지 못했다는 비판이 제기되기도 하였다. 1974년 한국과 일본은 대륙붕공동개발협정을 통해 이어도 남부수역에 공동개발구역(Joint Development Zone: JDZ)을 설정한 바가 있다. 당시 중국은 한일 대륙붕공동개발협정이 자국의 대륙붕을 침해한다며 항의를 하였다. 이 협정은 1978년 발효하여 50년의 기간을 경과하여 2028년 협정 만료시한을 앞두고 있다. 중국으로서도 이 협정의 만료를 주시하고 있을 것으로 생각된다.

한국과 중국도 2000년 8월 3일 한중어업협정을 체결하고, 2001년 6월 30일 발효하였다. 한중어업협정은 한중 양국 사이에 있는 서해 수역에서 배타적 경제수역(동 협정 제2조~제5조), 잠정조치수역(동 협정 제7조), 과도수역(동 협정 제8조), 현행조업유지수역(동 협정 제9조) 등 다양한 수역을 설정하였다. 이어도는 잠정조치수역과 한국의 과도수역 남쪽에 있고, 현행조업유지수역에 놓이게 되었다.

현행조업유지수역은 한·중관계에 있어서는 현행의 어업활동이 유지되는 수역이지만, 제3국에 대해서는 한국과 중국이 각자의 해양관할권을 적용하게 된다.[22] 그래서 한·중 양국을 제외한 제3국의 어선은 한국과 중국의 사전 허가 없이 조업을 할 수 없다고 보고 있다. 한국 정부는

---

22 김부찬, 1999, 「한중 어업협정과 이어도 주변수역의 법적 문제」, 『동아시아연구논총』, 248쪽.

이어도 수역이 한국의 배타적 경제수역에 해당되지만 중국과의 관계에서만 서로 단속을 자제하기로 합의한 수역이므로 일본을 포함하여 제3국의 어선은 한국의 허가 없이는 임의로 조업할 수 없다는 입장을 견지하고 있다.[23]

그런데 협정 체결 당시 국내에서는 이어도를 한국의 과도수역으로도 규정하지 못한 데 비판이 제기되었다. 한국과 중국의 어선이 자유롭게 조업을 할 수 있는 곳인만큼 이어도 주변수역의 어족 자원 관리 및 어업권에 대한 한국의 관할권 약화를 초래했다고 보았기 때문이다.[24]

한편, 중국은 한국이 설정한 제7광구를 포함하여 이어도 주변의 해저를 자국의 대륙붕이라고 주장하고 있다.[25] 중국은 이미 2012년 12월 14일 UN대륙붕한계위원회에 동중국해에 있는 자국의 대륙붕에 관한 정보를 제출하면서 이어도 주변의 대륙붕을 자국의 대륙붕에 포함시킨 바 있다.[26] 또한 중국은 한일 대륙붕공동개발구역에 인접한 수역에서 가스전을 개발하는 등 한국과 일본 측을 긴장시키기도 하였다. 이어도 남부수역의 대륙붕 내지 해양관할권 확대를 둘러싼 한·중·일 간의 대립과 갈등이 향후 더 심각하게 일어날 것이 우려된다.

2013년 3월 중국 외교부는 정례 브리핑을 통해 기존의 입장을 재확인하였다.[27] 즉 "문제 해결을 위해 두 나라 가운데 어느 일방이 이 해역에 대해 일방적인 행동을 해서는 안 될 것"이며, "이 암초는 영토가 아니므

---

23 김부찬, 1999, 위의 글, 248쪽.
24 김부찬, 1999, 위의 글, 248쪽.
25 김덕기, 2021, 앞의 글, 3쪽.
26 김덕기, 2021, 위의 글, 3쪽.
27 박승준, "시진핑은 애초부터 이어도 양보 생각 없어", 『시사저널』, 2013.12.11.

로 중국과 한국 사이에 영토 분쟁은 없을 것"이라고 하였다. 그리고 "이어도는 한·중 두 나라의 배타적 경제수역이 겹치는 해역에 위치해 있으므로 그 귀속의 문제는 쌍방이 담판을 통해 해결해야 할 문제"라고 하였다.

III. 이어도를 둘러싼 한국과 중국의 입장과 이해

1. 이어도에 대한 한국과 중국의 입장

1) 역사적 권원에 관한 주장

이어도(Ieodo)는 서양에서는 소코트라 암(Socotra Rock)으로 불리고, 중국에서는 쑤엔자오(蘇岩礁, Suyan Reef)라 불린다. 한국에서는 1987년 이어도라는 명칭을 사용하기 전에는 파랑도(波浪島)라는 이름으로도 불렸다. 1900년 영국 상선인 소코트라(Socotra)호가 일본에서 중국 상하이로 항해하다가 이어도 수역의 암초에 걸려 좌초되었다. 이를 계기로 서양에서는 이 선박의 이름을 따서 소코트라 암이라고 했다.

제주도 어민들이 고기잡이를 나갔다가 풍랑을 만나 이어도 수역에서 사망한 일들도 있었다. 이어도는 옛날부터 전해 내려오는 제주도의 전설 속에 나오는 피안(彼岸)의 섬이자 이상향으로 그려지고 있다.[28] 이어도는 문학 작품으로도 소개되었다.[29]

---

28 김부찬, 1999, 앞의 글, 245쪽.
29 이청준, 1974, 『이어도』, 문학과지성.

그리고 중국에서도 동중국해에 면해 있는 장쑤성(江蘇省)과 저장성(浙江省) 연해에는 이어도와 관련된 전설이 내려오고 있다고 한다.[30] 중국 측에서는 옛날부터 이어도 수역이 산둥성(山東省), 장쑤성, 저장성 등 동중국해 연안의 어민들이 조업하던 전통적 어장이라고 한다. 1880년부터 1890년까지 이어도의 위치는 청조(淸朝) 수군의 해도(海圖)에도 표기되어 있었다고 한다.

2) 한국과 중국의 이어도 탐사

1951년 한국산악회와 해군은 공동으로 이어도 탐사에 나서 바다 수면 아래에 있는 바위를 확인하고 '대한민국 이어도'라고 새긴 동판을 수면 아래에 가라앉힌 적이 있다. 1984년에는 제주대학교와 KBS방송국이 조사대를 조직하여 이어도 현지 조사를 추진하고 그 존재를 확인하였다. 그때 이어도를 소개하는 프로그램도 제작하였다.

1987년이 되어서야 제주지방해양수산청이 정식으로 이어도라고 명명했고, 해운항만청에서는 이어도에 등부표(燈浮標)를 설치하였다. 1999년 제주도에서는 "제주도의 이상향, 이어도는 제주땅, 1999.5.31., 제주도지사 우근민"이라고 새긴 표석을 세운 바 있다.[31]

중국의 이어도 탐사는 1963년에 있었다. 1963년 중국의 2만 2천톤급 화물선 '약진호(躍進號)'가 이어도 수역에서 좌초되었다. 이때 중국 해군이 처음으로 이어도를 측량하고 해도도 제작했다고 한다.[32] 1992년

---

30 이하 "苏岩礁: 正在被韩国'蚕食'的中国蓝色国土," 『国际先驱导报』, 2007.6.3. 참조.
31 "이어도는 제주땅, 수중표석 세운다", 『중앙일보』, 1999.5.31.
32 "苏岩礁: 正在被韩国'蚕食'的中国蓝色国土," 『国际先驱导报』, 2007.6.3.

5월에도 측량선과 정찰선을 보내어 5일간 3,000여 개의 데이터를 축적하며 이어도를 측량하고 해도를 제작했다고 한다.

3) 이어도에 대한 국내법적 조치

1951년 샌프란시스코 강화조약 초안 작성이 거의 마무리되어 갈 즈음, 주미 한국대사(양유찬)는 샌프란시스코 강화조약에 '독도'와 '파랑도(이어도)'를 일본이 포기할 영토에 포함시켜 줄 것을 미국 측에 요청하였다.[33] 하지만 샌프란시스코 강화조약에는 독도와 이어도가 명문으로 규정되지는 않았다.

이듬해인 1952년 한국 정부는 평화선 선언을 통해 독도와 이어도가 한국의 관할영역이라는 것을 분명히 했다. 평화선의 최남서단은 북위 32° 00′, 동경 124° 00′인데, 이어도는 북위 32° 07′ 22.63″, 동경 125° 10′ 56.61″로 평화선 내에 포함되었다. 평화선의 최동단은 북위 38° 00′, 동경 132° 50′이었는데, 북위 35° 14′ 26.8″, 동경 131° 52′ 10.4″(독도의 동도 기준)에 위치한 독도도 한국의 관할구역에 두었다. 당시 일본은 한국 정부가 평화선 내에 독도를 포함시킨 것에 항의를 하였지만, 중국은 이어도를 한국의 관할영역에 포함시킨 것에 대해서는 반발을 하지 않았다. 한국 정부는 1953년 어업자원보호법을 제정하여 평화선 내의 수역을 어업자원보호수역으로 지정한 바도 있다.

한국 정부는 1970년에 해저광물자원개발법을 제정하였는데, 이어도

---

[33] 그때 미국 측이 이 두 섬이 어디에 있는지를 물었는데, 한국 측에서는 '대체적으로 울릉도 인근에 위치'한다고 답했다. 이는 이어도의 위치를 제대로 알지 못하고 답을 했던 것이다. 정병준, 2010, 『독도 1947: 전후 독도문제와 한·미·일 관계』, 돌베개, 751쪽 참고.

가 제4광구에 속하게 되었다.³⁴ 그리고 한국 정부는 1996년 배타적 경제수역법을 제정하고, "한국의 배타적 경제수역은 영해기선으로부터 200해리의 선까지 이르는 수역 중 영해를 제외한 수역으로 한다"고 규정하였다.³⁵ 그리고 "한국의 배타적 경제수역에 관한 권리는 한국과 관계국 간에 별도의 합의가 없는 경우, 한국과 관계국의 중간선 외측의 수역에서는 이를 행사하지 아니한다"고 하였다.³⁶ 따라서 한국 정부는 중국과 가상 중간선을 기준으로 할 때 이어도는 중국보다 한국 쪽에 더 가깝기 때문에 경계획정 이전에라도 그 수역은 중간선 원칙에 따라 한국의 배타적 경제수역에 속한다고 보고 있다.³⁷

중국도 1998년 배타적 경제수역 및 대륙붕에 관한 법률을 제정하고 배타적 경제수역의 범위를 영해 12해리를 제외하되 영해에 인접한 수역 중 영해기선에서 200해리까지의 수역으로 하였다.³⁸ 그리고 "중국의 대륙붕은 중국 영해 이원(以遠)으로 자연 연장되어 대륙변계 외연까지 뻗어나간 해저 구역의 해저와 하층토를 말한다"고 정의했다. 그리고 "만일 영해기선에서 계산하여 대륙변계 외연까지의 거리가 200해리에 못 미칠 경우에는 이를 200해리까지로 확장한다"고 규정하고 있다.³⁹ 중국에서는 이어도가 중국 대륙에 속한 해저의 일부분이라고 주장하고 있다.

34　김부찬, 1999, 앞의 글, 244쪽.
35　한국의 배타적 경제수역법 제2조.
36　한국의 배타적 경제수역법 제2조.
37　김부찬, 1999, 앞의 글, 247쪽.
38　중국의 배타적 경제수역 및 대륙붕에 관한 법률 제2조(이하 번역문은 외교통상부 조약국 편, 2006, 『동북아해양법령과 유엔해양법협약집』, 일조각, 410쪽 참조).
39　중국의 배타적 경제수역 및 대륙붕에 관한 법률 제2조.

4) 해양경계획정 원칙

중국의 배타적 경제수역 관련 법에는 "중국과 해안을 인접하거나 대향하는 국가와 배타적 경제수역 및 대륙붕에 관하여 그 주장이 중첩되는 경우, 국제법의 기초하에 공평 원칙에 따라 협의로서 경계획정을 한다"고 규정하고 있다.[40]

한국의 배타적 경제수역법에도 "대한민국과 대향하거나 인접하고 있는 국가 간의 배타적 경제수역의 경계는 제1항의 규정에도 불구하고 국제법을 기초로 관계국과의 합의에 따라 획정한다"고 되어 있다.[41] 여기서 제1항의 규정이란 영해기선에서 영해를 제외한 200해리까지의 수역에 이르는 대한민국의 배타적 경제수역의 범위를 말한다.[42]

한국과 중국 모두 국제법에 기초하여 합의에 따라 경계를 획정할 것을 규정하고 있다. 배타적 경제수역의 경계에 관한 국제법은 UN해양법협약 제74조에서 규정하고 있는데, "서로 마주보고 있거나 인접하고 있는 연안을 가진 국가 간의 배타적 경제수역 경계획정은 공평한 해결에 이르기 위하여, 국제사법재판소 규정 제38조에 언급된 국제법을 기초로 하는 합의에 의하여 이루어진다"고 규정하고 있다. 국제사법재판소 규정 제38조는 국제사법재판소에서 재판을 할 때 적용할 수 있는 국제법의 연원에 관해 규정하고 있는데, 국제협약, 국제관습, 법의 일반원칙, 사법판결과 학설, 형평과 선 등을 들고 있다.

---

40 중국의 배타적 경제수역 및 대륙붕에 관한 법률 제2조.
41 한국의 배타적 경제수역법 제2조 제2항.
42 한국의 배타적 경제수역법 제2조 제1항: "대한민국의 배타적 경제수역은 협약의 규정에 맞추어 영해 및 접속수역법 제2조에 규정된 기선으로부터 그 외측 200해리의 선까지에 이르는 수역 중 대한민국의 영해를 제외한 수역으로 한다."

배타적 경제수역 경계획정에 있어서는 UN해양법협약이나 한국과 중국의 관련 국내법을 보더라도 중요하게 고려되는 것은 '공평한 해결(equitable solution)'에 이르는 것이다. 다만 공평한 해결에 이르는 구체적인 내용과 절차에 있어서는 차이를 보이고 있다. 중국 측에서는 해안선의 길이와 그 연안에 살고 있는 주민의 수, 육지 면적 등의 관련 사정을 고려하여 공평한 해결에 이를 것을 주장하는 반면, 한국 측에서는 중간선 원칙을 기초로 조정하여 공평한 해결에 이르면 될 것이라고 한다.[43]

한·중 간에 또 달리 문제가 제기되는 것이 대륙붕 계획 획정문제이다. 우선 서해나 이어도 남부 수역(또는 동중국해)의 대륙붕을 어느 나라의 대륙붕으로 볼 것인가의 문제가 있다. 한국은 서해의 대륙붕을 한국과 중국이 공유하는 대륙붕으로 보고 있는데, 그 대륙붕은 중국 대륙과 한반도에서 남쪽으로도 발달한 육지의 자연적 연장으로 보고 있다.[44] 반면 중국은 서해와 동중국해의 대륙붕을 중국 대륙에서부터 서쪽으로 발달하는 육지의 자연적 연장으로 보고 있다. 이와 관련하여 중국은 육지의 자연 연장설에 기초하여 대륙붕 경계를 획정해야 한다고 하는 반면, 한국은 중국을 향한 서해에서는 중간선 원칙을, 일본을 향한 이어도 남부수역에서는 육지의 자연 연장설을 주장하고 있다. 물론 앞서 본 중국의 배타적 경제수역 및 대륙붕에 관한 법률 제2조와 한국과 중국이 비준한 UN해양법협약 제83조 1항에서도 배타적 경제수역 경계획정과 마찬가지로 국제법을 기초로 하여 합의에 의하여 '공평한 해결'에 이를

---

43 한중 간의 해양경계획정에 관해서는, 양희철, 2015, 「한중경계획정과 이어도 주변수역」, 『이어도 저널』 Vol. 08, 28-38쪽 참고.
44 이하 대륙붕 경계문제에 대한 한국과 중국의 입장에 대해서는, 김영구, 2008, 『이어도 문제의 해양법적 해결방법』, 동북아역사재단, 53-59쪽 참고.

것을 규정하고 있다.[45]

2. 이어도 주변수역을 둘러싼 중국의 전략 이해

1) 중국의 '해양강국' 건설 추진

2003년 5월 중국 국무원은 '전국해양경제발전계획요강'을 비준하고 공포하였다.[46] 중국 정부가 해양경제 분야의 종합적 발전을 촉진하기 위해 거시적 계획을 수립한 것이다.[47] 계획요강을 수립한 것은 중국이 해양대국으로서 관할 해역이 광대하고 해양자원의 개발 이용 잠재력 또한 크기 때문에 해양산업의 발전을 가속화하고 해양경제 발전을 촉진하기 위함이라고 했다.[48]

계획요강이 언급하고 있는 해양산업으로는 해양어업, 해양교통운수, 해양석유 천연가스, 해안 관광, 해양 선박, 소금 및 해양 화학공업, 해수의 담수화 및 종합이용, 해양 생물의학 등을 포함하고 있다. 그리고 중국의 내수, 영해, 접속수역, 배타적 경제수역, 대륙붕 및 중국이 관할하는 기타 해역(홍콩과 마카오·대만은 포함하지 않음) 및 중국의 심해저에 대한 광산구역 등도 포함하고 있었다. 당초 계획요강의 계획기간은

---

45 UN해양법협약 제83조 1항: 서로 마주보고 있거나 인접한 연안국 간의 대륙붕 경계획정은 공평한 해결에 이르기 위하여 국제사법재판소 규정 제38조에 언급된 국제법을 기초로 하여 합의에 의하여 이루어진다.
46 일본은 2007년 해양기본법을 제정하면서 해양정책을 크게 강화하였다. 박광서·최재선, 2019.5, 「주요국 해양정책 동향과 시사점: 해양기반 성장전략 다시 만든다」, 『KMI 동향분석』, Vol. 116, 4-5쪽.
47 권문상·박성욱·양희철, 2008, 『중국 해양법 관련 법령 이해』, 삼신, 82쪽.
48 '전국해양경제발전계획요강' 내용은 권문상 외, 2008, 위의 책, 105쪽 참고.

2001년부터 2010년까지로 정하고 있었다. 계획요강의 발표는 중국이 해양에 대해 새로운 정책 단계로 들어섰음을 의미하는 것이었다.[49]

그 후 중국은 2012년 공산당 제18차 전국대표대회에서 '중화민족의 위대한 부흥'으로 대표되는 '중국의 꿈'을 주창하였다.[50] 이때 '해양강국'이란 용어가 당의 공식문서에 처음 등장하고 국가전략 차원으로 격상되었다.[51] '해양강국'은 해양자원 개발과 해양산업 발전뿐만 아니라 해군의 역할 강화도 포함하고 있다.[52]

중국은 '해양강국' 건설 추진으로 인접 국가들과의 갈등과 더불어, 남중국해와 동중국해 등에서 주도권을 갖고 있던 미국을 비롯한 서방 국가들과의 세력 다툼에 직면하게 되었다. 중국의 부상은 UN해양법협약을 둘러싼 국제해양질서 재편에 관한 논의에 더하여, 동아시아에서 국제정치적 세력 구조의 재편에 관한 논의까지 더하게 하였다. 이로 인해 동아시아의 국제해양질서 재편이 더욱 복잡한 양상으로 전개될 것이라는 점을 예고하였다. 그러한 예상은 남중국해에서 현실로 드러났다.

2013년 1월 22일 필리핀은 중국을 상대로 남중국해의 해양관할권 문제를 중재재판에 회부하였다. 중국이 남중국해에서 '9단선'으로 이름되는 해양관할권을 주장하고 그 수역 내에서 인공섬 건설 및 간척 사업을 추진함으로써 필리핀의 해양권익을 침해했다는 것이다. 2016년 7월

---

49 '전국해양경제발전계획요강' 내용은 권문상 외, 2008, 위의 책, 105쪽 참고.
50 김한권, 2019, 「미국이 바라보는 중국의 일대일로」, 차재복 편, 『현대 중국의 세계전략 I: '일대일로'와 동아시아, 갈등과 협력』, 동북아역사재단, 144쪽.
51 김한권, 2017, 「중국의 해양전략 I: 해양전략의 제도적 변화과정」, 『IFANS 주요국제문제분석 2017-21』, 국립외교원 외교안보연구소, 6쪽.
52 김한권, 2017, 위의 보고서, 7쪽.

12일 중재 판정을 통해 필리핀이 제기한 주장이 받아들여졌지만 중국이 이를 수용하지 않고 있어 갈등은 해소되지 않고 여전히 남아 있다.

그러한 가운데 미국은 남중국해에서 2015년 10월 이후 중국이 점유하고 있는 도서 내지 간조노출지 주변 12해리 이내에 자국의 군함을 투입하는 등 '항행의 자유 작전(Freedom of Navigation Operations)'을 추진하며 이 수역에 있어서 중국의 해양관할권 확대에 대한 무력화(無力化)를 시도하고 있다.

중국은 2014~2018년 서해와 남해를 포함한 동중국해에 해상부표를 설치하고 함정과 항공기의 감시·정찰 활동을 강화하고 있다.[53] 또한 중국은 서해의 동경 124도선을 따라 남북으로 해상 초계기와 수중 탐사선을 이용한 해저지형 조사를 지속하고 있다.

중국의 국가해양국과 국가발전개혁위원회는 2017년 5월에 '전국 해양경제발전 제13차 5개년 계획'을 공동으로 발표하였다.[54] '제13차 5개년 계획'은 해양경제 발전구조 개선, 해양산업 구조조정 추진, 해양경제 혁신발전 촉진, 해양생태문명 건설, 해양경제협력의 급속한 발전 등을 주요 내용으로 하고 있다.[55] 중국은 2017년부터 5년 동안 '일대일로(一帶一路)'의 '21세기 해상실크로드' 전략과 함께 해양경제 발전을 통해 보다 강력한 해양강국으로 부상할 것을 목표로 추진하고 있다.[56]

---

53 김덕기, 2021, 앞의 글, 3쪽.
54 제주연구원 중국센터, 2017.11, 「중국 해양경제발전 13·5 규획 주요내용」, 『China Info』 Vol. 13 참고.
55 박광서·최재선, 2019, 앞의 글, 6쪽.
56 박광서·최재선, 2019, 위의 글, 6쪽.

2) 이어도와 중국의 '해양팽창' 전략에 대한 이해

국내 연구자들은 최근 중국이 서태평양과 인도양 등 광범위한 해양에서 전개하는 '해양팽창' 전략을 거론하며, 중국이 이어도에 대해서도 이러한 전략을 전개할 가능성에 대해 경계할 것을 주문하고 있다.[57] 중국의 해양팽창 전략으로는 회색지대 전략, 하이브리드전, 초한전, 양배추 전략 등이 거론되고 있다.

회색지대(gray zone, 또는 gray area) 전략은 완전한 평화도 완전한 전쟁상태도 아닌 회색지대 상황에서 구사되는 전략으로, 직접적인 군사력 또는 물리력을 사용하기보다는 상대방보다 비교 우위적인 수단과 방법을 동원하여 안보이익을 성취하는 전략이다.[58] 그리고 하이브리드전(戰) (hybird warfare)은 전통적인 군사력과 비전통적인 또는 비정규군 수단, 그리고 물리적 공간과 사이버 공간 등을 복합적으로 동원하는 것이다.[59] 회색지대 전략과 하이브리드전은 개념상 각각 강조하는 측면이 다르기는 하나, 같은 전술로 혼용되어 설명되기도 한다.

양배추 전략(cabbage strategy)은 양배추 껍질을 하나둘 벗기듯 그 영역을 넓혀 나가며 미국과 주변국을 압박하는 전략을 말한다.[60] 초한전 (超限戰)은 군사적 수단과 민간 영역의 구분을 없애는 새로운 전쟁 개념

---

[57] 고충석, 2020, 「왜 중국의 회색지대 전략인가?」, 『동아시아 해양분쟁과 중국의 회색지대 전략』, 인간사랑, 16쪽.

[58] 이서항, 2020, 「중국의 회색지대 전략과 해상민병대: 한국에 주는 함의」, 『동아시아 해양분쟁과 중국의 회색지대 전략』, 인간사랑, 35쪽.

[59] 이지용, 2020, 「중국의 해양전략과 회색지대 전략: 초한전 개념을 중심으로」, 『동아시아 해양분쟁과 중국의 회색지대 전략』, 인간사랑, 68쪽.

[60] 주민욱, 2020, 「중국의 해상민병대와 양배추전략」, 『동아시아 해양분쟁과 중국의 회색지대 전략』, 인간사랑, 93쪽.

이다. 다시 말하면 IT 기술 등 가용 가능한 모든 수단과 방법을 가리지 않고 총동원해 전쟁을 전개하는 전략전술 개념이다.[61]

해상에서 이러한 전략들은 주로 해상민병대에서 추진되는 것으로 보고 있다. 해상민병대는 반관반민(半官半民)의 성격을 갖고 있지만 관에 의해 주도되는 것으로 보고 있다.[62] 국내 이어도 관련 연구자들은 이어도 주변수역에서도 해상민병대에 의한 도발에 대비해야 할 것을 주문하고 있다.

한편, 최근 중국이 해군력 강화를 통해서 이어도가 포함된 동중국해는 물론이고 서해 등 한반도 주변 해역을 내해화하고 있다는 주장도 제기되고 있다.[63]

3) 이어도에 대한 중국의 전략적 이해

이어도는 지정학적으로 중국이 해양으로 진출하는 입구에 위치하고 있어, 중국의 전략적 이해가 직접적으로 관여되고 있다. 중국은 해양 안보적 측면에서 이어도를 결코 가볍게 볼 수 없는 중대한 문제로 보고 있다.

중국은 해양전략으로 도련선(島鏈線, Island Chains) 계획을 채택한 바가 있는데, 이어도는 쿠릴열도에서 시작하여 일본에서 대만, 필리핀, 말

---

61 이지용, 2020, 앞의 글, 61쪽.
62 중국의 해상민병대에 대해서는, 이서항, 2020, 「중국의 회색지대 전략과 해상민병대: 한국에 주는 함의」, 『동아시아 해양분쟁과 중국의 회색지대 전략』, 인간사랑, 39-46쪽; 정대진, 2020, 「국제법으로 본 중국의 해상민병대」, 『동아시아 해양분쟁과 중국의 회색지대 전략』, 인간사랑, 121-147쪽; 주민욱, 앞의 글, 91-118쪽 참조.
63 김덕기, 2021, 앞의 글, 3쪽.

라카 해협에 이르는 제1도련선의 범주에 포함되어 있다.[64] 중국은 제1도련선 내 해역에서 해양통제권을 확립하고 그 이원의 제2도련선 내에서 해양 거부권을 행사하며, 작전 범위를 전 세계 해양으로 확대할 수 있는 대양해군의 건설을 목표로 하고 있다. 자연히 이어도 수역은 물리력의 사용까지 불사하며 지켜 내야 할 '핵심이익'의 범주에 포함된다고 한다.[65] 그러한 차원에서 중국은 이어도 종합해양과학기지에 대한 한국의 관할권 행사에 대해 감시를 계속할 것으로 보인다.

현재 이어도를 둘러싼 중국 정부의 문제제기와 항의는 이어도 종합해양과학기지에 관한 것으로 일반적인 외교문제의 수준을 크게 벗어나지 않고 있다.[66] 한국 정부는 이어도가 수중 암초이기 때문에 영토분쟁이 존재하지 않는다는 것에는 중국 측과 의견을 같이 하고 있다. 또한 이어도가 해양관할권에 관한 문제임을 고려하여 해양경계획정 원칙에 대한 검토 및 주변해역에서의 해양과학조사 등을 추진하는 것으로 보인다.

IV. 맺음말

한국과 중국 간에는 한중어업협정을 제외하고 배타적 경제수역이나 대륙붕의 경계에 관해서는 협정을 맺고 있지 않다. 한국과 일본 간에 체결된 협정을 고려하면 상호 분발이 필요하다. 한국과 일본 간에는 한일

---

64 이어도연구회, 2016, 앞의 책, 228-229쪽.
65 이어도연구회, 2016, 위의 책, 226-227쪽.
66 이어도연구회, 2016, 위의 책, 218-219쪽.

어업협정을 비롯하여 이어도 남부수역에 있어서 한일 대륙붕공동개발협정과 제주도 북부 수역에 있어서 대륙붕 경계협정을 체결한 바 있다.

한중 양국은 1996년 UN해양법협약에 가입한 이래 배타적 경제수역 경계획정을 둘러싸고 2008년까지 열네 차례 국장급 협상을 추진해 왔으나 진전이 없었다.[67] 2008년과 2012년 이명박 대통령과 후진타오 주석의 정상회담, 2013년과 2014년 박근혜 대통령과 시진핑 주석의 정상회담을 통해 '해양경계획정 협상을 조속히 가동하기'로 합의하였다.[68] 한중 양국은 2015년 해양경계 협상을 재개하여 회담을 계속하고 있지만, 해양경계획정의 원칙과 절차에 있어서 의견을 달리하고 있어 뚜렷한 성과는 내지 못하고 있다.[69]

한·중 간 이어도와 그 주변수역을 둘러싼 문제는 국제정치적 측면에서 고려하면 복잡 다단한 요소들이 있지만,[70] 국제법적 측면에서 보면 한·일 간 해양문제에 비해 비교적 단순하다. 왜냐하면, 한·중 간에는 도서의 영유권을 둘러싼 대립과 갈등이 존재하지 않기 때문이다. 다만 이어도를 둘러싼 문제가 제기될 우려도 있으나 갈등 관리가 가능한 부분이다. 그 이유는 이어도는 국제법상 섬이 아니라 수중 암초이기 때문이다.

이어도는 직접 해양관할권을 창출할 수 없다. 그래서 이어도 문제는 이어도의 영유권에 관한 문제가 아니라, 이어도 주변수역에 관한 해양법

67　이하, 이어도연구회, 2016, 『이어도, 그것이 알고 싶다』, 인간사랑, 248-251쪽 참고.
68　이어도연구회, 2019, 『해양경계획정 국제판례와 이어도』, 인간사랑, 138-139쪽.
69　이어도연구회, 2019, 위의 책, 139-140쪽 참고.
70　이에 대해서는 양희철, 2015, 앞의 글, 38-42쪽; 이지용, 2015, 「중국의 해양강국화 전략과 한중 해양경계획정 협상 전망」, 『이어도 저널』 Vol. 08, 43-53쪽 참고.

적 문제이다. 영유권 문제와 달리 해양법적 문제는 기능적 접근을 통한 해결이 가능하고 또 비교적 용이하다. 전체 수역에 대한 경계획정이 어려운 경우, 특정 수역에 대해서만 경계를 획정하는 방법, 어업협정과 대륙붕협정 등 기능에 따라 해양에 관한 협정을 달리 체결하는 방법, 소위 3단계 획정 방법 등 다양한 방법을 강구할 수 있다.[71]

그러므로 이어도 주변수역에 있어서는 한·중 간 갈등과 대립이 아니라, 협력적 모델을 창출해 낼 수 있을 것으로 기대된다. 협력적 모델의 창출은 한·중 양국이 비준한 UN해양법협약 등 국제적 규범이 제시한 원칙과 기준을 준수할 때 가능할 것이다. 비록 UN해양법협약이 그 규정상 미흡한 부분이 많이 있지만, '해양은 인류공동의 유산'이라는 대원칙을 다시금 되새길 필요가 있다.

한국과 중국이 둘러싸고 있는 서해와 이어도 주변수역은 그 수역의 범위가 좁은 만큼 상호 협력하며 해양자원을 보호, 관리, 이용하지 않으면 안 될 것이다. 그러한 점에서 한·중 양국은 국민 간 감정 대립을 부추기는 행위를 삼가면서 최대한 국제해양법에 기초한 기능적 접근을 시도할 필요가 있다.

---

[71] 이석용, 2018, 「한국과 중국 간 해양경계획정에 있어서 형평원칙과 관련사항: 중국의 주장에 대한 분석과 평가」, 『국제법학회논총』 제63권 2호, 150-152쪽 참고.

참고문헌

권문상·박성욱·양희철, 2008, 『중국 해양법 관련 법령 이해』, 삼신.
김덕기, 2021, 「최근 중국의 해군력 강화와 이어도가 포함된 동중국해 및 서해 내해화 전략과 한국의 대응 전략KIMS」, 『KIMS Periscope』 제244호(2021. 8. 23).
김부찬, 1999, 「한중 어업협정과 이어도 주변수역의 법적 문제」, 『동아시아연구논총』.
김영구, 2008, 『이어도 문제의 해양법적 해결방법』, 동북아역사재단.
김한권, 2017, 「중국의 해양전략 Ⅰ: 해양전략의 제도적 변화과정」, 『IFANS 주요국제문제분석』 2017-21, 국립외교원 외교안보연구소.
_____, 2019, 「미국이 바라보는 중국의 일대일로」, 차재복 편, 『현대 중국의 세계전략 Ⅰ: '일대일로'와 동아시아, 갈등과 협력』, 동북아역사재단.
대한민국 국방부, 2016, 『2016 국방백서』.
박광서·최재선, 2019.5, 「주요국 해양정책 동향과 시사점: 해양기반 성장전략 다시 만든다」, 『KMI 동향분석』, Vol. 116.
양희철, 2015, 「한중경계획정과 이어도 주변수역」, 『이어도 저널』 Vol. 08.
외교통상부 조약국 편, 2006, 『동북아 해양법령과 유엔해양법협약집』, 일조각.
윤영민·박성호, 2014, 「이어도의 법적 지위 및 관련 문제에 관한 고찰」, 『해사법연구』 제26권 제3호.
이서항, 2020, 「중국의 회색지대 전략과 해상민병대: 한국에 주는 함의」, 『동아시아 해양분쟁과 중국의 회색지대 전략』, 인간사랑.
이석용, 2018, 「한국과 중국간 해양경계획정에 있어서 형평원칙과 관련사항: 중국의 주장에 대한 분석과 평가」, 『국제법학회논총』 제63권 2호.
이어도연구회, 2016, 『이어도, 그것이 알고 싶다』, 인간사랑.
_____, 2019, 『해양경계획정 국제판례와 이어도』, 인간사랑.
_____, 2020, 『동아시아 해양분쟁과 중국의 회색지대 전략』, 인간사랑.
이지용, 2015, 「중국의 해양강국화 전략과 한중 해양경계획정 협상 전망」, 『이어도 저널』 Vol. 08.
_____, 2020, 「중국의 해양전략과 회색지대 전략: 초한전 개념을 중심으로」, 『동아시아 해양분쟁과 중국의 회색지대 전략』, 인간사랑.
이청준, 1974, 『이어도』, 문학과 지성.
제주연구원 중국연구센터, 2017.11, 「중국 해양경제발전 13·5 규획 주요내용」, 『China

Info』, Vol. 13.

정대진, 2020, 「국제법으로 본 중국의 해상민병대」, 『동아시아 해양분쟁과 중국의 회색지대 전략』, 인간사랑.

정병준, 2010, 『독도 1947: 전후 독도문제와 한·미·일 관계』, 돌베개.

주민욱, 2020, 「중국의 해상민병대와 양배추전략」, 『동아시아 해양분쟁과 중국의 회색지대 전략』, 인간사랑.

차재복 편, 2019, 『현대 중국의 세계전략 Ⅰ: '일대일로'와 동아시아, 갈등과 협력』, 동북아역사재단.

해양수산부, 「한·중 양국어선의 조업조건 및 입어절차(2020.1.1.~2020.12.31.)」.

『海洋安全審判事例集(2011)』, 국토해양부 중앙해양안전심판원.

국방부 홈페이지(www.mnd.go.kr).
외교부 홈페이지(www.mofa.go.kr).
국립해양조사원 홈페이지(https://khoa.go.kr).

『경향신문』, 『조선일보』, 『중앙일보』, 『시사저널』, 『国际先驱导报』.

찾아보기

ㄱ

갈등 모델 24, 205
강대국화 11, 15
강릉 단오제 155, 156
경제 교류 225
계몽주의 174, 175
공존 모델 24, 205
과학발전관 153
교차승인 20, 79, 80, 84, 106, 109, 110, 113, 117, 120, 121
국민당 219
국제사법재판소 규정 304
『국화와 칼』 170
권력 극대화(power-maximizing) 188
그레이엄 앨리슨(Graham Allison) 188
글로벌 공급망 26, 273
기피자(shirker) 23, 165
기회의 중국 178
김대중 88, 139
깜라인(Cam Ranh)항 265

ㄴ

남북관계 248
남순강화 111, 136, 138
남중국해 255, 264
낸시 펠로시(Nancy Pelosi) 232
냉전의 섬 20, 30, 121
노무현 140
노태우 104, 105, 108, 109, 113, 115, 136
니키타 흐루쇼프(Nikita Khrushchev) 54, 62
닝푸쿠이(寧賦魁) 148

ㄷ

다극화 126, 128, 129, 132, 136
다자주의 68, 184, 196
대등불균형(對等不平衡) 13
대만관계법(Taiwan Relations Act) 182
덩샤오핑(鄧小平) 92, 93, 95, 101, 108, 109, 110, 111, 112, 114, 136, 138
데이비드 샴바우(David Shambaugh) 202
데탕트 19, 36, 66, 81, 182

도광양회(韜光養晦) 10, 132
도널드 트럼프(Donald Trump) 230
도련선(島鏈線, Island Chains) 310
도리시마(鳥島, Torishima) 288
독도 302
동남아시아 254
동북공정 21, 127, 151, 152, 153, 154, 155
동북진흥 152, 153
『디플로맷(The Diplomat)』 260

ㄹ

롄잔(連戰) 243
로버트 길핀(Robert Gilpin) 191
루스 베네딕트(Ruth Benedict) 170
루즈벨트 추론(Roosevelt Corollary) 200
리처드 닉슨(Richard Nixon) 67, 69, 81, 82, 182, 234
리펑(李鵬) 107, 131, 136, 137

ㅁ

마늘분쟁 140, 158
마라도 288
마오쩌둥(毛澤東) 12, 228
마이클 필스버리(Michael Pilsbury) 11
마잉주(馬英九) 217
매카시즘 169
맥아더 장군 235

먼로 독트린(Monroe Doctrine) 200
문명표준(Civilizational Standard) 175
문호개방(Open Door) 180
미국 우선주의(America First) 185
미국-베트남 관계 262
미국적 신조(American Creed) 197
미일 공동성명 234
미중 경쟁 236
미중 무역전쟁 227
미중 전략 경쟁 256
미중 화해 79, 80, 81, 82, 87, 88, 116, 117, 120
민족주의 216, 236, 246
민진당 217

ㅂ

반미반소(反美反蘇) 19
반분열국가법 222
반패권주의 129, 132
방공식별구역 232, 294, 295, 296
배타적 경제수역 및 대륙붕에 관한 법률 303
배타적 경제수역법 304
배후지(hinterland) 200
백신 외교 273
밴더그리프트호 265
벌링게임(Burlingame) 조약 178
베트남 254
베트남 금수조치 257

베트남 유학생 269
베트남 주재 중국 대사관 260
베트남공산당 전당대회 271
보복 관세 275
보아오포럼 132, 133
봉쇄(containment) 정책 181
북방정책 20, 88, 105, 109, 110, 113, 119, 121
북베트남 230
북중관계 47, 48, 65, 70, 73
브레턴우즈 13
비동맹 원칙 16
빈곤구제개발영도소조(扶貧開發領導 小組) 239
빈곤퇴치 239

ㅅ

사드 갈등 159
사토 에이사쿠(佐藤榮作) 234
사회제국주의 10
사회주의 현대화 강국 10, 12
상상의 중국 178
새뮤얼 헌팅턴(Samuel Huntington) 200
샌프란시스코 13
샌프란시스코 강화조약 302
샤프 파워(sharp power) 248
서산다오(余山島, Sheshandao) 288
선린외교 126, 128, 136, 144
세계시민주의 196

세력균형이론 187
세력전이이론 190
소련 일변도 정책 36, 38, 40, 41, 42, 43, 44, 45, 48, 52, 71
소코트라 암(Socotra Rock) 300
소프트 파워(soft power) 248
순균형 275
순응 모델 205
순편승 275
스가 요시히데(菅義偉) 234
스탈린 38, 39, 42, 43, 44, 45, 46, 49, 62, 64, 71, 229
시자쥔(習家軍) 16
시진핑 3연임 216
시진핑 5대 강령(習五條) 244
시진핑 사상 12
시진핑(習近平) 224
신해혁명 110주년 240
신현실주의 188
신형국제관계 11
신형대국관계 11, 206
싱가포르 278
쑤엔자오(蘇岩礁, Suyan Reef) 300

ㅇ

아나스타스 미코얀(Anastas I. Mikoyan) 42
아세안(ASEAN) 128, 129, 130, 131, 133, 256
아시아 회귀 253

아시아 회귀 정책 184
아시아·태평양 시대 183
아편전쟁 177
안전수역(safety zone) 291
알렉산더 해밀턴(Alexander Hamilton) 174
애국주의 18
애슈턴 카터(Ashton Carter) 266
야체크 쿠글러(Jacek Kugler) 190
약진호(躍進號) 293, 301
양랑일권(兩廊一圈) 276
양배추 전략 309
양안관계 220, 231
양안의 양회 226
양안통일 235
양탄일성 57, 58, 59, 71
어업자원보호법 302
억지(deterrence) 184
에드거 스노우(Edgar Snow) 170
역사의 종언(End of History) 175
역외 균형자(offshore balancer) 185
연평도 사건 143, 159
영토회복주의(irredentism) 201
예외주의(exceptionalism) 197
옌쉐퉁(閻學通) 11
오건스키(A. F. K. Organski) 190
오리엔탈리즘 179
오바마 정부 230
완충지대 279
왕궁우(Wang Gungwu) 26

원자바오(溫家寶) 132, 133, 134, 140, 145
위협균형(balance of threat) 187
윌슨주의(Wilsonianism) 195
유네스코(UNESCO) 155
유소작위(有所作爲) 11
유엔(UN) 131, 133, 138
유엔 안보리 상임이사국 지위 18
이명박 141, 148
이어도 종합해양과학기지 289, 290, 291, 311
인도·태평양 정책 231
인도차이나 22
인도태평양사령관 233
인류운명공동체 15
『인민일보』 132, 135, 243
인종주의 176
일국양제(一國兩制) 218
일대일로(一帶一路) 11, 276, 308
일방주의(unilateralism) 196
일중어업협정 287

ㅈ

자유롭고 열린 인도·태평양(FOIP) 253
자유주의적 국제주의 194
장 전문(Long Telegram) 168
장제스(蔣介石) 169
장쩌민(江澤民) 125, 128, 130, 131, 132

재균형(rebalancing) 183
잭슨주의(Jasonianism) 195
저우언라이(周恩來) 229
전국 해양경제발전 제13차 5개년 계획 308
전국대표대회 129, 130, 132
전국해양경제발전계획요강 306
전랑외교(wolf warrior diplomacy) 260
전략경제대화(Strategic and Economic Dialogue) 183
전략적 명확성(strategic clarity) 234
전략적 모호성(strategic ambiguity) 233
전략적 협력동반자관계 141, 142
전면적 소강사회 12
전면적 소강사회 건설 239
전면적 협력 동반자관계 129, 140
전바오다오(珍寶島) 19
정비젠(鄭必堅) 132
정전협정 137
정형화된 이미지(stereotyped image) 176
제14차 5개년규획 13
제1도련선 311
제20대 당대회 15
제20차 중국공산당 전국대표대회 238
제2도련선 311
제3세계론 67, 72

제3차 UN해양법회의 286
제4차 타이완 해협 위기 232
제국주의 165
제주도 288
조지 케넌(George F. Kennan) 167
조지프 바이든(Joseph Biden) 230, 253
조화(和諧)사회 18
조화세계 131, 133
존 미어샤이머(John Mearsheimer) 188
존 케리(John Kerry) 261
죄수의 딜레마 190
주룽지(朱鎔基) 139
주변외교 21
준전시(para-bellum) 패러다임 199
중간지대론 61, 62, 63, 67, 71
중공중앙빈곤구제개발업무회의(中共中央扶貧開發工作會議) 239
중국 관광객 268
중국 영화 267
중국 장학금 269
중국공산당 창당 28주년 22
중국공산당원 10
중국굴기(中國崛起) 11
중국농촌빈곤구제개발강령(中國農村扶貧開發綱要) 239
중국모델(중국방안) 15
중국위협(China Threat) 179
중국위협 담론 199

중국의 꿈 307
중국의 남진 254
『중국의 붉은 별』 170
중소분쟁 36, 37, 42, 52, 63, 64, 65, 66
중소우호동맹상호원조조약 43
중진국 함정 15
중화민국 대륙사무위원회 218
중화민족의 위대한 부흥(中國夢) 12
중화민족주의 18
중화인민공화국 223
중화인민공화국 국무원타이완사무판공실 218
지미 카터(Jimmy Carter) 182
지부티 15
지지자(supporter) 165
집단 헤게모니(collective hegemony) 206

ㅊ

차이잉원(蔡英文) 217
책임 있는 당사자(responsible stakeholder) 197
책임대국 130, 131, 139, 147
천수이볜(陳水扁) 222
천안함 사건 146, 149
천젠(陳兼) 236
첸지천(錢其琛) 108, 114, 115, 137
초한전(超限戰) 309
추아베(Chùa Vẽ)항 265

취칭산(曲靑山) 14

ㅋ

카를 슈미트(Carl Schmitt) 193
카말라 해리스(Kamala Harris) 263
케네스 월츠(Kenneth Waltz) 188
코로나19(COVID-19) 팬데믹 185, 224

ㅌ

타이완 22
타이완 해방 237
타이완정치대학교 221
타이펑진마(台澎金馬) 218
타자(Other) 193
탈(脫)식민주의 174
탕자쉬안(唐家璇) 130
테러와의 전쟁 172
톈안먼 사태 18
톈안먼 연설 15
토머스 크리스텐센(Thomas J. Christensen) 229
투키디데스 함정(Thucydides's Trap) 188
퉁다오(童島, Tongdao) 288
트남공산당 전당대회 271
트럼프 정부 230
트루먼 독트린(Truman Doctrine) 168
트루먼 정부 235

트윈오크스(Twin Oaks) 231

ㅍ

파랑도(波浪島) 300
펑더화이(彭德懷) 40, 50, 51, 229
평화공존 5원칙 56, 57, 68, 71
평화굴기 131, 132, 133, 141
평화선 선언 302
평화연변 128
푸만추(傅滿洲) 179
푸웅 쿠앙 탄(Phung Quang Thanh) 266
프랑스어권 지역들(Francophonie) 272
프랜시스 후쿠야마(Francis Fukuyama) 175
프레임 173
필립 데이비드슨(Philip S. Davidson) 233

ㅎ

하나의 중국 24, 197
하나의 중국 원칙(One China Principle) 218
하나의 중국 정책(One China Policy) 230
하이브리드전 309
한국전쟁 36, 37, 38, 40, 43, 45, 46, 47, 49, 50, 51, 52, 53, 57, 58, 64, 66, 70, 72, 216, 228, 278

한류 158
한미 정상회담 234
한반도 22, 280
한반도 비핵화 277
한반도 인식 17
한일 대륙붕공동개발협정 298, 312
한일어업협정 287, 297, 298
한중관계 247
한중동맹 16
한중수교 78, 79, 80, 103, 104, 105, 108, 109, 110, 111, 112, 114, 115, 116, 119, 121
한중어업협정 287, 298
항미원조 38, 40, 46, 47, 48, 49, 50, 52, 71, 72, 237
항행의 자유 작전(Freedom of Navigation Operations) 308
해바라기 운동 223
해상민병대 310
해양강국 15, 307
해양석유 981 사건(2014년) 259
해저광물자원개발법 302
해협교류기금회(海峽交流基金會) 216
해협양안관계협회(海峽兩岸關係協會) 217
핵심이익 15
헤게모니 166
헤징(hedging) 27, 275
혁명적 민족주의 237
현상 유지 188, 217, 221

화해(rapprochement) 181
『환구시보』 247
환태평양 파트너십(TPP) 185
황장엽 138
황화(黃華) 97, 118
황화(黃禍, Yellow Peril) 179
회색지대 전략 309
후진타오(胡錦濤) 125, 128, 131, 132, 133, 134, 139, 140, 153, 157

기타

100년의 마라톤 12
1차 북미 정상회담 278
2049년 12
21세기 협력적 동반자관계 139
2차 북미회담 262
3단계 발전전략 12
3불 정책 220
5세대 지도자 254
9·11사건 171, 172, 183, 194
92컨센서스(九二共識) 222
9단선 307
ASEM(아시아유럽정상회의) 272
G7 정상회의 234
NAFTA(북미자유무역협정) 185
NATO(북대서양조약기구) 185
NSC-68 168
UN대륙붕한계위원회 299
UN해양법협약 286, 287, 288, 289, 291, 307, 312, 313
WTO 가입(중국, 2001년) 256
X 논문 168

동북아역사재단 연구총서 98

현대 中國의 世界戰略 Ⅲ
중국의 강대국화와 한중관계

초판 1쇄 인쇄 2022년 12월 10일
초판 1쇄 발행 2022년 12월 20일

지은이 차재복, 김한권, 이문기, 이동률, 민병원, 저우자천,
            트란 티 투이, 홍성근
펴낸이 이영호
펴낸곳 동북아역사재단

등 록 제312-2004-050호(2004년 10월 18일)
주 소 서울시 서대문구 통일로 81 NH농협생명빌딩
전 화 02-2012-6065
팩 스 02-2012-6186
홈페이지 www.nahf.or.kr
제작·인쇄 (주)동국문화

ISBN 978-89-6187-755-8   94910
         978-89-6187-515-8   (세트)

- 이 책은 저작권법으로 보호를 받는 저작물이므로 어떤 형태나 어떤 방법으로도
  무단전재와 무단복제를 금합니다.
- 책값은 뒤표지에 있습니다. 잘못된 책은 바꾸어 드립니다.